설혜심

消费的历史

至今无人关注的
"消费人群"历史

〔韩〕薛慧心——著　　　杨佩——译

台海出版社

北京市版权局著作合同登记号：图字01-2021-1977

图书在版编目（CIP）数据

消费的历史 / (韩) 薛惠心著 ; 杨佩译. -- 北京 :
台海出版社, 2022.9
ISBN 978-7-5168-3349-0

Ⅰ. ①消… Ⅱ. ①薛… ②杨… Ⅲ. ①消费－经济史
－研究－世界 Ⅳ. ①F119

中国版本图书馆CIP数据核字(2022)第132502号

消费的历史

著　　者：〔韩〕薛惠心　　　　　　译　　者：杨　佩

出 版 人：蔡　旭　　　　　　　　　封面设计：@ 刘哲 _New Joy
责任编辑：戴　晨　　　　　　　　　策划编辑：周舰宇

出版发行：台海出版社
地　　址：北京市东城区景山东街 20 号　　邮政编码：100009
电　　话：010-64041652（发行，邮购）
传　　真：010-84045799（总编室）
网　　址：www.taimeng.org.cn/thcbs/default.htm
E-mail：thcbs@126.com

经　　销：全国各地新华书店
印　　刷：文畅阁印刷有限公司
本书如有破损、缺页、装订错误，请与本社联系调换

开　　本：680 毫米 × 960 毫米　　　　1/16
字　　数：309 千字　　　　　　　　　印　　张：25
版　　次：2022 年 9 月第 1 版　　　　印　　次：2022 年 9 月第 1 次印刷
书　　号：ISBN 978-7-5168-3349-0

定　　价：108.00 元

前　言

不知从何时起，梳妆台上的东西数不胜数。本来恰好能放下化妆水和乳液的空间，被精华、面霜、精油、洗面奶、粉底、隔离霜等各种各样的化妆品挤得满满当当。我们真的需要这些各式各样的化妆品吗？还是因为迫于网红产品的压力，要赶上潮流才购买的呢？换言之，这些化妆品我们真的都能用完吗？在数不清的商品包围下生活，我们每天都要面对这些疑问。

这本书就是从这样日常性的问题出发，讲述了"消费的历史"。迄今为止，韩国人几乎没有对与消费相关的主题进行过认真的讨论。不仅如此，消费在古典经济学和经济史上也被完全忽视，特别是在重视生产的近代社会，将消费和生产形成对比，进而贬低消费的意义。例如，与"生产性关系"相比，"消费性争论"一词已经超越了单纯的横向对比，给"消费"注入了劣等性并造成负面影响。不仅如此，社会的传统观念总是将消费和奢侈联系在一起。也正是因为这种传统观念，最终导致我们没能把消费作为研究对象进行认真深入的研究。

但是我们每天都在消费什么呢？消费已经成了比生产更加日常的事情，所以现代人又被称为消费人类，即消费人。更何况，在装有人工智能的机器正可怕地占领生产和劳动的情况下，消费也许在不久的将来，将会成为人类剩下的最重要且固有的日常活动了。

消费不单纯是指买东西或使用东西的行为。它包含形象、象征等非物质性因素，消费的形态也多种多样，超出了使用上的效用。不仅如此，从追求物质或服务的瞬间开始，到购买、享受、最终丢掉这一系列的过程中，都渗透着包括想象力、建立关系、区分道德、意识形态，以及全球性商品网络和资源的保存、浪费等诸多因素。

为了了解消费的各种形态，本书不仅介绍了近代以后到现代社会为止，让人类的生活变得更加丰富多彩的商品，还介绍了药贩子、上门推销、邮件订购、百货商店、购物中心等近代销售方式和发展过程。另外，通过历史上一些对产品的评价或抵制销售运动等行为，不仅可以看到消费的悠久历史，还可以看到隐藏在背后的抵抗和解放、联合。

消费史在西方也是最近才涉猎的领域，20 世纪 80 年代后期一些学者提出其实在工业革命之前就有过消费革命，随着这一主张的提出，对消费史的研究也正式拉开帷幕。我在博士学位论文中就曾批判过"18世纪的消费革命"反映了过于片面的历史观。我与学生们一起探索了历史在日常生活中可以消费的各种方式。但是此后很长一段时间没有再关注这个主题，直到 2013 年出版《大旅游》（*Grand Tour*）之后，在寻找下一个主题的过程中，偶然再次与消费史相遇。

令人惊讶的是，消费史在 2000 年前后成了"热门"主题，学者们甚至将其称为"爆炸"，与此同时，世界各地也出现了许多关于这一"热门"主题的研究。我从 2013 年开始，通过《西欧消费史的现状和展望》《女性和消费的历史》等论文整理了有关消费史研究的成果，发表了《韩国报纸上出现的法国形象，1920—1999：以消费和物质文化为中心》等论文，至此正式开始了消费史的研究。随着研究的深入，我渐渐地产生了一个想法，写一本带有我个人独到眼光和特色的消费史书。机会总是那样的不期而遇，但是却也比想象中来得更快。我从出版社接到了《超级作家 ON》的连载提案。于是从 2017 年 1 月到 8 月，在网上进行了以《消费的文化史》为题的作品连载。现在终于可以以图书的方式与读者们见面了。

在本书中，我大致有三个目标。

第一，希望把占据我们大部分生活的消费，真正地提升为一个学术的主题。并且，介绍围绕着消费而展开的多种多样的讨论。不仅如此，我还打算将市场营销、经济学、社会学等领域的消费与历史学相结合，展开内容更加丰富多彩的讨论。

第二，通过消费这一行为，观察历史学没有关注的人类隐秘的行为和动机，以及由此带来的社会效果。消费已经超越了生活的便利性，本质上是一种围绕人类欲望的行为，人们想通过这种行为来体现自身的认同感。但是消费有时也会被当作一种抵抗的工具，用来拒绝社会的一般潮流或让其坚固的结构产生裂痕。在消费行为中关注人类的动机和目的性，是一度受到极大关注的日常生活史或微观史的延续，也是将沉陷在结构中的人类重新置于历史中心的工作。

第三，希望这本书，能成为让读者们领略历史消费乐趣的一个开端。虽然是一本讲述过去消费的历史书，但与今天我们要面临的问题并不相去甚远，无论是介绍新主题，还是从新的角度审视我们熟悉的主题，我希望能让读者们感受到消费的历史已经深刻地渗透进我们的生活中。因为我们生活中的一切都有可能成为历史学的主题。

薛惠心

2017 年 8 月

目 录

抵制，拒绝

附录

商品，欲望

最值得珍惜的东西，留给妻子的"第二张好床"

出现在遗嘱中的近代初期欧洲人的消费

莎士比亚留给妻子的东西

"把第二好的床留给妻子安妮·海瑟薇。"这句话写在 1616 年即将临终的莎士比亚签署的三页遗书上。莎士比亚除了那"第二张好床"之外，什么财产也没有留给妻子。[1] 这句话是莎士比亚真假争论中必不可少的一句话。因为从 17 世纪开始就有关于莎士比亚真假的争论：包括我们所熟知的莎士比亚的作品是否都是他写的，甚至于，莎士比亚是否是真实存在的人物。

主张莎士比亚是"假的"的人们把那段话当作证据，声称如果我们所知的莎士比亚是真实存在的，那么他晚年绝对不会做出这种拙劣的行为。

他是对妻子热烈追求并争取爱情的人物，他是超越时空，写出无数扣人心弦的美丽爱情故事的大文豪。如果说这位大文豪人生最后只交代

《莎士比亚的家人们》

这是 1890 年左右一位德国版画家的作品，坐在最右边做针线活的女人正是莎士比亚的妻子安妮·海瑟薇。莎士比亚死后只把"第二好的床"留给了妻子。

这一件事情，显然与事实并不符合。但是这段传闻的另一面让我们明白，对于物品，特别是即将去世的人留下的东西，当时的人赋予了它们多么大的意义。

遗嘱

对于过去的人们曾拥有什么东西，同时又赋予了这些东西怎样的价值，研究消费和物质文化的历史学家们很难掌握这方面的信息。因为除非是国王或者贵族，几乎没有非常详细的物品记录。在这种情况下，公证遗嘱被认为是能够展示人们曾经所拥有物品的最准确的资料。公证遗嘱是当事人去世前拟定的，遗产继承是指个人死亡后，在法院的监督下将继承财产分配给继承人的程序。在没有遗嘱的情况下也会进行遗产分配，这时会记录去世者所拥有的所有财产，对每件物品或房地产进行估价。对于没有记载在历史上的普通人来说，公证遗嘱或许就是他们留在世上的唯一痕迹。写遗嘱的瞬间，是面对死亡的人控制自己一生积累的财产并展示自己存在感的最后机会。

因此，遗嘱通过物质世界最坦诚地展现自己曾经建立的人际关系，同时也算是整理自己的资产负债表。不论地位高低，人们都会在遗嘱中明确地指出"向珍惜的人或团体捐赠自己认为有价值的东西"。在 16 世纪初的英国，新教实现了宗教的改革，也正因为这场改革，在经历了危机的天主教教会，反而遗赠了大量物品，现金、盘子、衣服等都是最基本的，包括牛、羊等家畜，还捐赠了木材、面粉、燕麦、大豆、盐，甚至农具、石堆、鱼等。[2] 当然，从当时的经济水平来看，即使是石堆和鱼都是非常珍贵的财产。但是有趣的是，很多人什么都没有给自己的家人留下，反而将拥有的全部财产遗赠给了教会。也许他们认为与其到死都在为一辈子操心的家人们谋福利，还不如祈求自己来世的安宁更好。

17 世纪的人们所拥有的物品

到了 17 世纪，人们拥有的物品种类变得越来越多。一位名叫劳娜·韦泽利尔（Lorna Weatherill）的学者翻阅了包括英国人的公证遗

1618年在英国埃塞克斯地区
去世的一位自耕农的公证遗嘱

嘱在内的所有日记和家庭文件等，追踪了17世纪末到18世纪初英国人曾拥有过什么。[3]韦泽利尔更加关注构成社会主体的普通人的公证遗嘱。这种普通人是指，拥有很多物品的贵族和什么都没有留下的极端贫困层之外的人。当时，检查目录的共同项目包括桌子、锅、水壶、锡制成的餐具、陶器、书、画、镜子、桌布、窗帘、餐叉、刀具、陶瓷、热饮器等。从如此朴素的目录中可以看出当时普通人都留下了什么"财产"。

当时的记录可找到，寡妇和未结婚的女性拥有画和镜子，但是却找不到劳动者拥有镜子的记录。实际上，劳动者们根本不曾拥有刀叉、陶器。从农夫不曾拥有过画作的事例可以看出，在当时画作属于奢侈品。与他们相比，那些生活水平更高的所谓"中间阶级"的人们，确实拥有更多的东西，他们中的商人们拥有很多像手表等最新式的物品。在同一个阶层中，女性比男性拥有更多新鲜或装饰性的物品。所以在当时社会上有"寡妇比光棍生活得更好"的说法。也许是因为独自生活的男性更容易陷入无序的生活中，相比而言，继承丈夫财产的寡妇则会更加精打细算地维持生计。但是，作为单身汉生活的男性受遗赠人中，也有推翻这种普遍认识的情况。因为，单身的女性主要继承了家庭用品等消费品，而单身的男性则拥有货币、土地、机器等生产资本。[4]

伯明翰和谢菲尔德居民的遗嘱

韦泽利尔的分析很好地描述了人们曾经拥有什么东西，但仅凭这些还不足以掌握近代初期英国人的消费形态。买了什么东西，为什么买，这些东西要留给谁，又为什么要留下？为了搞清楚这些问题，比起枯燥无味的公证遗嘱，需要更加详细的，更有人情味的记录。但是，一位叫作马克辛·伯格（Maxine Berg）的学者发现居住在伯明翰和谢菲尔德的人比其他地方的人留下的遗嘱更加详细。[5]这两个城市是18世纪英国最具活力的工业区。这里不仅是大西洋贸易的重要据点，而且还是生产步枪、剑、刀和钉子等以铁为材料的各种各样物品的产业地带。当时有一种叫作托伊（toy）的新商品非常受欢迎，包括纽扣、带扣、漆器类、彩色玻璃碗、家具上的青铜装饰等，都是引领潮流的各种装饰品。

当时在英国，大部分女性是到了晚年才写遗嘱，然而男性则是在妻子继承自己财产前，提前将遗产赠予子女或是其他亲戚。其原因至今尚未查明。大多数男性都会给妻子留下遗产，至少在这两个城市，有多达40%的寡妇在继承丈夫的事业后继续开展经济活动。但是，从遗嘱中可以看出，遗赠物品大致分为两类。作为遗产或传家宝留下的物品和自己新买的物品，将这两类区分好后进行遗赠。这样的区分也是一种标准，有些东西是要留给有血缘关系的亲人，而其他东西即使送给亲人以外的人也没关系。不论男女，留给直系或旁系亲属的物品有宝石、银制品、宗教书籍、家具、亚麻等。其中，宝石和银制品常常是最值钱的传家宝。而在其他城市主要将银碟子、银烛台等留给亲人们。而且，这两个地区看起来最像尖端工业城市的地方在于，在当时开始将新推出的银制茶壶、

《在喝茶的一户英国人家》，约瑟夫·范·阿肯，1725 年

　　生活在像伯明翰和谢菲尔德这样尖端工业地带的人们，把当时新推出的银制茶壶、勺子、带扣等留给了后代。

带扣、胡椒罐等新潮东西留给子孙后代。特别是，把银筷子留给孙子或小侄子已经形成了惯例。在遗嘱中，为了将亚麻布传给子孙，很多人特地绣上刺绣，作为特别的标记。虽然没有什么值钱的东西，但是家里世世代代流传下来的锡制餐具也是留给亲人的东西之一。

将最珍贵的衣服留给朋友

那么当时人们最珍惜的东西是什么？仔细看遗嘱的话，18世纪的女性比起传家宝或者从祖先那里继承下来的东西，似乎更喜欢新东西。她们好像更喜欢佩戴自己亲自买的东西，为了彰显个性而亲手改造、装饰的东西，或者是最新潮的商品。主要包括价格昂贵、豪华的衣服，装饰性的家具、瓷器套装以及新购买的银制品。女性们经常在遗嘱中对物品进行详细的说明。比如，"最好的长围巾"或"第二好的丧服"，"用丝绸做的绿色绗缝衬衣"，"每天用的茶杯"或"女儿婚礼上的盘子"等文字，都对物品进行了详细的描写。

将如此珍贵的东西留给两三个好朋友的情况也很多。伯明翰的一位寡妇说："将最好的丝绸礼服和最好的丧服，还有带帽子的新外套和围巾送给一个朋友，然后将第二好的丧服和衬裙给另一个朋友，最后把绣花的白色衬裙留给第三个朋友。"仅凭这些内容，人们就能马上知道谁和逝去的人是最亲近的朋友。女性们经常把自己的一部分财产和自己的好东西留给成为寡妇的朋友或者单身的女伴们。这些东西证明了朋友们在一起积累的友情和回忆，这里面也包含了对独自生活下去的女伴们的关心和友情。

女人们的遗产除了给朋友们以外，也会留给女儿和姐妹。其中提及最多的是侄女和孙女。

生活在谢菲尔德的安·艾伦（Ann Allen）是一位留下了六百英镑左右财产的中间阶层的寡妇，她的遗嘱从侧面反映了当时她所属阶级的女性们的衣食住行：

> 给妹妹最好的长衫和有黑色光泽的毛呢衬裙，六件无袖衫，两条黑色手帕和用两种颜色做的丝绸手帕，紧身衣，黑色丝绸外套，三条格子围裙，三条白色围裙，六顶没有帽檐的帽子，两顶普通的帽子，西服口袋手帕和两条白色手帕。然后给大侄女两件无袖衫，一条黑色丝绸手帕，一条彩色的丝绸手帕，两顶没有帽檐的帽子和一条手帕。[6]

18世纪英国韦奇伍德公司的陶瓷套装（右）和女性装饰品（左）

女性主要把价格昂贵、豪华的衣服和装饰性的家具、陶瓷套装、新购买的银制品等自己认为最珍贵的东西留给朋友们。

当时的衣服是很值钱的东西，特别是使用丝绸做的衣服是传统的奢侈品，是任何人都眼馋的贵重物品。

通常的惯例是，如果是继承的衣服，即使不合身也要量体裁衣剪裁后穿在身上。近代初期，大部分女性不会将买来的物品原封不动地拿来用，而是在物品上刻上家族的印章，或者再加上其他布料，制作出独特的设计。超越单纯消费财产的层面，这种行为是过去在家里亲自制作物品的传统的延续，既继承了家族的文化象征，又起到了承载回忆的作用。就像今天的创意性消费者一样，通过创造性地使用物品的过程，来强化家人和朋友之间的关系。

男性遗嘱给我们的启示

相比于女性，男性则很少将一些琐碎的东西留给朋友。家具和餐具都会一次性随便处理给朋友或亲戚。在伯明翰和谢菲尔德，男性反而比女性拥有更多的奢侈品，比如家具、手表、窗帘和镜子等。但是在男性的遗言里这些贵重的东西只是简单地记录为"家具"。虽然给别人也留下了像丧服这样值钱的衣服，但是没有留下任何对衣服的详细说明。到处都有很多土地和住宅的谢菲尔德（Sheffield）刀具的制造者约翰·史密斯（John Smith）就说过将自己穿过的一件"最好的西装"留给朋友，但是这是例外的情况。[7] 更有甚者，很多男性在妻子去世后，将妻子的衣服分给女性亲戚或者女佣。曾有记录，伯明翰的一个钟表工把妻子的衣服送给了女佣，于是女佣每天工作时都穿着这件衣服。[8]

《约翰·弗里斯和同僚商人们》，约翰内斯·爱斯坦，1792 年

在 18 世纪伯明翰的男性中，有很多人比女性拥有更多的家具、手表、窗帘、镜子等奢侈品。

当时，男性不可能不知道作为财物的衣服的价值是多少。但是，与根据亲近程度将物品进行等级划分的女性相比，男性似乎对物品没有表现出太大的个人意义。

现在让我们再重新回到莎士比亚吧。他到底把自己拥有的"最好的床"给了谁呢？莎士比亚比世界上许多男人都拥有更丰富的感性，难道说他把最好的床，给了哪个成了光棍的朋友吗？

西装的诞生

资产阶级意识形态和成衣产业的出现

革命西装

如今，只要是男性，无论是谁大多都会拥有一套西装，那么男性的西装是从什么时候开始登场的呢？有意思的是，西装的诞生与革命有关。这里的革命指的正是 1688 年英国的"光荣革命"和 1789 年的法国大革命。虽然法国大革命要比英国"光荣革命"晚了 100 多年，但是我们要从影响力更大的法国大革命先说起。

1789 年法国大革命前，在法国，贵族、资产阶级、城里人、乡下人都穿着区分各自身份的服装。虽然没有明文规定，但是数百年来区分阶层的规范性标识一直都存在。位于阶层最顶端的王族和贵族的男性服装，如同女性的衣服一样，甚至有的时候比女性的衣服更加华丽。

路易十四的弟弟奥尔良公爵在去战场出征的时候也会涂脂抹粉，戴上巨大的假发，用蝴蝶结和钻石做装饰。一些爱美的贵族男性会穿着高达 15.24 厘米的尖尖的高跟鞋，夏天拿着阳伞，冬天则手上围着用毛皮制作的华丽的套袖。[9]

对于乡下人来说，几乎没有流行的概念。只是随便地穿着用亚麻或粗制滥造的毛料做的破旧衣服，基本上连内衣都不穿。但是，头上总是戴着一些装饰物。城市的下层居民只在旧衣店买衣服。因为这里的大部分衣服来自富有的资产阶级家庭，所以外表看起来像资产阶级。

资产阶级中节俭的人穿的是罗纱（棉布、丝绸、人造丝等制成的厚毛织品）、毛哔叽（serge，结构结实的毛织品的一种）或深色粗毛织物做的衣服。1789 年召开"三府会"时，人们仅凭穿着就能一下子分辨出每个人是什么身份。穿着用蕾丝和宝石装饰的五颜六色的衣服、戴着插着羽毛的帽子的贵族们和身穿黑色朴素衣服的第三等级的人们，看起来像是不同种类的生命体。

在法国大革命期间，许多集团开始各抒己见。在这一过程中，激进派革命家穿的服装也开始被赋予了强烈的政治意义。在第三等级的人们主导下，革命派取得了胜利，第三等级的人们的"寒酸"服装也成了爱国心的表现。18 世纪 90 年代的时尚杂志甚至介绍了这种被称作"宪法服装"的新时尚。

从对服装的重视程度也可以看出赋予的政治意义是如此之大，1793年国民工会颁布了阐明服装自由的敕令。[10]

> 任何人都不能强迫男女市民穿特定样式的服装，如果违反该规定，将被视为嫌疑人，并将以妨碍公共秩序罪起诉。每个人都可以根据自己的个性进行穿衣打扮。

区分身份的服装

（左）1789 年召开"三府会"时，展现神职人员、贵族、第三等级的不同身份着装的插图。

（右）法国大革命时，穿着被称为"宪法服装"的第三等级的衣服，在国民议会作答的米拉波伯爵。

敕令颁布后，法国男性的服饰发生了两大变化。第一，那些为了展示贵族身份的各式各样、五颜六色地镶嵌了刺绣、蕾丝、宝石等装饰的昂贵衣服逐渐消失了。整个社会反贵族情绪膨胀后，贵族们克制并收敛了引起敌对感的豪华服饰。第二，虽然敕令本身阐明了服装的自由，但现实上并非是自由多样的服装，而是以资产阶级服装为基础的统一男性服装的流行趋势。对此，文化史学家菲利普·佩罗（Philippe Perrot）断言："今天在我们社会广泛流传的单纯、统一形态的无修饰服装的出现，正是得益于法国大革命"。[11]

廉价的西装，英国"绅士"的必要条件

法国大革命后流行的简单西装源于 100 多年前的英国。英国的资产阶级从 17 世纪中期开始穿着使用深色布料，设计简单的衣服。这原本是在查理五世（Charles V，1500—1558 年）和费利佩二世（Felipe II，1527—1598 年）时期的埃斯帕尼亚宫廷中出现的，从 16 世纪末开始广泛普及到佛兰德斯地区。伦勃朗·哈尔曼松·凡·莱因的画中经常出现的带有白领子的黑色衣服就是这种类型，给人非常封闭和严肃的感觉。在英国内乱时期，奥利弗·克伦威尔和他的同僚们，非常严格的清教徒和贵格会教徒们也开始穿这种衣服。虽然内乱结束并恢复了王政，但英国社会已经成了由中间阶级力量占压倒性优势的社会。1688 年的"光荣革命"给独裁专政彻底画上了句号。

在完成革命后，英国社会对政治精英们提出了比任何时候都强烈的社会公德要求。在这种氛围下，奢侈和放荡不仅意味着道德上的堕落，还意味着政治上的后退。现在已经到了超越阶级，由扩大商业和产业的发展来引领国家财富的时代。政治改革家们用中间阶级替代了贵族垄断的文化霸权。在这个社会，真正的统治团体是理性的、有经济观念的谦虚男性。

这种形象是与奢侈、懒惰、过分在意外貌的贵族形象对比形成的。与欧州内陆相比，英国的身份制更加宽松，因此贵族们也逐渐赞同了产业主义和商业主义的意识形态。甚至于贵族们担心法国"女性化的"贵族奢侈会漂洋过海入侵英国，所以纷纷宣布自己不会成为这种华丽时尚的追随者。如今，与商业或产业相关的衣服，即暗示了劳动的单纯统一

《1644 年威斯敏斯特议会》，
约翰·罗杰斯·赫伯特，1847 年

从参加大会的清教徒们的黑色服装中可以看出：道德和严格的中间阶级
意识。

的衣服，压制了过去贵族的奢侈服装，在道德上获得了优越的地位。[12]

从 17 世纪末开始，英国的上流社会，甚至宫廷也开始感觉到"时
尚变得朴素的氛围"。1691 年英国编年史作家盖伊·米艾奇（Guy
Miege）甚至说，"不久前还因为没能追随上外国的时尚而感到焦急万
分，现在没有比英国男人的衣服更朴素、毫无装饰的深色衣服了"。[13]
在过去装饰男装的华丽阵容逐渐消失了。刺绣、宝石等装饰，前胸用蕾
丝或荷叶边装饰的褶边（jabot），装饰用的剑、镶嵌宝石的鞋扣、丝
袜、裤带等，渐渐从服饰的构成中消失或者缩小到非常单纯简单的形态。

《出席大会的皇家美术院会员们》，亨利·辛格尔顿 (Henry Singleton)，1795 年

　　18 世纪初，英国上流阶层男性的衣着已经变得非常"朴素"了。强调装饰性的贾波特·克拉瓦特（Jabot Cravate）变成了简单的风格，暗色、深色的套装开始流行起来。

正在英国众议院发表演讲的格莱斯顿首相

　　进入 19 世纪后，男性的服装完全变成了黑色套装。现在这种斯文的着装已经成为精英们衣橱中必备的服装。

取而代之的是今天西装的基本款夹克、裤子、马甲组成的三件套套装。男性套装不再像过去那样贴身，而是宽松形态的朴素单纯的设计，最重要的特点是使用了稍硬的暗色布料，后来还出现了衬衫和领带。如果说从 17 世纪末开始流行的克拉瓦特是丰富多彩的，那么领带则是非常简便简约的款式。现在男性身上剩下的饰品只有形态简单的帽子、拐杖和手套。

到了 18 世纪初，英国绅士们的时尚变得更加朴素，并始终维持着这个基调。进入 19 世纪，色彩变得更加暗淡，现在这种斯文的着装已经成为精英们衣橱必备的服装。1829 年英国激进主义政治家威廉·科贝特，针对中间阶级以上的英国男性写的一份处世书中表示："在不失意潦倒的时候，穿最便宜的衣服。"他补充说，"如果是头脑清醒的人就会知道，别人不会因为你穿了昂贵或好的衣服而喜欢或尊敬你。"[14]

穿大批仿制的名牌成衣

从法国大革命开始之前，英式朴素的男装已经慢慢在欧洲各地蔓延开来。18 世纪英国经济飞速增长后，人们对英国文化的向往，也助长了这种流行。例如，歌德的《少年维特之烦恼》中主人公阿尔贝特当时就已经穿着英式服装。法国大革命后，从英国兴起的简朴风格的男装十分流行，这一流行风格让一直以来制作华丽干练男装的高鼻梁裁缝们惊慌失措。就连曾经精致华丽的镶嵌宝石的搭扣也被单纯的鞋带所代替，

《在新桥上看到的美丽花园商店》弗雷德里克·索里尤，1878年左右

　　制作并销售各种尺寸成衣的帕里索（Parisot）商店，在1867年迁入了新建的大楼，里面人声鼎沸，显得非常繁荣。

　　这种变得朴素的服装，在他们看来简直是降低了男装的格调。不仅如此，高鼻梁裁缝们还对这种风格的出处，竟然是竞争对手英国的事实感到非常气愤。但正是这种严肃的男装在19世纪上半叶广泛流通，在欧洲全境形成了"资产阶级风格的一般化"。这种风向的扩散对成衣的登场起到了推动作用。

　　1824年，布商皮埃尔·帕里索（Pierre Parissot，1790—1860年）在巴黎西堤岛的花市附近，开了一家名为"美丽花园商店"（À la Belle Jardinière）的商店，开始销售成衣。这是一个以广大顾客为对象，在一个地方制作和销售衣服的创新系统。帕里索的商店里，即使不像以前的定制服装一样是根据每个顾客的体型，进行准确的裁剪，但制作出各种尺寸的衣服，供顾客们挑选。他还制作资产阶级的日常服装，劳动服、披在外面的工作服，甚至还有厚布料的裤子、工作用围裙等，制作后以低廉的价格销售。没过多久，帕里索的商店就获得了巨大的成功。但是，由于服装制造工艺尚未实现机械化，大部分工艺仍由熟练工人手工完成。

开始，帕里索店里的裁缝们一度对主人非常排斥，并感到不安。理由是他们怀疑帕里索为了应对蜂拥而来的订单，而从监狱车间里招来犯人当帮手。[15] 虽然目前还不清楚是否真的动用了囚犯作为工作人员，但实际上帕里索的成衣产业是靠着血汗制度发展起来的。血汗制度，顾名思义是一种严重剥削劳动的制度，这是在尚未进入近代生产系统，或在近代工厂周边以辅助的形式进行的工厂手工业系统中，经常能看到的现象。成衣生产是在恶劣的工作环境下，由裁剪师、女裁缝们、完成零件的裁缝们、剪布的工人们在长时间的劳动下完成的。正是由于这种对劳动力的剥削，才使成衣的价格维持在比定做服装更低廉的水平。

依托血汗制度发展的成衣产业

19世纪90年代，在恶劣环境下长时间劳动和工作的服装工厂的劳动者们。

帕里索创办的成衣商店即后来将在法国各地开设分店，同时入驻乐蓬马歇等百货商场。这种男士成衣虽然不是最高级的，但是之前一直穿着定制西装的阶层和满足于二手服装的阶层都成了男士成衣店的顾客。特别是平生第一次购买新衣服就是购买成衣的人们尝到了"消费真正的幸福感"。[16] 事实上，这种成衣是模仿上流社会服装的低廉版本。现在，底层公务员、稍微独立的小商小贩、自由业的辅助人员、产业或商业领域的雇主、富裕的手工业者或劳动者，即属于中间阶层的集团也开始涉足"大批仿制名牌"的世界。

暂时的偏离，丹蒂主义

资产阶级风格男装的流行并不是穿什么的问题。而是以美德标榜的劳动、勤勉、节俭、谦逊等意识形态被社会认可为正确的行为。所以资产阶级风格男装的流行也正是这些正确的行为普遍化的过程。但是，在19世纪初，出现了对抗这种动向的有意识拒绝的反应。被称为"帅气的布鲁梅尔"的乔治·布莱恩·布鲁梅尔、乔治·戈登·拜伦、夏尔·皮埃尔·波德莱尔等率先展现了丹蒂主义（Dandyism）。右派反平等主义的时尚人士们反对贵族主义被浅薄的资产阶级文化所贬低，想重新创造贵族文化。独身主义、对婚姻的厌恶、对女性的蔑视、流浪，是他们标榜的伦理体系和生活方式。但最重要的是，能凸显他们特点的干练优雅的气质，特别是衣着打扮。[17]

英国的丹蒂主义最具代表性的人物布鲁梅尔展示了"少即是多"

（Less is more）的"帅气精髓"。因为他很会穿衣服，所以每天下午都会有包括王世子在内的著名人士到访他家，欣赏他精心打扮的样子。布鲁梅尔每天就这样不停地试穿服装。

他一天至少换了3件衬衫、2条裤子、4条领带、2件马甲、几双袜子和多条手帕。布鲁梅尔每天要花好几个小时在穿着打

扮上。追求干练、单纯魅力的他，衣服的颜色也只限定为白色、淡黄色、深蓝色三种。

同时代的哲学家托马斯·卡莱尔攻击其称，丹蒂主义只是浪费时间和精力的贵族阶级的游戏。[18]但是波德莱尔主张丹蒂主义是对浅薄的资产阶级物质主义的正当抵抗。他将丹蒂主义定义为，"丹蒂主义在民主主义尚未强大、贵族政治的动摇和失势在微弱的过渡时期出现的。是正在衰退的英雄主义最后的花朵"。[19]

丹蒂主义是抵抗资产阶级男性服装这一巨大潮流中的微小阻力，也是华丽的短暂偏离。但是丹蒂主义也不是没有留下任何遗产，时尚人士精心穿的亮色马甲和各种方式系的领带成为男装的必需品。这两件是直到今天为止，唯一允许在由深色布料制成的朴素男装上，具有华丽颜色的单品。

为什么新娘的礼服比新郎的晚礼服还贵

奢侈争论的本质

女装消费的膨胀和购物者们

如果是即将结婚的准新娘，她们最在意的事情之一就是选择婚纱。因为礼服的种类繁多，在众多的婚纱中，挑选一件在自己的预算内且符合自己身材的婚纱绝非一件容易的事情。要不是这样，怎么会有以准新娘们挑选婚纱的过程为题材的真人秀节目呢？2007 年美国开始的电视节目《我的梦幻婚纱》大受欢迎，此后又制作了亚特兰大版本和伴娘版本。但是这里有一个疑问：为什么新郎的礼服相比于新娘的礼服不仅种类少而且价格也便宜许多呢？新郎的礼服无论价格多贵，也只是新娘婚纱价格的三分之一左右，有时买新娘婚纱的时候就顺便赠送了新郎的礼服。新郎的礼服为什么会受到如此的待遇呢？新娘的礼服又为什么那么贵呢？

在欧洲，只有在 300 年左右的时间里，男性的服饰比女性的服饰样式更简单，价格更低廉。法国在 1700 年左右，除了贵族以外的中层阶级以下的男性，反而比女性多出两倍的衣服，其价值也远远高于女性收藏的衣服的价格。但是到了 18 世纪中叶，所有阶层的女性收藏的衣服开始远远多于男性们收藏的衣服。现代女性在衣服上的支出要比男性多出 5 到 10 倍。如果说在法国大革命前，在普通的工匠家庭中，男性有 15 件总价值 38 里弗的衣服，那么他的妻子就拥有 50 多件总价值高达 346 里弗的衣服。[20]

吸引女性顾客的服装店开始变得数不胜数。1700 年左右，伦敦就出现了多达 4 个购物中心。斯特兰德大街（the Strand）、弗利特街（Fleet Street）、齐普赛街（Cheapside）、康希尔（Cornhill），都是当时欧洲首屈一指的购物街。但是渐渐地，购物中心开始向北面和西面转移。斯特兰德大街虽然仍然保持着名气，但是考文特花园（Covent Garden）、牛津街（Oxford Street）和蓓尔美尔街（Pall Mall）从 17 世纪末开始跃居为新的购物中心地带。[21] 除了伦敦以外，温泉城巴斯是高级商店发展最好的地方。18 世纪初在巴斯市中心东南部的奥兰奇格洛夫（Orange Grove）、梯级式步道（Terrace Walk）、阿比教堂广场（Abbey Churchyard）的购物街非常繁荣。到了 18 世纪末，购物中心转移至北方，米尔萨姆街（Milsom Street）在欧洲全境名声大噪。[22]

巴黎从 18 世纪初开始，圣奥雷诺街（Rue Saint Honoreo）就作为高级购物街而闻名。这里的精品店已经把自己制作的衣服贴上独有的标签，和其他的店显示出区别。到了 19 世纪，高级服装室扩大到了黎塞留街（Rue de Richelieu）周围，从 19 世纪 60 年代开始，新出现了和平街（Rue de la Paix）。随着各地都出现了购物街，这些购物街之

伦敦圣詹姆斯区蓓尔美尔街 89 号（Harding, Howell & Co）的内部，1809 年

　　位于伦敦首屈一指的时尚中心街蓓尔美尔街（Pall Mall）的这家大型商店经营纺织品、毛皮、宝石、男装和帽子等各种杂货。

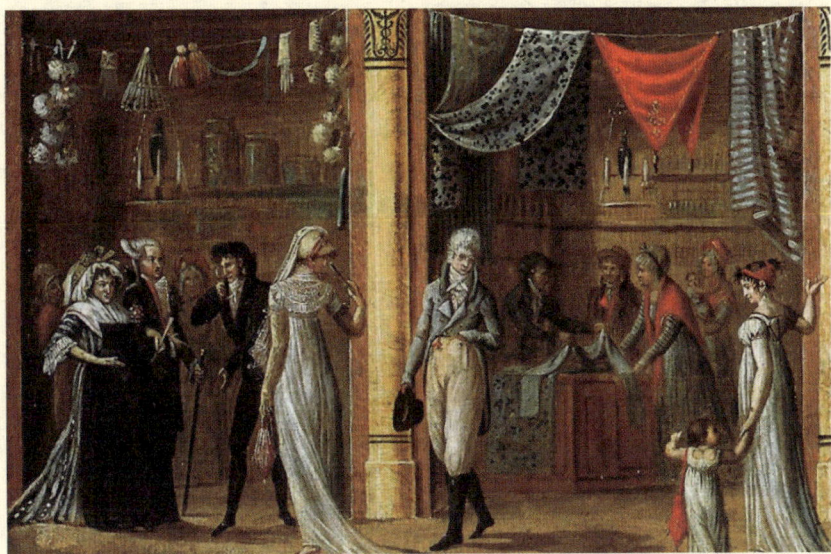

《在巴黎皇家宫殿的走廊散步》，菲利普·路易·德布库尔，1798 年

　　巴黎皇家宫殿附近，经营成装而不是定制服装的购物街上，挤满了想要引领城市流行风尚的地方商人。

间也产生了明显的阶级性。例如，在圣但尼（Saint Denis）地区，为追赶最新流行趋势的中下层资产阶级而开设了商店；在巴黎皇家宫殿（Pale Loais-Royal）附近，用外表华丽但质量差的材料制作服装。在这里，裁缝们向那些为了"连夜将巴黎或大城市的流行品带回自己的故乡而感到满足的乡下人"，销售新衣服，但卖的不是定做的，而是现成的衣服。[23]

服装店里的风景

按照过去的传统，如果是社会地位高的女性，就请店主到家里准备所需的物品。甚至即使亲自去商店，也绝对不会下马车，而是让店主拿着东西过来，在车上挑选。但是从18世纪开始，除了少数高等贵族以外，大部分上流阶层的人们都开始直接光顾高级商店了。未婚女性通常会带着亲戚、女管家、女仆等"夏普龙"（年轻女性去社交场所等时，作为监护人陪同的女性）一起购物。有趣的是，这些贵妇人的购物时间是固定的，一般都是在吃完早餐后开始，并在上午结束。因为下午经常有社交聚会，所以从下午4点就要开始准备参加晚宴。一般上流阶层的女性们在进入商店之前都会先在休息室里一边休息一边喝茶。

从18世纪初开始，伦敦开始出现了专门接待女性顾客的男店员。"长相不仅甜美、帅气，而且待人十分亲切，是能够让人心动一般的存在，他们优雅的语调和温柔的声音……给人一种意大利男人的感觉。"[24]1709年在圣保罗教堂附近的一家商店工作的男性店员经常受

《杂货商丹迪》，托马斯·泰格，1817—1820 年

在经营各种纺织品、蕾丝、蝴蝶结、围巾等各种饰品的杂货店里，女士们在向时尚帅气的店主订购布料。

到这样的评价。富有的女性顾客到达商店后，男店员们立即打开了最高级的布料，类似意大利产的丝绸（有花纹的华丽织物），或英国产的天鹅绒等，然后开始运用犹如诱惑技术般的销售技术，如："夫人太厉害了！""夫人对丝绸很了解啊！""啊，夫人，我的明星！""哦，上帝！如果是我，我就买 1000 码的。"类似这样催促女性们购买的阿谀奉承的话。[25] 相对比的，如果是看起来不太富裕的女顾客进来的话，就拿出单色或带有条纹的薄绸缎或皱褶布（表面有一些皱巴巴的褶皱的布）、斜纹薄呢（毛织物的一种）织物、泰坦纹的苏格兰产毛

《在和平街购物》，让·贝劳德，1890 年

　　高级精品店鳞次栉比的巴黎和平街是上流阶层女性经常光顾的购物街。画中是购物结束后，贵妇正在乘马车。

织物等。[26]

18 世纪初已经出现了购物上瘾的女性。1712 年时事评论杂志《旁观者》刊登了一篇采访马车夫联合会人员的报道。[27] 据说，马车夫们把每周都会光顾这附近商店两三次的女性顾客，称作最棒的顾客。因为店里摆着的礼服或布料的样子看起来像吐丝的蚕。所以在马车夫之间私下称呼这种女性顾客为"蚕桑"（Silk Worms）。店员们不觉得这些女性顾客很烦，反而非常喜欢。因为这些女性顾客们会对新丝绸、蕾丝、蝴蝶结等商品品头论足，店员们无须做特别的介绍。

紧身衣的复活和女装的变迁

英国从 17 世纪末开始，法国从 18 世纪后半叶开始，大部分男性服装都是比较朴素的三件套西装，而女性的服装则非常华丽，对流行前沿非常敏感。法国在大革命之后流行轻快的服装。模仿古代服装的褶皱白色服装曾掀起一阵热潮。但从 1820 年开始，随着紧身衣的复活，人们常说的"女性对身体的攻击"又重新开始了。[28] 盖住全身的长裙，里面套着好几件衬裙，头上戴着旧式女帽（带子系于下巴的帽子），披肩披在上半身的维多利亚式服装，这种服装和打扮开始逐渐流行。1840年，随着克里诺林（让裙子鼓起来的支柱）风格开始流行，用铁丝或鲸鱼骨做成的大鸟笼形状的框架被支撑在裙子内。克里诺林式连衣裙其实很危险。有的人站在海边，因裙子像雨伞一样被风吹得翻身而溺水身亡，一位法国女演员在舞台上靠着煤气灯，因裙子着火而被烧死。[29]

对女性身体的攻击

对克里诺林式礼服的危险性进行讽刺的漫画（左）和1890年发行的商品目录中出现的裙撑和紧身衣（右）。

克里诺林的黄金时代是1857—1866年，从1868年开始，出现了裙撑（臀部或腰部的背部看起来鼓胀的服装）风格。把一块像坐垫一样的布贴在臀部，夸张地露出女性的身体曲线。对于女性来讲，不幸的是，为了体现这种风格，这次由紧身衣代替了克里诺林。

勒紧上半身的紧身衣被认为是牺牲和纯洁的象征，有些学校只允许学生在周六清洗身体的时候松开紧身衣的带子。长期佩戴紧身胸衣也会导致女性出现骨骼畸形和脏器出血等严重问题。当时，一些医生还警告说："由于紧身衣妨碍血液循环，大脑无法供应充足的血液，女性可能会成为傻瓜。"[30]像这样压迫和歪曲女性身体的服饰文化，直到第一次世界大战时期人们才正式对此进行改革。

工作的男性和不能工作的女性

华丽女装的流行似乎把男装曾经放弃的一切都转嫁到了女装上。与此同时，朴素的男性和华丽的女性也形成了鲜明的对比，逐渐成了一道人们熟悉的风景线。男性批评社会的不道德，并与之保持距离的"奢侈品"，在这一现象的推动下，直接转嫁给了女性。这与启蒙主义时代奢侈论之争也有很大关系。在18世纪的知识分子之间，"奢侈"成为重要的议题之一。[31]在此之前，奢侈是近乎抽象的概念，只是盲目受到批评的道德性罪恶之一，但启蒙主义者开始更加具体地探索和区分奢侈。他们试图区分从其他地区入境的新物件的奢侈和古董等旧物的奢侈，或者古代奢侈和同时代的奢侈有何不同。在此之后，德国还出现了区分贵族奢侈和资产阶级奢侈的动向。[32]

在这种背景下，奢侈不再是渺茫的道德恶行，而是发展成主要的"政治上的恶德"。当时的欧洲社会，"理性、最高效率、自我开发、物质主义个人"的要素相互作用，开创了被称为近代的新社会。[33]在这里，奢侈被看作和腐败、无政府状态、女性化或专制政治等并存的社会恶行。

统治阶层应该远离这种不道德的行为。于是，英国著名心理学家约翰·卡尔·弗卢杰尔（John Carl Fluuge）命名的"男性时尚大扬弃"

运动登上了历史舞台。[34] 在这样的社会里，穿着象征奢侈的豪华衣服的女性自然成为道德上比男性低一等的二等市民。从这种格局来看，把女性排除在政治或经济领域之外是非常自然的事情。

炫耀性消费，消费的代理人

男性们没有强迫女性穿着朴素的衣服，反而要求女性打扮得漂亮豪华，因为女性是适合这种衣服的娇柔的存在。17 世纪中期以后，欧洲

《船上派对》，詹姆斯·提索，1874 年

即使革命长期改变男装，但并未对女装造成太大影响。华丽女装的流行，将男性批评社会的不道德，并与之保持距离的"奢侈品"，直接转嫁给了女性。

完全摆脱了间歇性的绝对贫困，恢复了增长势头，产业开始发达起来。这一时期，比起海外交易更依赖于国内消费的扩张。[35] 纺织业曾是经济的一大支柱，在 18 世纪已经相当发达了。一言以蔽之，商品过剩，经济必须运转，而另一方面，不少人正在积累更多的资本。因为社会氛围，男性不能公开炫耀自己的财富。相反，他们希望通过妻子、女儿或恋人，展现自己的社会地位和金钱能力。学者索尔斯坦·凡勃伦对这种现象进行了严厉的批判。

1899 年，索尔斯坦·凡勃伦通过《有闲阶级论》提出，古代社会中女性被有权势的人所拥有，并被视为花瓶。在近代世界里，虽然女性没有像那样被明显地视为男性的奴隶，但是女性身份依然是通过结婚而获得的。他更进一步指出，近代消费社会把女性当成男性生产物品的"礼仪性消费者"。也就是说，现在女性与其追求自己的职业或利益，不如作为富有男性的夫人以"炫耀"的方式消费，这本身就是区分阶层的行为。与古代奴隶不同，近代女性被允许"消费"，但消费永远只是间接感受到的，不能成为女性的本质。[36] 让我们听一听索尔斯坦·凡勃伦的话：

在经济进化阶段，炫耀性的有闲作为名望的手段得到极大的尊重，要求女性要有优雅、娇小的手脚和纤细的腰身。这些特点大体意味着不能做实质性的劳动，只能由主人来养活。……那样的女人对社会劳动没有益处且日常的消费费用高昂，所以她们只有作为金钱的证据时才是有价值的。因此，在这样的文化阶段，女人为了能更好地适应那个时代规定的兴趣爱好，只能改变自己的身材。[37]

在这种情况下，用紧身胸衣束起的腰虽然优雅，但巨大的帽子、宽松的裙子、高跟鞋、白皙的小手和小脚并不适合劳动。不仅如此，"在现代文明的生活方式中，女性仍然是男性经济上的依赖物，最理想化的表达方式是女性依然是男性的动产"。[38]

曼德维尔的反驳，"节约不是美德"

但是，以伯纳德·曼德维尔的论点为首，开始有人提出被定为不道德的奢侈为公益做出贡献的思想。曼德维尔出生于阿姆斯特丹，在伦敦一边作为执业医师工作，一边展开活跃的写作活动。1723 年出版的《蜜蜂的寓言》对亚当·史密斯等英国和欧洲哲学家产生了很大的影响。《蜜蜂的寓言》是主张奢侈拥护论、慈善学校有害论、自由放任论等的文章。但更重要的是，他尖锐地批判了当时把奢侈贬低为不道德的认识是伪善的说法，因此备受关注。他指出，如果把人们生活中不是马上必需的东西都定为奢侈品的话，那么世界上很难找到不是奢侈品的东西。因为这种奢侈品能使经济运转，所以把节约作为美德在原则上是矛盾的。[39]

在曼德维尔看来，奢侈助长贪欲和掠夺的想法是完全错误的。因为贪欲和掠夺实际上是因为"责任在于由男性支配的政府，也在于不好的政治"。他的发言是在和将奢侈和女性联系起来的传统观念划清界限的

《无意义》，古斯塔夫·莱昂纳·德·约瑟夫，19世纪

近代女性虽然允许"消费"，但消费永远是"代理"的，不能成为女性的本质。

宣言。[40]虽然这一言论并没有完全消除将奢侈和女性联系起来的长期认识，但一直以来把奢侈归为不道德的奢侈争论，逐渐演变成对安乐、便利、快乐、社交、兴趣、审美和雅致等的讨论。[41]从今天的视角来看，在奢侈争论中新出现的讨论，似乎已经把现代性争论中涉及的众多话题刻画成了议题。但有趣的是，曼德维尔的论点出现300年后的今天，在经过无数次的现代性争论和后现代主义争论的今天，女性的礼服依然华丽，而男性的礼服却依旧非常简单。

中国瓷器在欧洲的变身

欧洲曾拥有对未知世界的欲望

陶瓷鞋

　　看看这双小巧玲珑的陶瓷鞋。这是 17 世纪后期在荷兰代尔夫特地区制造的产品，除此之外，还制作出了各式各样大小的陶瓷鞋，销往荷兰各地。虽然不能准确知道它的用途，但从鞋子具有爱情的特征性来看，可以推测陶瓷鞋可能是用来作为求爱的礼物。陶瓷鞋模仿了当时在荷兰流行的鞋的样子，但鞋面上的花纹分明是中国的花纹样式。这应该不是中国瓷器，所以不能完全称其为"中国风"瓷器。同

陶瓷鞋，代尔夫特陶器，
1660—1675 年

时也不能说其完全是欧洲文化的产物。因为这个产品是欧洲模仿中国瓷器制造的新产品。像这样小的陶瓷鞋是东西方文化碰撞的产物，蕴含了西方想要融入东方文化的决心，以及极具东方特色的陶瓷成为西方人认同感的重要因素等许多故事。

中国瓷器，进入欧洲市场

　　我们无法准确地追溯中国瓷器开始进入欧洲的时间。但至少在中世纪初、中期，在欧洲可以找到途经波斯引进来的中国瓷器。因为 8 世纪左右，在波斯已经流通着很多中国的瓷器。《古兰经》中禁止用金或银制的盘子盛装食物食用，因此富有的波斯人希望用美轮美奂的昂贵器皿代替金银餐具，特别是在白底上用蓝色颜料画的瓷碟非常受欢迎。但是，当时中国钴蓝（深蓝色）的颜色比波斯的钴蓝浅，因此中国瓷器工人为了满足购买者的需求，进口波斯钴蓝。经过这一过程，生产出了在耀眼的白底上绘有耀眼的蓝色花纹的供出口用的中国瓷器。中国瓷器为了满足波斯顾客的需求，也进行了一系列的革新。[42]

　　最早从欧洲进口中国瓷器的是葡萄牙人。适逢大航海时代，葡萄牙商人开始到中国，甚至日本。他们起初从果阿（Goa）通过经销商购买中国瓷器，等明朝允许了沿海贸易后就马上从中国南部直接购买瓷器运往欧洲。但是，这只是为上流阶层而准备的小量奢侈品交易。一个偶然事件成了契机，让中国瓷器开始大量流通到欧洲。1604 年荷兰船队掠夺了葡萄牙商船，船上载有丝绸、漆器和多达 16 吨的数千件瓷

在欧洲掀起中国陶瓷热潮的克拉克瓷

中国明朝万历年间（1563—1620）青花白瓷在 17 世纪初以克拉克瓷器的名字在欧洲流通。

器。这些瓷器被称为"克拉克瓷器"，荷兰称这种葡萄牙的武装商船为克拉克，因此瓷器而得名（大航海时期的帆船，船上有大概三个主桅杆，挂着三角形模样的风帆）。这些瓷器很快就在阿姆斯特丹被拍卖，不仅如此，在欧洲的各个王室中也都很受欢迎。从此之后，中国陶瓷席卷了整个欧洲。[43]

瓷器的时代

见到中国瓷器的欧洲人很快就被这种极具异国风情的物品所吸引。

德国夏洛特堡的"陶瓷房"

该房间堪称 17—18 世纪欧洲流行的"中国风"的标本，房间里展示着当时
收集的 2700 多件瓷器。

由于所谓的"新大陆的发现"，这种新奇的东西从遥远的国家一进入欧
洲，欧洲的王族和贵族们就开始布置"珍奇百宝屋"，来展示获得的各
种各样的新奇物品。中国瓷器就这样堂堂正正地占据了一席之地。甚至
还有的贵族干脆单独装扮"瓷器房"。葡萄牙的曼努埃尔一世，西班牙
的菲利普二世，法国的查理八世、路易十二世和弗朗索瓦一世，英国的
亨利八世，还有伊丽莎白一世，他们都收藏了精美的中国瓷器。在瓷器
房里，按照每个瓷器的大小摆放了华丽的壁柜。对中国瓷器的狂热，也

可以看作是近代初欧洲刮起中国风的初期动力。

中国瓷器的魅力是什么呢？欧洲的精英们在中国的瓷器中，发现了既细腻又陌生的独特美丽。这与当时热衷于"新鲜事物"的文化氛围也有着密不可分的关系。另外，文艺复兴以后，鉴赏力也与贵族们的新美德有着很大关系。美第奇家族等积极赞助艺术作品的生产并收集艺术作品，那是因为这样做能证明他们具有可以支持世俗权力的美德，即教养和审美观。拥有这种能力的人被称为技艺超群的人（Virtuoso），美德这个词，意指在艺术或道德上颇有造诣的人，后来扩展到在特殊领域具有专业知识的人。[44]

物质上的热爱，拥有他人的欲望

中国瓷器不仅是美丽的对象，也是承载着中国悠久历史和华丽文化的物质集合体。欧洲人从 17 世纪开始对中国表现出特别的兴趣。一方面是因为葡萄牙、荷兰以及英国的商人不断地将中国的商品运往欧洲；另一方面也是因为被派往中国的修道士们将中国的地理、历史、文化等信息传播到了欧洲。在 17 世纪后期以英国和法国为中心，学者们之间爆发的古代和近代争论中，中国也参与了其中。古代派学者主张，中国有着比欧洲更悠久的历史和非常有效的统治体制，中国才是欧洲应该效仿的典范。随着古代中国的记录被认为是比《圣经》的记述更加扎实、具有实证和经验的历史记录，有人也提议以此为基础重新书写西方古代的历史。[45]

欧洲的贵族们希望通过拥有瓷器等中国物品，将中国文化变成自己的东西。历史学家安东尼·帕格登（Anthony Pagden）主张，喜欢他国文化的现象与想要拥有他人的欲望有着必然联系。[46] 在欧洲高价交易的中国瓷器的物质价值背后，蕴含着中国文化表象的"象征价值"。也就是说，购买中国瓷器就像马尔科姆·沃特斯（Malcolm Waters）的主张一样，"不仅仅是单纯的物质价值，而是以象征价值的形态消费"的代表性例子。[47] 购买和展示中国瓷器是欧洲统治阶级实践符合特权的行为和美德的事情，同时也是一种显示自己地位的手段。

但随着商业的发展，越来越多的人开始积累财富，坚固的精英壁垒逐渐消失，地位上升欲望强烈的中间阶级开始模仿上流阶层的消费行为。中间阶级对中国瓷器产生了巨大的需求。虽然他们很简朴，但只要看着架子上摆放着的中国瓷器，也会感到非常满足。无论是在绘画室内风景的约翰内斯·维米尔的画作中，还是在当时开始流行的许多静物画中，都可以看出中国瓷器正在登上舞台。但是这些瓷器并不是中国制瓷器，而是具有"中国风"的欧洲制瓷器。

欧洲生产的"中国风"瓷器

随着中国瓷器的人气越来越高，欧洲人从 17 世纪开始就努力生产出与中国陶瓷品质相同的瓷器。意大利是领头羊，意大利马约里卡（Majolica）陶瓷生产基地为了赶超经由西班牙马略卡岛（Mallorca）进口的美丽瓷器，开始生产模仿中国青花白瓷颜色和纹样的产品。紧接着，荷兰的代尔夫特、英国的伍斯特（Worcester）、德国的迈森（Meissen）等地也开始如火如荼地生产具有中国风特色的陶瓷。在私人领域，除陶瓷产业发达的英国外，在德国和法国等欧洲大部分国家，陶瓷产业也都是在国王和帝侯的支持和控制下发展起来的。路易十五和蓬巴杜夫人赞助的文森斯和塞弗尔工坊，就是得到王室全力赞助的代表性瓷器生产基地。[48]

但是想要完美再现中国瓷器实际上是一件非常困难的事情。经过100多年的尝试，直到1708年迈森工坊的专职炼金师博蒂格（Johann Friedrich Böttiger）和他的同事们成功烧制成了欧洲最早的中国式陶瓷。[49]迈森团队之所以能够成功，得益于传教士（中文名殷弘绪）访问了中国的景德镇，了解并传授了中国的瓷器制作工艺。从1710年开始在迈森生产的硬质瓷器完美模仿了中国瓷器，与此前在欧洲生产的任何陶瓷相比，在质量和形态上与中国陶瓷最为相似。迈森工坊虽然对制作工艺绝对保密，但是秘诀很快就被泄露了。于是到了18世纪中期，法国和英国也开始生产硬瓷器。[50]

这些产品最初是想模仿并再现中国瓷器。但随着欧洲人的需求和想象力的发展，瓷器逐渐开始呈现出相当自由的形态。在此过程中，不仅是盘子和花瓶，各种各样的生活用品也开始用陶瓷制作。包括墨水台在内，甚至印着国王头像的纪念用陶瓷盘也开始出现了。以及虽然不能奏响，但是用陶瓷制作的精巧绝伦的小提琴。一些形态取自中国的帕哥达（Pagoda，佛塔）造型，但却能够将郁金香分别插在边角四个孔里的郁金香花瓶是典型的欧洲产物。

盘子上的图案也渐渐摆脱了中国风格。中国瓷器上雕刻的纹样主要

郁金香花瓶，代尔夫特陶器

长 18cm×宽 17.5cm×高 104cm，
1710—1720 年

是以花、鸟、仙女、汉字等为主题，或者是用图画的方式讲述故事的故事图。然而欧洲生产的瓷器上面主要刻画了风景画的纹样。相比于重视留白之美的中国瓷器，欧洲产的瓷器上不仅画满了密密麻麻的装饰画，还划分了边角，加入了几何图案。[51]与中国陶瓷相比，使用了更加强烈的蓝色也是欧洲瓷器的特点。不仅如此，工匠们还制作了漂亮的青铜底座用来包裹或支撑瓷器，提高了装饰效果。从中国远道而来的瓷器，在进入顾客手中之前，往往是先在布朗吉（Bronzier，青铜雕刻家）的手中经过一番穿衣打扮后再交给购买瓷器的顾客。[52]

对遥远世界的想象力

从在欧洲被称为"中世纪"的时期开始，中国的瓷器工人就开始生

青铜装饰的瓷器，16 世纪后半期—17 世纪初

欧洲进口的中国瓷器经过布朗吉（青铜雕刻家）的手，再次增加了青铜装饰。

产出口商品，并出口到中国以外地区。由于这种传统，欧洲在 17 世纪
成为巨大的消费市场，而且可以很快消化这些进口商品。例如，17 世
纪 20 年代在北欧开始流行土耳其郁金香瓶后，景德镇的瓷器工人马上
在碟子上画上了郁金香。[53] 从未见过郁金香的中国瓷器工人们画出的郁
金香，实际上样子很奇怪。事实上，对欧洲消费者的喜好迅速做出反应，
对在地球另一端的生产者来说并非易事。而且流行总是变化得非常快。
欧洲商人通常以 1 年之内交货为条件，向中国的工坊下订单。像这样在

以 1 年为单位的时间里制造出流行趋势时常变化的新瓷器，对中国工坊来说是一个巨大的挑战。18 世纪末一位清代景德镇人氏蓝浦记录说："外国的器皿形状很奇怪，每年都要求有不同的形态。"[54]

据推测，欧洲想要的瓷器，在形态，大小上与传统的中国瓷器不同，因此需要另外的窑。1635 年荷兰东印度公司的《中国陶瓷订货单》中记载了盛有芥末的罐子、烛台等荷兰餐桌上用的餐具和装饰品。1777 年的订单非常具体。画有耶稣被钉在十字架上的图案的盘子、海王星图案的巧克力杯、有香芹图案的八角形杯垫、摘樱桃的果篮等，订购了许多极具欧洲风格的瓷器。[55] 但是无论订单多么详细具体，对于其他文化圈的商品生产者来说，都会对订单的要求感到非常陌生。另外，形象的具体化在经历完全不同的文化圈的时候必然会被曲解。但是，考虑到整

曾是"世界陶瓷中心"的中国景德镇

17 世纪以后，景德镇开始正式与欧洲进行交易，制造符合欧洲人喜好的中国瓷器。

体的过程，即生活在遥远的未知世界的消费者的喜好，在生产东西的过程中，不仅要通过物质的传播和人员交流，还要通过渗透在整个过程中的想象力，让两个世界得以连接。通过陶瓷，一张看不见的全凭想象的网络就这样在全球范围内形成了。

打造中国风瓷器

在比欧洲稍晚的19世纪后半期，瓷器热潮席卷美国。通过研究古物、建立博物馆、历史研究确立美国整体性的动向中，瓷器受到了新的瞩目。在瓷器的购买和收藏日益增加的情况下，最受欢迎的是发掘古董瓷器。无论是中国制造的瓷器，或是具有中国风的瓷器，还是说翻遍阁楼发现祖先们从欧洲带来的瓷器，拥有这些瓷器的人都是非常令人羡慕的。陶瓷之所以受到如此尊贵的待遇，是因为它被认为是具有盎格鲁背景的所谓"正统"移民的历史根源的证物。不仅如此，拥有陶瓷的人被认为是在艺术上造诣很深、具有先进性的"世界主义"的人。

引领陶瓷收藏热潮的人是美国最具有英国传统的新英格兰地区人士。塞梅恩·洛克伍德（Samaine Lockwood）主张，从本质上讲，考虑到有大量移民涌入瓷器收集的热潮，来自英国的盎格鲁人血统的美国人再次确认了自己的优势，他认为这是与"没有能力保全国家历史报告"的底层民众，区别对待的机制之一。[56]

另外，对古董瓷器的赞美可以说是对产业化的一种反叛现象。这种特别的收藏行为本身就是借批量生产和批量消费来区分人与人的一种行

《茶叶》，威廉·帕克斯顿（William McGregor Paxton），1909 年

20 世纪初，美国上流阶层人们的喝茶时间。餐桌上摆放着中国瓷器，两个没有把手的茶杯，床头柜桌上也摆着装有水果的中国瓷盘子。

为，也是对身份明确划分的"平静"旧时代的向往。

从中国到欧洲、从欧洲到美国的漫长旅程中，中国瓷器或具有中国风格的瓷器不断进入这些国家，或者可以说它们被赋予了超越国界的新的意义。

销售，诱惑

安托瓦内特的设计师和"廉价的女人们"

加入生产行列的女性

法国宫廷的"时尚大臣"贝尔坦

罗斯·贝尔坦（Rose Bertin）是"第一个在历史上留名的设计师"，她还担任法国王妃玛丽·安托瓦内特的设计师。罗斯·贝尔坦出生于法国的一个小村庄，曾是服装店的实习生，1770 年在巴黎圣奥诺雷街（Saint Honoreol）开设了名为"Le Grand Mogol"的商店。在此期间贝尔坦接待了沙特尔公爵，公爵于 1774 年夏天与安托瓦内特结缘。贝尔坦很快就得到了安托瓦内特的全面信任。从那年 5 月路易十六世登基以后，王妃安托瓦内特每周两次将贝尔坦叫到宫里来研究她的新礼服。据说王妃一年购买了三百多件礼服，所有的衣服只穿一次就不再穿了。

罗斯·贝尔坦（Marie-Jeanne Rose Bertin, 1747—1813）

18世纪末，罗斯·贝尔坦是玛丽·安托瓦内特王妃在任期间一直负责她服装的御用商人，被称为"时尚大臣"。

根据 18 世纪 80 年代宫廷的财务记录，安托瓦内特王妃所花费的一半以上的置装费都支付给了贝尔坦。[57] 贝尔坦对包括王妃在内的宫廷贵妇人具有很强的影响力，所以获得了"时尚大臣"的绰号。1782 年在巴黎上演的话剧《被报复的听众》中，还出现了以贝尔坦为原型的人物。这是一个因助长王妃奢侈，造成法国财政崩溃而备受指责的角色。

贝尔坦成为指责对象的原因有很多。首当其冲的是因为为王妃准备的礼服和帽子过于豪华和昂贵。贝尔坦和其他腐败大臣一样，被认为是让王室染上奢侈浪费、沉溺于快乐的罪魁祸首。不仅如此，贝尔坦常比其他设计师以更高的价格出售自己制作的礼服。传统上，服装费是由材料费和一定的手工费组合而成的，但贝尔坦无视以往的惯例，随心所欲地定价。对于像她这样眼光高的人来说，普通的报酬她认为是不合理的。

狂妄自大的贝尔坦的没落

农村出身且身份卑微的贝尔坦与王妃等身份高贵的贵妇人和设计师们建立了相当亲密的关系。在严格的身份制社会旧体制下，这种打破身份壁垒的关系是难以想象的社会制度偏离的结果。贝尔坦成名后非常狂妄自大。在她装修豪华的衣帽间里挂满了欧洲各国的贵族和王族的肖像画。她用这些肖像画来炫耀她的人脉。她还经常穿着贵族或华丽的衣服躺在沙发上迎接客人。即使是有地位的客人进来，她也只是点点头而已。作为安托瓦内特的服装供货商，与贝尔坦有竞争关系的博拉勒（Le sieur Beaulard）惊讶地说："低贱的贝尔坦不仅装腔作势地模仿资产阶级，更令人无语的是，就像她自己是伯爵夫人一样盛气凌人。"[58]事实上，在18世纪80年代访问宫廷的人们不禁惊愕地表示："常常有这样的错觉，以为贝尔坦是像王妃一样重要的人。"[59]

法国大革命爆发后，贝尔坦成了人们憎恨的对象。在愤怒的民众看来，贝尔坦和奢侈放荡的贵族一样；而从贵族的立场上看，贝尔坦与他们不同，是一个根本不可信的入侵者。革命宣传册上把贝尔坦描述为"既是制造奢侈品导致腐败的人，也是腐败本身"。

《玛丽·安托瓦内特》，伊丽莎白·维杰·勒布朗，1783 年

玛丽·安托瓦内特穿着罗斯·贝尔坦制作的礼服。

精品店的主人，时尚商人的登场

人们对贝尔坦的指责不仅是对安托瓦内特的愤怒，还与特权阶层对奢侈和放荡的不满密切相关。但是从消费的历史来看，其背后隐藏着当时在法国发生的非常重大的变化。像贝尔坦一样的"时尚商人"（La Marchande de modes）的登场就是如此。时尚商人的字面意思是指经营帽子、蝴蝶结、带装饰的礼服、时尚饰品等女装的女性商人。该领域的男性被称为"Le Marchand de modes"。在这里有必要明确区分男性和女性。被称为"商人"的男性商人从很久以前就开始在各个领域工作，但时尚女性商人在18世纪中叶才突然登场。

即使到了17世纪，大部分法国人都不去服装店买衣服。富有的人请裁缝到家里，量身定做衣服。裁缝不仅负责订购，就连临时缝制的工作都直接去客户的家里完成。就这样做好衣服后，会送货上门给订购者。相反，穷人则是从卖衣服的流动商贩或是经营二手服装的商人那里购买衣服。直到18世纪初被称为"消费革命"的时期为止，大街上几乎没有像样的服装店。但是，随着市场上出现很多新商品，相比过去开始有越来越多的人进入商品市场。那时人们比过去购买了更多的衣服和饰品，跟着引领流行的贵妇人，低阶层的人也开始以低廉的"版本"努力追赶新潮流。随着时尚商人经营的美丽可爱的时装店的出现，可谓是引领了时尚潮流。

事实上，时尚商人很难被明确地指出是经营什么产品的商人。这个称呼是指亚麻制造业者或布匹等从事服装相关工作的女性们的称呼。德尼·狄德罗的《百科全书》指出她们是布匹商行会中的一员。[60] 但是从今天的角度来看，时尚商人是兼具设计师和造型师作用的女装精品店的女主人。但是从当时服装生产的工序来看，这一作用非常模糊，因为这些女性实际上是"什么都做不出的人"。[61]

时尚商人以自己独特的喜好为基础，在平凡的礼服装饰上蕾丝和蝴蝶结，用羽毛和花装饰帽子，挑选了搭配礼服的鞋子和扇子。她们还与装饰假发的美容师，专门制作帽子的设计师一起组成小组工作。用建筑做比喻的话，布商和裁缝是盖楼的人，时尚商人是通过建筑的室内装修和外部装饰来提高该建筑价值的人。在旧体制下的法国，装饰礼服的方法曾多达一百五十多种，从表面上看，这些人是真正的时尚创造者。时尚商人于 1776 年成立了同业工会，并正式宣布其存在。

时尚商人，1778 年

1770 年创刊的第一本时尚杂志 *Galerie des modes* 中刊登的时尚商人图片。

女店主与男性同业公会

18世纪，法国大部分的商品在只有男性才能加入的同业工会的控制下，排他性地生产、流通。与服装有关的工厂和市场的主导权掌握在布匹商行会手中。有趣的是，时尚商人的出发点是这些布匹商行会制定的"例外条款"。

在布商或亚麻制造业行会，虽然是少数人，但为了让妻子做生意，允许了例外的特权。从这里出发的夫人们基本上都成了时尚商人。但实际上，大多数时尚商人在没有得到任何许可或合伙人保护的情况下，边在街上撒名片，边进入了该领域。从今天的角度看，这些女性是非常自主、独立的，同时又很好地抓住了机会，她们非常聪明。

到了18世纪80年代，巴黎到处都有专门为少数贵族开设的高级

时尚商人的精品店

这是18世纪由狄德罗和达朗贝尔编辑的《百科全书》中时尚商人的精品店。

精品店和面向更广泛阶层女性的商店。有的商店甚至是拥有超过 30 多名员工的大型商店。有的精品店并不单单在 1 层开店，整栋建筑物中好几层都有店。

零售业的生意超乎想象的红火，之所以能如此赚钱，是因为在没有实行明码标价制度的情况下，人们无法控制时尚商人的所定物品的价格。传统的同业工会及其男性成员很难接受这种状况。如雨后春笋般出现的时尚商人商店的火爆程度不仅不在自己的控制范围内，而且材料价格和手工费等与自己了解的规范性价格政策背道而驰的情况也令人费解。而且最令人不快的是，这种商店的主人都是像贝尔坦一样的女性。

男裁缝的工作坊

这是《百科全书》中男性裁缝们的工作坊。以零售业为主的时尚商人精品店和同业工会裁缝的工作坊的气氛相当不同。

看的是卖东西的女人而不是商品

不仅仅如此，贝尔坦的最高级别客户是安托瓦内特和她周边的人，即女性顾客。从当时的消费机制来看，这也是非常陌生的情景。一般来说，当时的购物方式是由处于优越地位的男性从处于劣势的女性那里购买商品和服务。[62] 当然，下层居民和中间阶层女性中，也有一部分人直接上街购买和销售奶酪、黄油等生活必需品。但是，进入商店购物原则上属于典型的男性行为，主要是中层以上男性喜欢的休闲活动。这其实是将合法的购物和非法的快乐联系在一起。精品店旁边有咖啡厅，附近有俱乐部，聚集了很多非正规的娱乐场所。[63]

在这种环境下，出售物品的商业手段与诱惑的方法非常相似。在17—18 世纪的许多文献中都记载了商店中的交易行为是从求爱的过程中发展而来的。商店里的年轻女店员很清楚如何利用自己的魅力来推销商品。自己拥有的魅力和学会的阿谀奉承，时而娇媚的女性气质和女性身份上的劣势，都成了"宰客"的强大武器。但这并不是全部。有钱有势的中年男性不仅仅是为了买手套或帽子而购物。事实上，店里卖东西的女性才是他们的真正目标。对于这种现象，既是剧作家又是新闻工作者的路易·塞巴斯蒂安·梅尔西表示："买东西只是借口而已，人们看的是卖东西的女人而不是商品本身。"[64]

有趣的是，女性店员也知道男性顾客的目的，甚至是有所期待。当时，为寻找更好的生活而来到城市的大部分女性在黑暗、狭窄的工作岗位上被迫反复地劳动，备受折磨，疲惫不堪。作为劳动的代价，她们拿到的工资最多也就是男性的三分之一，不会超过一半。很多女性一边做

《美丽的女店员》，威廉·鲍威尔·弗里思，1853年

正在和卖手套的年轻女店员对话的男性顾客。有钱有地位的中年男子不只是为了买手套或帽子才购物。

裁缝或者在卖帽子的商店里做店员，或在街边卖花，一边通过和男人的身体做交易挣钱来补贴微薄的收入。这些女性通常被称为"女店员"，这句话出自穷人做衣服穿的灰色廉价布料。在巴黎和伦敦这样的大城市里，是很容易找到这种卖身的"廉价女性"的。[65] 因此，"去了大城市"的表述往往是带有从事肉体交易的意思。

女店员的"异性朋友"，主要是平均年龄在 50 岁左右的男性蔬菜商或布商。虽然他们的经济状况比女店员好，但还没有达到享受高水平文化生活的程度。因此，女店员经常穿着昂贵的衣服，坐着豪华的马车去看歌剧，享受着奢侈的生活。他们的关系在买卖商品的空间，好像重新回到了把女性当作商品进行买卖的严格的父权制。这种关系，即年轻女性和中年男性、贫穷女性和花钱的女性在家长制下交易非常自然。买卖商品的空间相当于重新回到了把女性当作商品进行买卖的严格的家长制。在这种背景下，女店员就和商品一样。

当然御用商人贝尔坦和王妃的关系，作为女性销售者和女性购买者，已经脱离了消费的典型模式。因此，在当时的社会中，人们反而把这种关系理解为无秩序关系，并把它当作谴责的对象。法律专家兼社会批评家尼古拉·德泽萨尔留下了这样的记录：

在想要寻找道德堕落的原因的观察者眼里，这种时尚商人无穷尽的精品店，精品店的艺术装饰，无数华丽的衣服和宝石等，在路过的人眼中，这一切的一切都是危险的原因。年轻女性，时尚商人每天创造的这些天才商品，谁能把目光转移到这些商品上来呢？在这种虚荣和娇态的圣殿前，几乎所有人都会停下脚步。不管年龄和

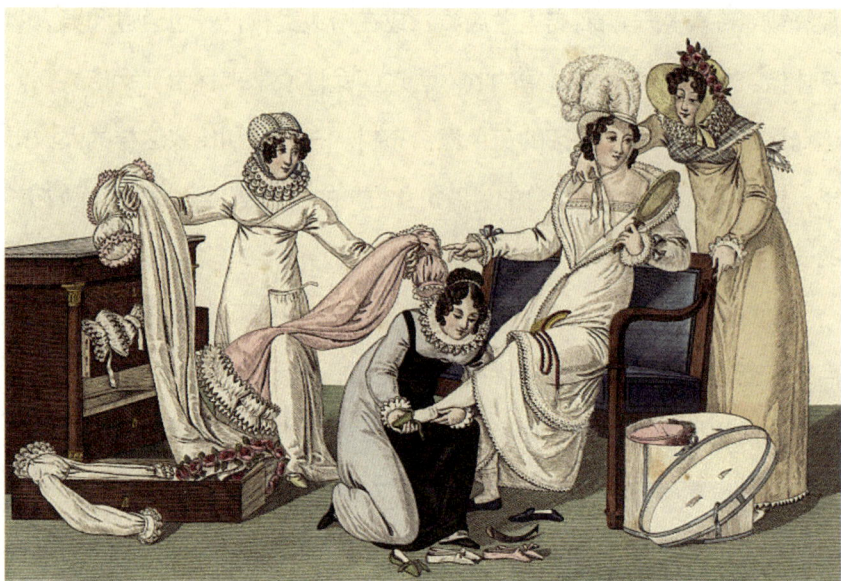

精品店的女顾客

　　随着时尚商人的商店逐渐增多，街上到处都是女性购买者，而不是男性顾客。这幅画是 19 世纪初刊登在杂志上的插图。

　　身份，只要是女人，都会进入那个让人着迷的地方，谁能抵挡得住想要进入的诱惑？[66]

　　时尚商人的商店不断增加，街上到处都是女性顾客而不是男性顾客，而且不论年龄和阶层，都混在一起进入精品店成为购物的主体，这是非常危险的一件事情。因为以女性为主体的消费空间将成为"商业空间和政治空间一样由女性支配，结果由无秩序、混乱和愚昧支配的地方"。[67]

劳动的男性与有看点的女性

经历革命后，即使到了 19 世纪，女店员也没有消失。相反，在商店里做生意的女性们进化成了百货商店的店员，在工厂工作的女性身上也投射出了女店员的样子。从彻底以男性为中心的中世纪基尔德的章程，到产业化时代围绕女性劳动的诸多歧视性规定，再到 19 世纪中产阶级的不同领域意识形态，女性进入生产领域是长期以来持续的强有力的社会基础。在这种情况下，随着工厂里的女工逐渐增多，出现了对她们不友好的目光。

现在，女性劳动者在男性领域被当成"夹在中间"用来转换心情的存在，几乎被描绘成接近色情的、被歪曲的女性形象。[68] 正如瓦尔特·本雅明（Walter Benjamin）所说："女销售员和商品是一体的。"19世纪在商店或百货商店工作的女店员也被投以了可以幻想的形象。与象征健康形象的男性劳动者不同，女性劳动者只被大众认为是"美丽的看点"。[69] 有的学者曾指出，在消费，特别是炫耀性消费文化形态中的核心是"商品化"。[70]

在迈入 21 世纪的今天，这种现象仍然随处可见。特别是那些与商品特性无关，只是过分地将女性的性感作为卖点的广告。很多一味追求高销售率的广告业者时常无差别地将女性商品化。他们这样过分利用"女性"的原因是，第一，他们相信在广告中利用女性的话，销售量会疯狂地增加；第二，反正广告费是早晚流往下水道的钱，稍微添点乐趣也不坏。[71] 在这种氛围下，像汽车或酒一样把男性作为主要消费者的商品的广告中，让性感女性登场已经成为广告界不成文的规定。这种传统仍然把男性作为购买者和消费者，把女性客体化为等同于商品的"消费对象"。[72] 女性成为消费主体的现象从尴尬的 18 世纪后半期开始，经过了 200 多年后的今天，究竟又发生了什么变化呢？

江湖医生的生命力

冒牌医生和专利药市场的进化

18—19 世纪的常用药或"专利药"

以《红字》闻名的作家纳撒尼尔·霍桑，在 1838 年目睹了马萨诸塞的威廉斯学院的草坪上一位江湖医生卖药的场景。就像是有号召力的公演一样聚集了众多的围观群众，他在 8 月 15 日的日记中写道："我好像一整天都站在那里，听那个人说似的。"[73] 那个江湖医生卖的通常是被称为"包治百病的药"或"强壮剂"的"常用药"。18—19 世纪，这种常用药不仅在欧洲的下层阶级，就连在上流阶级中也非常受欢迎。甚至在今天，只要是关心健康的人，也一定会吃这种类型的药。如果是喜欢阿加莎·克里斯蒂推理小说的读者的话就会知道，在有关毒杀的片段中见到的强壮剂正是这种常用药。

常用药被称为"专利药品"。也就是即便没有医生的处方也可以买到的药品。因为"专利"这个词，不知为什么看起来似乎有些像那么回事，但在18—19世纪，专利药主要是指在江湖医生走街串巷时销售的药物。英国从中世纪后半期开始实行了对特定物品的垄断性权利的专利制度，而江湖医生也利用了该制度。他们注册商标，试图保护特定药品的垄断权，在此过程中，这种常用药获得了专利药的名字。到了18世纪，这种药开始泛滥，甚至漂洋过海到了美国。美国早在

可口可乐，从专利药到饮料

1885年，可口可乐以名为"法式红酒可口可乐"（左边）的"强壮剂"注册商标，后因酒精成分出现问题，用糖浆代替红酒后于1886年重生为可口可乐。在以饮料商品化后，长期以来被用作代用药品消费，19世纪90年代的广告中仍然有"理想的滋补强壮剂"的字样（右边）。

1641 年就实行了专利制度，但到了 19 世纪，从事食品和医药品事业的人们纷纷在自己的产品上贴上"专利药"的名字进行销售。当今世界畅销的可口可乐最初也是注册为专利药出售的商品。[74] 到了 19 世纪末，在英国和美国到处泛滥的专利药非常让人头疼。但是专利药泛滥的程度也就说明了这种药的销量有多好。专利药如此畅销的理由是什么呢？

流动医生的推销术

18 世纪，英国经济进入繁荣期，同时经历了被称为"消费革命"的变化。人们开始有欲望，想要积极地认识所拥有的物品。随着这种社会氛围的形成，人们对财富的期待值增大，商业化也逐渐扩大到整个社会。在这样的环境下，不仅生产了各种各样的新产品，服务和流通领域也是一片欣欣向荣的盛况。专利药也为社会的活跃发展出了一分力。在全国各地，在市场或庆典上卖药的流动医生激增。这些人中，也有一些人带领着庞大的队伍辗转乡下，并因此而名声大噪。经常有身份地位高的人去找有名的流动医生，成了他们的常客。这一传闻很快传遍了英国各地。19 世纪中叶，尽管有路易斯·巴斯德发现了微生物的医学革新，但是流动医生依然没有消失。相反，随着铁路网的扩大，流动医生们利用铁路网向更远的地方移动，活动范围也逐渐扩大。

流动医生，采用江湖医生或者药贩子的销售方式，和商店、药店或医生诊所的完全不同。首先，他们搭起舞台吸引客人。用横幅和旗帜装

《江湖药贩子》，莫里茨·卡利什，19 世纪中叶

为了引起人们的注意，带着猴子和小丑到处走街串巷的江湖药贩子。

饰舞台，甚至还有人准备了移动舞台。而搭建不了舞台的人会坐在马上招揽客人。在流动医生的销售策略中，最重要的是吸引人们的视线。因此，他们有时会穿异国服装，有时为了展示威严，穿着看起来像是政府官员或将军的制服。大部分流动医生经常与哈莉·奎茵或小丑等同行，因为他们能吸引观众，使气氛变得融洽和谐。

人们聚在一起时，似乎把卖药的事抛在脑后，先进行演出。表演的内容有朗读多变的韵律创作的狂诗、打油诗。还有哑剧、魔术、翻跟斗、占卜。在这样的演出中，平时看不到的猴子、大蛇、鳄鱼玩偶或骷髅等陌生的动物或事物作为配角登场。当音乐响起，大家开始沉浸在演出中时，主人公流动医生开始登场，讲解自己的专利药。在演讲式的说明下，还会上演让人大吃一惊的场面。如吃了药后，出现了奇迹般恢复的特技演员，或者出现了明显是托儿的证人站出来，激动得哭泣地说"吃了那个药治好了不治之症"。这种走穴式的卖药行为，如同杂技或喜剧的典型要素，即是将有趣、惊险、奇异而又独具匠心的场面汇集在一起的一场演出。[75]

特别有趣的是，这是流动医生的说法。如果说正规医生是通过与患者的对话而进行诊断疾病的双向沟通，那么流动医生的说话方式更接近于单方面的演讲。把蜂拥而至的陌生人都假设为患者，随意说话。流动医生们首先大肆批评了正规医生们没有治好病的事例，并且批判了传统医学界，然后说："自己开发的产品是克服这种局限的特效药。"但这种对特效药的解释与其说是医学说明，不如说是销售员的产品说明或者更接近广告语的内容，他们反复提及相同的内容，人们在这样的这种推销式宣传的迷惑下，购买了所宣传的药。从今天的角度来看，这种完全不考虑患者个人状态的说话方式居然能奏效，真让人倍感奇怪。但事实上，这种宣传方式是非常有效的说服方式。因为所有的重点都归结在"无条件痊愈"这一点上，并且只在治疗这一事实上做集中且强烈的宣传。[76]

异乡人的魅力

　　流动医生本身带有很多神秘因素。虽然他们有变魔术和占卜的行为，更关键的在于他们表现出了和萨满法师一样的姿态，并且运用了萨满法师的语言。不仅如此，流动医生的世界还和共济会这样的秘密组织联系在一起。[77]事实上，这些人相比于医生的身份更接近药剂师，相比于药剂师的身份更接近炼金术士。他们还积极利用人们对未知世界的憧憬和关心。穿着奥斯曼帝国、俄罗斯或其他国家的服装，或者干脆让不太懂英语的外国人说些莫名其妙的外语。在这种情况下，被称为"拉客者"的人开始出来代替他们进行演讲。当介绍主人公流动医生的时候，煞有介事地显示了他们的权威，但是大部分的说明内容无法证明是否属实。例如，"这位高尚的德国医生……去过俄罗斯，后来治愈了选帝侯，然后……"。有时还会展示伪造的名牌大学毕业证或与医学相关的高级资格证。[78]

　　流动医生本质上是流浪汉。但是在大众的意识中，开始对这些人产生了某种幻想。特别是在18—19世纪，生活在美国偏僻村庄的人们，认为象征着外面世界的流动医生们非常有魅力。流动医生并不是像自己

《流动医生》，查尔斯·格林，1866 年

对于地方上的小村庄里的人们来说，流动医生是来自外面世界的，是神秘而充满魅力的异乡人。

村里的商店主人一样是熟悉的存在，而是充满陌生魅力的存在。流动医生是连接与村庄这个小共同体完全不同文化的大城市的中介人，也是通过魔术和奇迹般地治愈跨越自然和超自然界限的神秘存在。他们成为当时美国文学的重要素材绝非偶然。[79]

流动医生比起男性更吸引女性。1760 年，英国苏塞克斯的杂货商托马斯·特纳如此抱怨：

> 老婆到遥远的怀特史密斯去看流动医生了。那个家伙每周

来一次，搭上舞台，以创造奇迹为由，抢走可怜又愚蠢的人的钱。那家伙卖桶里的药，据说那药能治好人生在世会得的所有疾病。价格仅是区区 1 先令。这样一来那个家伙有时一天能挣8—9 英镑。[80]

1848 年，美国一位女诗人公开表示："女人们认为这样的流浪男人非常有魅力。"[81] 对于丈夫们来说，虽然他们是警戒和疑惑的对象，但女性们却希望从这样的流浪者身上满足自己对未知世界的渴望。正如不明其真实身份的专利药一样，女性非常敬仰流动医生们隐藏的丰富经验和惊人的知识。特别是 19 世纪初，生活在美国非常偏僻地区的女性向这样的江湖医生进行个人咨询。通过咨询，她们得到了从身边无法得到的各种信息，包括自己默默遭受的妇科疾病，还询问了城里流行什么衣服。正因为如此，当时社会上对江湖医生给女性带来的影响表示非常担忧，在这种情况下，出现与她们一起消失的夫人怪谈是理所当然的事情。

最大的广告商，专利药

随着江湖医生的生意如火如荼，可以明确的是专利药是能够获得巨大利益的项目。在只能停留在正统医学界边缘的二流医生和比二流医生更低级别的流动医生中，有生意头脑的人开始正规地生产和销售专利药。他们主要依靠的销售技术是通过广告这样的印刷品。因此，在初创期报

纸、杂志或传单等印刷产业中，专利药生产者成为主要顾客。英国从
18世纪开始就出现了这种现象，由于19世纪中期他们主导了广告市场，
所以那个时代被称为"专利药品的时代"。[82] 在韩国，帝国时期占据报
纸广告栏最多的品种是八宝丹、膏药、活命水等药类。[83]

专利药不仅有圆形药片、菱形药、粉末药、药水、浓缩液、创可贴、
软膏、乳液、油、糖果、稀释液、漱口水等多样的形态和种类，销售量
更是惊人。在欧洲最喜欢专利药的是英国人。例如，1843年托马斯·比
彻姆（Thomas Beecham）在市场上推出的"比彻姆氏丸"，一天销量超
过100万个。而当时在英国，比它更畅销的商品只有酒。比彻姆氏丸最
初被宣传为灵丹妙药，但后来被证实实际上只有强壮剂的效果。但是，
当时的人们认为，比彻姆氏丸是增进健康的强壮剂，就像今天我们摄取
维生素一样，一定要按时服用。将这一切看在眼里的弗里德里希·恩格

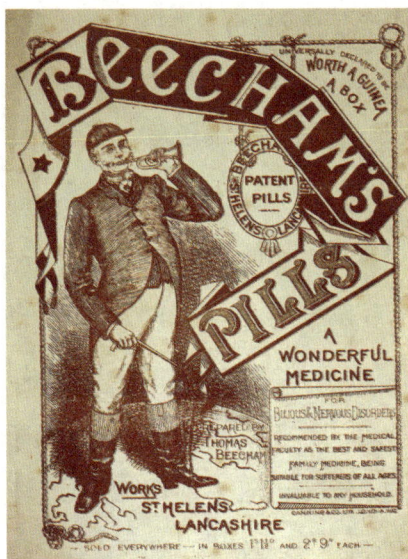

1859年比彻姆氏丸的广告（左）和
1843年发售的比彻姆氏丸（右）

托马斯·比彻姆（Thomas Beecham）
通过比彻姆氏丸在事业上获得了巨大
成功，于1859年在世界上首次创立
了医药品专门制造工厂。广告中对有
效治疗呕吐和神经衰弱等各种疾病的
说明非常引人注目。

斯在 1844 年说道："就像德国人在特定的季节进行放血一样，英国的劳动者大口地吃着专利药。就在他们如此损害自己身体的时候，制造业者的口袋则变得越来越鼓。"[84]

正如舞台上的江湖医生们所说，专利药广告是以非特定人群为对象进行的单方面宣传。

就连能治好所有的疾病的说辞都一模一样。感冒药可以治疗头痛，生发剂是治疗肺结核的特效药。比彻姆氏丸的宣传则是，仅靠服用比彻姆氏丸就可以治疗最少 38 种疾病。但是更有趣的是，只要当时社会上出现了新的疾病，专利药的广告都会进行说明，说专利药可以治愈这种新疾病。在 19 世纪，神经质疾病是新出现的疾病。头痛、神经痛、神经衰弱、无力等症状引起了医学界的关注，在当时进行了很多研究。专利药广告强调说，这是比正统医学提出的解决方案更先进的特效药。在特效药广告的洪流中，人们还获得了有关新疾病的信息。另一方面，人们也产生了一种错觉，认为自己原本没有的疾病似乎也突然出现了。正如英国议会特别委员会所提到的那样，专利药广告的核心是"在读广告的瞬间，人们会出现一种正常的生理现象，好像自己也得了这种疾病"。[85]

在专利药的世界里，最终的商品是具有安慰剂效果的药。专利药一旦拿到手，就会给人治病的希望，是非常可靠的物质证据。[86] 当然，也有可能没有任何效果，甚至会产生副作用。有些毒广告不仅事先预测到了副作用，还试图以此为基础增加销售量。比如，卖含有蓝色染料的药片时，宣传广告里这样说："如果尿液中泛有蓝色，那证明肾脏出现异常，多服用这种药片即可。"甚至还有商人将治疗动物的药品更换包装后卖给患者。[87] 小说家约瑟夫·康拉德批判专利药发明者是："犯下道德虚无主义罪的人。"[88]

控制专利药的困难

当时药理学中正式规定的"药"是指"为今后使用而脱水晾干的药品"。但是，专利药领域中可能包含多种产品。从人工耳膜到电带，头上戴的真空帽，就像现在市面上常见的按摩椅和磁铁手镯等各种"健康辅助用具"都从这一领域生产出来。[89] 这些发明有时会像动物实验一样，利用消费者的身体进行产品进化。更为严重的是，从药理学的角度来看，几乎没有对专利药的成分进行限制。江湖医生们宣传自己卖的药由秘密成分构成，但实际上不过是混合了甘油、糖、碳酸氢钠、橡胶、淀粉等几种原料而已。随着 19 世纪中期吗啡、可卡因、酒精等危险添加物的增加，问题也随之而来。有很多儿童或孕妇长期服用含有大量毒品成分药物的情况。1885 年，可口可乐以名为"法式红酒可口可乐"的强壮剂注册商标，后因酒精成分出现问题，用糖浆代替红酒后于 1886 年重生为可口可乐。[90]

英国从 1868 年开始，为了努力整顿专利药至少通过了 6 次法令。但是有问题的药会在瞬间消失后，更换名字和包装然后卷土重来。在此过程中，专利药反而卖得更多，专利药事业也越来越企业化。最终，美国于 1906 年通过《纯净食品和药品法》加强了对专利药的控制。这一措施也因此使美国专利条约的全盛时代落下帷幕。英国也于 1912 年在

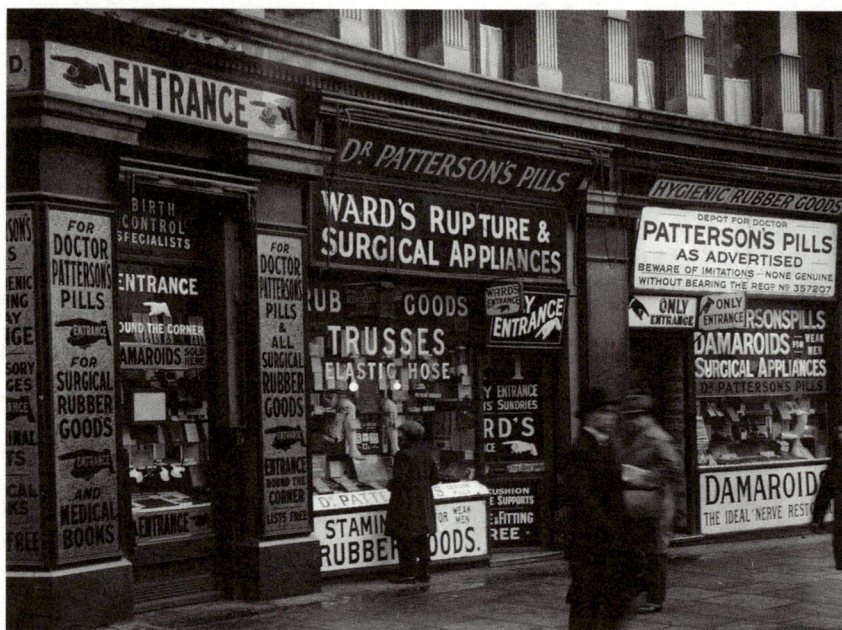

20世纪30年代英国的商店街贴满了专利药品和医疗器械广告

在专利药广告的洪流中，人们虽然得到了有关新疾病的信息，但另一方面，也产生了突然得了从未有过的疾病的错觉。

议会成立特别委员会，开始正式调查专利药对英国的公共卫生产生了什么影响。仅听证会就持续了 2 年，是一个规模巨大的项目。但是根除专利药并不是一件容易的事情。医学界权威人士虽然查明了这些药物的成分，但未能掌握准确的制造方法。不仅如此，专利药已经深入到传统医学领域。这些年来，医生们不仅开出了大量广为人知的专利药，而且人们对市面上销售了几十年的品牌药也非常认可，绝不会轻易放弃对品牌药的忠诚。[91]

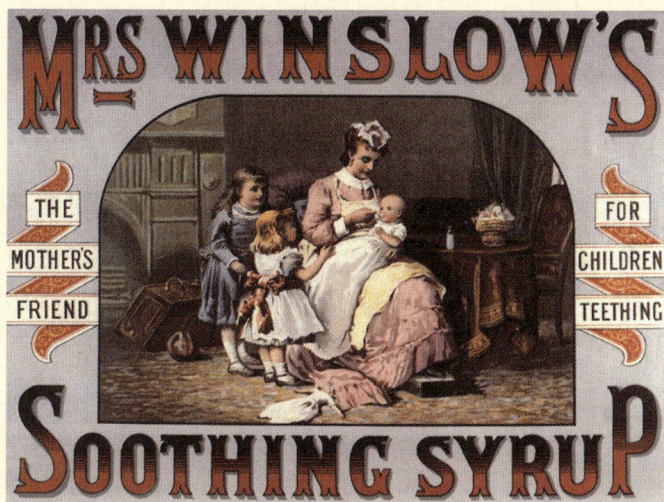

温斯洛夫人的舒缓糖浆

　　从 19 世纪前十年末到 20 世纪前十年中期，被美国家庭广泛使用的该舒缓糖浆是由曾担任护理工作的温斯洛夫人开发的产品，给孩子们喂了糖浆后孩子们都睡得很好，因此被称为"魔法药"。但是该药中含有吗啡，事故频发后被禁止销售。

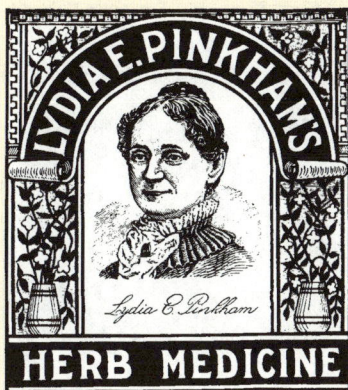

丽迪亚·平克汉姆的"草药"

　　1875 年推出的植物性合成药品（Herb Medicine）至今仍在市场上销售。以开发者名字命名的该药是一种有助于治疗女性疾病的强壮剂，当时的药品宣传是不孕的女性吃了此药可以生孩子。

消费之躯

专利药的生命力可以从需求和供给的角度审视医疗领域。在 18 世纪的集市上，观众们被流动医生的华丽口才所迷惑，购买了根本不需要的强壮剂。19 世纪正式开始的药物广告让人怀疑自己的身体状况是否健康。不是因为生病而找药，而是因为"供给"药物，所以产生了想要拥有它的新欲望。

如今，医疗市场也随着医疗商品及服务的"供给"和消费欲望"需求"的相互配合而不断扩张。最终，在药物、保健食品、保健辅助器具的洪流中，人的身体成了巨大的消费场所。物质性的身体和医药品，还有非物质性的欲望相互交织在一起，形成新的社会标准和行为。想想当时的现象，因为社会压力，即使借钱也要进行整容手术的世态，又或者和朋友们一起在澡堂像游戏一样接受文眉的事例，这些出现的欲望、压力、行为等，与其说是发生在生理学领域，不如说是发生在人文学领域。因此，疾病和治疗，甚至药物的效果既是物理性的，也是社会性的，这需要从人文学的角度来看。

首批销售的家用机器

缝纫机的成功神话和反调

缝纫机的登场

优雅的女人坐在缝纫机前。一名戴着（纱帽下的）衬帽、穿着韩服裤子、西式衬衫和马甲的男子，站在女人旁边做出准备帮忙干活的样子。这幅画是"世界各地的缝纫机"的宣传物之一，标题为"韩国"。1892年缝纫机制造公司"I. M.辛格公司"制作了在世界各地使用缝纫机的宣传品。据悉，缝纫机首次进入韩国是在1877年，是由去日本旅游的金镛元（在临时政府担任副主席的金奎植的父亲）买来的，从1896年梨花学堂的教学科目"缝纫和刺绣"的出现来看，缝纫机在此后被广泛普及。1905年，美国辛格公司在韩国设立了分店。

从17世纪中叶开始，发明家们为了开发缝纫机付出了很多努力。因为针线活是需要很多时间和精力的重体力劳动。纺纱机和纺织机被发明后，纤维产业日益发展，但针线活依然是手工作业。在这种情况下，

KOREA

世界各地的辛格缝纫机

1870 年至 1900 年左右制作和发行的辛格公司的贸易卡《世界各地的辛格缝纫机》中的韩国篇，描绘了在使用缝纫机的旧韩末期，在旁边帮助女人一起干活的男性的样子。

1790 年英国家具商托马斯·山特制造了缝纫机。他虽然用这台机器获得了专利，但不清楚是否他真的使用了。1829 年在法国，既是裁缝，又是发明家的巴塞莱米·西莫尼发明的缝纫机一经上市，就受到了人们的关注。他发明的脚踏式缝纫机是用单线缝纫的机器。不过几年后的 1834 年，美国的机械工瓦特·杭特（Walter Hunt，1796—1859）发明了用两根线穿孔缝制的缝纫机，引起了缝纫机的一场革新热潮。但杭特担心引进缝纫机可能导致一直靠手工业工作的裁缝全体失业，所以放弃了缝纫机的专利申请。此后，随着伊莱亚斯·豪（Elias Howe, Jr., 1819—1867）重新引进杭特发明的缝纫机（双线锁式缝纫机）上市，于 1854 年还引发了专利权纷争。

19 世纪中叶美国和欧洲各地出现了制造缝纫机的制造商。其中，表现出压倒性市场控制力的公司就是辛格公司。作为德国移民者的儿子出生的艾萨克·梅里特·辛格通过自己发明的缝纫机获得专利，于1851 年成立了公司。辛格公司整合了伊莱亚斯·豪发明的缝纫机的对针缝技法等与缝纫机相关的各种专利，随后投入批量生产。公司的经营主要由辛格的合作伙伴兼律师、辛格去世后成为会长的爱德华·克拉克担任。辛格公司于 1860 年成为世界最大的缝纫机制造公司，此后发挥了多种尖端营销技巧，成为商业历史上的一个传说。

辛格公司成功的原因，海外销售和首次引入分期付款制

19 世纪 70 年代中期，占据世界缝纫机市场四分之一份额的辛格缝纫机，到 1912 年为止在美国和世界的市场占有率分别达到 60% 和90%。至此，辛格缝纫机在 1920 年以前不仅销往美国和欧洲，还销往东南亚、西亚和南非等世界各地。这样的扩散程度令人吃惊。事实上，辛格缝纫机是世界上最早批量销售的标准化机器，也是复杂的耐用品。[92]辛格缝纫机登场后，真空吸尘器和汽车等昂贵复杂的机器也开始成为家庭消费品。从这个角度来看，辛格缝纫机是开拓家用机器产品新市场的先驱者。

一般来说，学者们会从价格竞争力、产品差异性、销售地区或成功的广告战略等方面寻找特定商品大获成功或享有垄断地位的原因。但有趣的是，最近研究表明，辛格缝纫机的成功与这些普通因素有一定距离。

首先，辛格缝纫机在与其他缝纫机产品的竞争格局中，没有强行降低价格。而且在技术上其实也不是最好的产品。因为当时威尔考克斯与吉布斯（Willcox & Gibbs）、惠勒与威尔逊（Wheeler & Wilson）、德国的百福（Pfaff）等公司的缝纫机产品技术更出色。[93]那么是什么让辛格成了缝纫机的代名词呢？

辛格缝纫机上市后不久爆发了南北战争（1861—1865 年），军需品需求暴增。也正因如此，辛格缝纫机的年销量达到 1 万台以上。辛格公司在享受需求暴增的同时，开始将目光转向海外。为了节省制作费用，于 1867 年在苏格兰建立了组装工厂，到了 1871 年该工厂可以组装发往伦敦和汉堡的 80% 的货物，这得益于辛格公司的海外销售和国内销售的并行发展战略。[94]在南北战争后，尽管美国经济不稳定，但辛格公司仍然能够毫不动摇地坚持下去。不仅如此，辛格公司还持续在海外设立分支机构，到了 20 世纪 20 年代，5% 的南非居民、3% 的菲律宾居民、2.5% 的土耳其居民，都拥有了辛格缝纫机。[95]

辛格公司的海外市场扩大是伴随着理念的包装实现的。在落后地区，把推广辛格缝纫机的情况宣传成文明的传播。某个广告海报中描绘了两名非洲人载着缝纫机和白人售货员进入丛林的场面，上面写着"辛格——文明的传令"。[96]

但是，辛格缝纫机成功的最重要原因，可以从先驱性地引进分期付款制度中找到。作为辛格公司经营者的克拉克在 1856 年下定决心，不仅要制作工厂用缝纫机，还要制作普通的缝纫机，销售给每个家庭。

这个想法其实不切实际，因为当时缝纫机是很值钱的东西。即使

辛格公司的苏格兰组装工厂

南北战争结束后，虽然国内市场萎缩，但得益于辛格公司在 1867 年在苏格兰设立的海外工厂，不仅节省了费用，而且在海外销售方面也取得了领先地位。

是家用，缝纫机的价格也高达当时裁缝年薪的五分之一到二分之一。因此，为了向中产阶层以下的家庭出售缝纫机，需要划时代的销售方式。克拉克研究出了分期付款制度，即收到少量资金后，在较长时间内分期偿还剩余资金。[97] 这就是攻击性营销"1 美元签约，每周 1 美元"的计划。[98]

实际上，要想成功实施该计划，需要经过培训的推销员。推销员分为通过市场调查找出潜在购买者，并最终能在合同上签约的推销员和去收分期付款的收账员。收账员把缝纫机送到客户家中以后，在 2 年的时间内每周都去客户家里收取分期付款额。但是因为这种并行的销售系统费用太高，最后整合了分离的销售领域，实行了一个人负责的"调查收款员制度"（canvasser-collector system）。在产品说明、演示、分期付款等面对面接触过程中，收款员与顾客建立了牢固的关系，产品的售后服务也得以顺利进行。[99]

　　辛格公司对销售人员说："在每次进入客户家里之前，一定要记住客户的名字。不要怂恿客户买东西，先给客户看机器，然后说明机器的用处和优点。[100] 像这样以上门销售为基本的销售方式，才是辛格缝纫机能普及到经济落后的地区或劳动者阶层的核心要素。19世纪80年代在德国，国产高品质缝纫机"百福"的销售率低迷，发明者百福（Georg Michael Pfaff，1823—1893）曾不满说："这都是因为攻入德意志帝国的辛格公司推销员军队造成的。"[101]

1910年，负责配送家庭用缝纫机的辛格公司的销售员

辛格缝纫机以上门销售为基础，广泛普及到经济落后的地区。在缝纫机的盖子上贴着广告"辛格——锁缝和链缝。这是最好的家用产品"。

反对缝纫机和劳动的性别分离

事实上，缝纫机的引进并非一帆风顺。发明了缝纫机的消息一经传出，裁缝们就强烈反对。因为他们认为机器会使他们失业。1829 年，西莫尼在获得自己发明的缝纫机专利后，与法国陆军签订了提供军服的合同，并建立了缝纫工厂。但是，裁缝们蜂拥而至，对工厂放火施暴，最终于 1841 年停业。此后，虽然他三番两次梦想着东山再起，并不断改进机器，却遇到了销路不畅的问题，最终在艰难的生活中死去。在美国的情况也是如此。缝纫机发明者伊莱亚斯·豪，在 1851 年参展了伦敦世界博览会，他发明的缝纫机受到了极大关注，但遭到波士顿西服店主的威胁，工厂遭到了攻击，缝纫机也全部被毁。

随着时间的推移，缝纫机的生产和销售逐渐趋于稳定，这时一个全新的问题开始成为争论焦点。有人担心，如果缝纫机进入家庭，可能会导致女性侵占了男性领域。数百年来在欧洲，男性和女性工作是完全被区分的。到中世纪和近代初为止，男性的同业工会强烈禁止在家庭中使用机器的工作和女性们使用机器。他们以遵守手工业者之间的等级秩序，保守秘密为名阻止工会外的生产。[102] 在这种背景下，女性使用复杂的机器，最终会被认为是违背自然法则的危险事情。

在工业化成熟的 19 世纪，家庭和工作岗位在空间上也被明显分离，家庭成了与商品生产无关的私人生活领域。从理论上看，女性是从属于家庭空间里的存在者，即使女性作为雇佣劳动者在工厂工作，也会饱受性别歧视的困扰，不断地质疑自己是"不同"的存在。虽然也有评价说女性非常细腻、直观、有手艺，但这与男性的技术能力、技术上的熟练性形成鲜明的对比。[103]不仅如此，女性非常热衷于在工作场所谈论私人话题，所以认为女性违反职场规定的偏见逐渐蔓延开来，尤其是针对从事针线活的女性。[104]

女性的物品——缝纫机

在缝纫机普及的初期，向工厂供货的比重相当高，所以男女劳动者都使用缝纫机，因此在使用缝纫机时没有出现明显的性别区分。在19世纪中期推出的广告中，可以看到很多坐在缝纫机前制作军装的男性模特，他们扮演的角色是"爱国人物"。但是，随着家用缝纫机的开始普及，对使用缝纫机的女性形象广告需求更加强烈。作为辛格公司促进销售的策略之一，首先便是以半价向政府部门的长官夫人出售缝纫机。辛格公司希望由上流阶级的女性出面宣传，阐述使用缝纫机确实减轻了家务劳动负担的事实。[105]随着这一战略的成功，社会上开始出现缝纫机对女性生活有很大帮助的谈论。有人预测缝纫机将结束"白人奴隶买卖"，减少贫困，阻止许多女工人走向歧途，这台机器是"伟大的解放者"。[106]

尽管是家用缝纫机，妇女们还是得到了使用先进机器的机会。不仅如此，还可以将自己制作的缝纫品作为商品销售。没过多久，缝纫机广告中的男性形象逐渐减少，到了19世纪末期，男模特就基本上从广告中消失了。之后，在欧洲人的眼中，如果缝纫机广告中出现男性形象，那么会认为这个广告非常具有异国风情，或是展现了一个十足

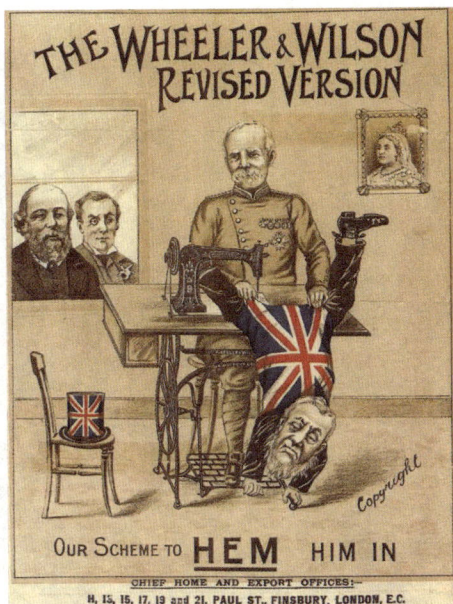

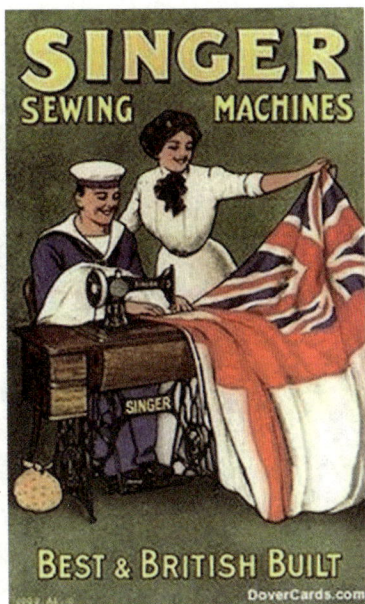

在南非布尔战争如火如荼的 1900 年前后，就有很多 "爱国形象" 的男模特
出现在缝纫机广告中。

落后的社会。[107] 这也证明了至少在西方社会，缝纫机被认为是女性物
品。女性也通过缝纫机，以家庭劳动的方式被卷入了巨大的劳动市场。
但是梦想着 "我的辛格" 的女性比过去更加与外界隔绝，只能被关在
家里。[108]

对女性健康有致命影响的缝纫机

但是再次出现了女性不能使用缝纫机的声音。而且这个声音竟然

《开窗》，伊丽莎白·奥基·普克斯通，1922 年

　　随着改善女性生活的宣传和家庭缝纫机的广泛普及，人们逐渐认识到缝纫机是属于女性的物品。

是出自医学界。1869 年，一位名叫阿德尔夫的医生说，使用缝纫机时的动作会给女性的胳膊、腿和腹部带来冲击。[109] 其他医生也对此表示赞同，并警告说："使用这种复杂的机器是超出女性能力范围的事情，最终会引发兴奋、紧张、月经不调等问题。"女性的月经问题可以看作是 19 世纪医学界的典型问题。在当时的医学界，只要是和女性有关的病理学问题，都会无条件地与生殖器联系在一起进行讨论，最终将其归结为女性的社会义务再生产问题。现在医生们一致认为，使用缝纫机本身就是无视女性细腻的身体结构的行为，最终会影响生殖能力。[110]

这里令人吃惊的事实是，很多医生认为坐在椅子上，双腿并拢踩踏板的行为会引发身体兴奋。他们甚至认为缝纫的事情会刺激"动物本能"，使踩踏者陷入兴奋状态。[111] 一位名叫欧仁·吉沃的医生在详细描述了使用缝纫机的女性身体变化后得出了这样的结论：

年轻女性通过这种与众不同的运动，使身体兴奋起来，因此有时会出现突然中断工作或陷入极度疲劳的状态时，出现带下症、体重减轻和极度虚弱的状态。[112]

这种谈论将女性劳动者与情色主义紧密联系在一起。在标榜健康的生产劳动领域，成了淘汰女性劳动者的充分理由。也就是说，在"从客观科学的层面"为贬低与缝纫相关的女性劳动提供了依据。医生们的主张很快就传播到了社会上，从事服装产业的男性劳动者们给坐在缝纫机前的女性以不可理喻的警告，甚至企图偷窥监视她们。[113] 然而，将机

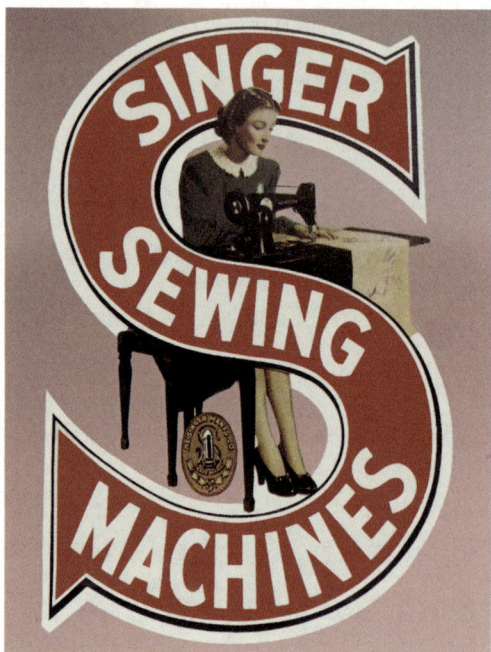

宣传辛格女孩的辛格
公司的广告

器和女性捆绑在一起的所谓"情色主义"这一令人头疼的问题，竟然被全面推出的女性进行缝纫工作的广告给淡化了。

辛格女孩

辛格公司推出了包含"商品的民主化"和"文明化使命"的革新性广告。即，一方面向不富裕的民众普及新技术，另一方面肩负了向全世界传播近代文明利器的使命。为此，辛格缝纫机广告尤其强调了近代性和便利性。为了强调缝纫速度，还展示了在埃菲尔铁塔上飞行的缝纫机形象，甚至为了强调机器简单到连动物都能操作的特点，制作了大象进行缝纫的有趣宣传物。[114]

但是，在辛格缝纫机广告中，最引人注目的是"辛格女孩"。为了吸引女性顾客，辛格公司推出的"辛格女孩"，穿着简单的礼服，散发着青春活力，展现了站在时代前沿的干练女性形象。这样的女性具有两面性，既可以马上投入到外面的工作岗位上，同时也是家庭手工业者的合适人选。[115]辛格女孩出现的场景大多是布置得很好的舒适客厅，那里摆放的缝纫机看起来不是劳动机器，而像是件豪华的家具。因此，缝纫机的主人辛格女孩不再是辛苦的工人，而是堂堂正正的消费者和生产者。19世纪末，受贝尔·艾扑克（Belle Époque，19世纪末至20世纪初，随着物质上的富饶，文化和艺术绽放的欧洲"美丽时代"）的艺术影响，新艺术运动下的具有慵懒氛围的精灵的女性形象非常流行。但是"辛格女孩"通过追求自信、自由的女性形象，大大提升了"新女性"的形象。

缝纫机在面世时是当时最尖端的科技产品。对这种产品的反对主要表现在就业问题和医学两个领域。在今天，对尖端科技设备的反对同样也是从这两方面展开。举例来说，就像使用人工智能技术后，就取消了由人工收银的食品商店"亚马逊无人便利店"（Amazon Go）一样，人们担心就连食品卖场也会被人工智能抢走工作岗位，这就属于雇佣问题。另外，对使用智能手机会引发鼻炎和脑肿瘤也是医学界的问题。

其实反对缝纫机的声音，究其本质是带有性别歧视的偏见，随着偏见被消除和纠正，渐渐地，对缝纫机本身的反对也就自然而然地消失了。但是，反对人工智能产品到底是因为什么呢？由于我们还没有深入了解人工智能，在没有学习背景的情况下，很难指出反对尖端技术产品的问题。

化妆品大婶的鼻祖：雅芳女士

经济活动和消费的女性网络

把"剪刀手"爱德华带进村子里的人

还记得蒂姆·波顿导演 1990 年执导的电影《剪刀手爱德华》吗？主人公爱德华在自己的科学家父亲去世后，独自生活在山坡上的孤城里。有一天，身穿薰衣草色制服的化妆品销售员佩格来到了那里。佩格在遍体鳞伤的爱德华的脸上涂上化妆水后，怀着恻隐之心最终将其带回了家。就像爱德华·霍珀的画作一样，成了这部凄美爱情故事的第一个名场面。这里佩格的职业正是在消费的历史上留下浓墨重彩一笔的化妆品推销员"雅芳女士"（Avon Lady）。

据悉，"上门推销"是最古老的销售方式。原始的上门销售往往是以物易物的方式进行。在百货商店出现之前，上门推销是女性们经常使用的购买方式。当时购买者大部分是女性，销售员大部分是男性。由于上门推销的工作早期几乎没有任何投资费用，所以在年轻未婚男性中是

1990 年上映的电影《剪刀手爱德华》中的一个场面

化妆品销售员佩格大婶正在给满脸伤痕的"剪刀手"爱德华涂化妆水。

很受欢迎的职业。

19 世纪初，在美国，销售人员走遍了广阔的土地，从坛子、笔、箱子、厨具到餐具、钟表、书籍等，销售了很多品种。南北战争以后，随着电报、铁路、蒸汽船的发展，销售网络更加紧密，销售员的推销也更加活跃。纽约或费城的制造业者或大型批发商向全国各地派遣了很多销售员，拿着装满目录和样品的行李箱的年轻销售员向全国发放了布料、威士忌、食品杂货、专利药品（常用药）、宝石、五金、皮革制品等。[116]

雅芳公司的诞生

雅芳公司的创始人大卫·麦可尼也是上门销售员。从 1879 年开始，作为出版社所属的推销员，他在纽约、芝加哥、亚特兰大等地挨家挨户推销书籍。由于销售不畅，麦可尼免费向顾客分发了化学家朋友为了好玩制作的香水样品。但是发生了顾客们比起书更喜欢香水的事情。这时候麦可尼下定决心要转换行业。既然可以上门卖书，难道不能上门推销化妆品吗？再加上大部分顾客都是家庭主妇，所以香水和化妆品是更受欢迎的商品。

1886 年，麦可尼成立了香水公司，利用此前建立的销售网开始销售香水。尽管公司位于纽约，但公司却取名为"加利福尼亚香水公司"。这是将充满鲜花的加利福尼亚的形象商品化。麦可尼在 1928 年将公司更名为雅芳（Avon）。据说，他在访问莎士比亚的故乡斯特拉特福德（Abon Stratford-upon-Avon）后，被那里的美丽所吸引，所以改了名字。从市场营销角度来看，这可以看作是为了增加欧洲传统和干练美的异国特点，而打造更高级形象的营销战略。

开始做生意时，麦可尼认为女性更适合从事化妆品销售工作。因此，最初雇用了新罕布什尔州出身的，有两个子女的 50 岁家庭主妇阿尔比。不过仅过了一年，销售员就增加到了 12 名。阿尔比和同事们乘坐火车在美国东北部旅行时出售化妆品，之后她被称为雅芳公司推销员"雅芳女士"的鼻祖。

销售员和消费者都是女性的公司

雅芳是一个在很多方面都非常独特的公司。[117]最重要的是，直到今天，95%的销售员和顾客都是女性。19世纪末女性能赚钱的机会不多，而雅芳公司的销售员职位，是女性开展事业的唯一机会。特别是处于困境的女性通过成为雅芳女士，首次获得了成为经济主体的机会。与其他的公司不同，雅芳几乎没有向销售员索要初期投资金，而是将销售员各自视为独立的契约者对待。雅芳女士可以获得销售额40%的佣金，销售时还可以随意打折，充分发挥自己的销售技术。更人性化的是，与其他职业不同，销售员可以自由调整工作时间，不耽误作为主妇而要进行的育儿和家务工作。

雅芳公司从1905年开始为销售员发行杂志，传达业界动向和新闻，他们收集并刊登同事们的建议等，从而进行间接教育。此外，还为销售员子女准备了奖学金制度，并引入了奖金丰厚的推销大赛，赋予销售动机。由于大萧条导致经济不景气，雅芳公司引进了折扣制度。第二次世界大战爆发后，一部分工厂为了提供物资开始生产防毒面具和医药品。这时，销售员们向主妇们出售化妆品和战争债券。在极为私人的消费领域代理公益活动。在这一过程中，雅芳女士们感受到了作为美国国民履行公共任务的自豪感。

1954年雅芳公司拍摄了"叮——咚，雅芳女士来了"的电视广告。佩格来到"剪刀手"爱德华居住的地方，敲门说的第一句话就是这个广告语。该广告延续到了1967年是历史上最长的广告，被认为是最成功的作品之一。得益于这样的成功，雅芳公司从20世纪50年代中期开始

"叮——咚，雅芳女士来了"

已创立 75 周年的 1961 年的雅芳公司广告。

正式开展了提高女性权益的事业。为女性寻找工作岗位、预防家庭暴力活动，并且，从 20 世纪 90 年代初开始积极开展防治乳腺癌的赞助事业。另外，雅芳公司是第一家为黑人女性开发化妆品并销售的企业，也是首家实行多民族政策的公司。但是，这种系统和一揽子计划并不是其成功秘诀的全部。

雅芳女士的销售秘诀

在美国，直到 19 世纪末才出现雅芳女士，但是韩国的女性早在很久之前就开始了上门销售活动。肃宗（1674—1720 年在位）时期的记录中已经出现了只经营化妆品的女性商贩"卖粉妪"的存在。[118] 有人评论说，在女性不能轻易外出的当时，女商贩们是向在家里的女性传达外边世界消息的令人欣喜的存在。[119] 自 1962 年韩国正式引进化妆品上门销售制度以来，大部分顾客主要是全职主妇。

直到 20 世纪 80 年代中期，韩国化妆品总销售额的 90% 以上都是通过上门销售实现的。营销研究者们从多个角度分析了这种上门销售的成功原因。最重要的是，销售员亲自上门销售，向当时对化妆品信息和知识不足的消费者们提供了产品的正确信息。换言之，销售员的水平很高，也受到了很好的训练。[120] 另外，在相对狭窄的消费者社区内，竞争心理也是销售率上升的原因。因为是邻居或朋友买的，所以产生了跟风购买或者在炫耀性需求中购买更贵、更多东西的动机。顾客从个人角度可以对美容进行全面的咨询，通过销售提供多种样品或按摩服务等，给消费者带来受到礼遇的感觉，这也是对上门销售满意度较高的原因。[121]

但是，从某种角度来看，上门销售比在商店里卖东西的柜台交易更为不易。因为推销的对象不是下定决心买东西而找上门来的消费者，而是要说服具有"抵抗意识"的消费者，激发他们的购买动机。[122]那么，坚持上门销售方式的雅芳公司能取得巨大成功的原因是什么呢？这与韩国上门销售成功的原因大同小异。

但是，如果仔细观察率先引进上门销售方式的雅芳公司案例，就会发现，在营销研究者们的分析中找不到比这更加生动的场面了。首先，雅芳女士把自身打扮得非常漂亮。身穿优雅礼服、穿着高级丝袜、戴着手套和帽子的帅气女性在门前按铃的样子非常好看。一位曾是"雅芳女士"的女士回忆说："我们看上去非常干练。"[123]

雅芳女士

推出"雅芳女士"，以家庭主妇为对象进行上门销售的雅芳公司的销售方式是结合人力资源和人力要素的成功销售战略。

从购物的快乐价值的角度来看，雅芳公司的销售方式给顾客带来了很大的满足感。如果说买必需的东西才是购物的效用价值，那么快乐的价值就是体验购物的过程，强调感知上的趣味性。[124] 在舒适的氛围中，摆出各种各样的样品，轻声细语的聊天时间，就像是和朋友闲聊一样。在几乎没有出诊医生，也没有送奶工的时代，穿着干净整洁的雅芳女士来到这里，将小区主妇都聚在一起，摆出口红、香水等光看着都能感到开心的东西，就像是举行一场家庭派对。这样的时间给每天索然无味的日常生活带来了刺激的新鲜感。[125]

一些人类学家甚至说，20 世纪 50 年代雅芳公司的电视广告"叮——咚，雅芳女士来了"和在普通家庭客厅里的"特百惠派对"（Tupperware，在韩国通常被称为 Tapar）成了美国白人中间阶级家庭生活的典型场面。[126]1972 年，雅芳公司推出了这样的广告："雅芳女士叫我艾米丽，而不是'下一位客人'，这种感觉真好。"[127] 这种与顾客建立起来的个人关系，是只有上门销售才能成功做到的，即利用人际关系的销售战略。这种利用人力因素和人力资源的方式虽然在今天感觉有点土气，但这正是雅芳企业的品牌价值能领先于香奈儿的根本动力。[128]

向非西欧地区的传播，反女权主义的成功

随着 20 世纪 70 年代许多白人已婚女性开始工作，以她们为主要顾客的上门销售面临危机。雅芳公司在开发针对职场女性产品的同时，开始将目光转向海外特别是全职主妇比例较高的发展中国家。除了 20 世

纪 50 年代开始进军的拉美和亚洲地区外，20 世纪 90 年代还延伸到东欧、俄罗斯、南非等地，雅芳公司如今已在 100 多个国家落户。现在，在巴西亚马孙地区，乘坐独木舟的雅芳女士们依然会到木屋领取当地特产后销售商品。即使在几乎无法接近的矿村，人们也在购买雅芳的"水晶石"或"卡里斯马"等香水。[129] 现在雅芳公司旗下约有六百万名雅芳女士，总销售额的 80% 来自海外。这可以说是跨国公司利用当地女性原有的日常交换网络取得成功的突出事例。[130]

雅芳公司进驻落后地区，为受到歧视、贫困的女性提供经济惠泽和自立的机会，因此得到了很高的评价。但是从女权主义的角度来看，雅芳女士的成功，实际上与性别平等和女性权益的伸张存在一定距离。首先，化妆品本身就是极其女性化的商品，也是对女性施加社会压迫的象征物。买卖该商品的行为本身也仅限于女性销售者和女性消费者。再加上销售空间也是历史上被规定为女性领域的"家"或"家庭"。换句话说，所谓的化妆品上门销售，就是建立了只将女性分离出来的单独的一个交换体系。从结果来看，推出"雅芳女士"的销售战略在商业领域里区分性别，可能是"政治上不正确"的行为。[131]

另外，还有其他层面的问题。雅芳女士是发展中国家许多女性向往的职业。雅芳公司在寻找当地销售员的同时，还运用了可以自立的"自助"的方式。但是通过建立这样堂堂正正、坚强的女私营业者的形象，雅芳公司将她们作为一种代理人，而公司躲在后面，淡化了作为跨国企业的自身资本侵略行为。[132] 不仅如此。遍布世界各地的雅芳女士不单是销售商品，而还是带头传播以西方为中心的美丽标准。[133] 著名女权主义学者琼·司各特（Joan W. Scott）在讨论俄罗斯爆发性增长的雅芳

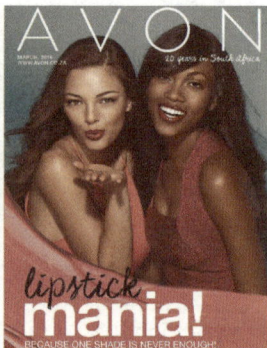

进军非洲的雅芳女士

南非地区的"雅芳女士"（左）和以该地区为对象发行的雅芳公司的商品目录（右）。

女士时指出，她们制造了新的性别差异。她还说道，苏维埃时期也有男女差别，劳动市场的性别分离也很明显，但是现在西欧资本主义通过雅芳女士扩散了以女性为对象的消费主义，引进了西欧式更严重的女性歧视，特别针对女性的性别，回避性别差异。[134]

雅芳女士芭比娃娃

1997 年，雅芳公司与以芭比娃娃闻名的美泰公司展开合作。美泰公司想通过雅芳公司发达的销售网销售自家公司的玩偶。[135] 作为试验推出的"春花芭比"（Spring Blossom Barbie）和"冬季天鹅绒芭比"（Winter Velver Barbie）仅在几周的时间内，在美国的销售额就高达4300 万美元。这是雅芳女士出色的销售技术被全世界公认的事件。不久后，美泰公司为了纪念联合营销而推出了以第一位雅芳女士阿尔比为原型的"阿尔比芭比娃娃"。这是只有通过在雅芳女士中创下最高销售额的销售员，才能购买到的珍藏版。此后，各种人种的"雅芳女士"和穿着不同时期不同制服的"雅芳女士"玩偶系列不断上市。

雅芳女士芭比娃娃让人产生各种想法。首先，把投身经济领域的先驱者、在消费历史上值得纪念的人物做成玩偶本身是一件非常棒的事情。在韩国，如果也能出现纪念爱茉莉大婶的玩偶就好了。爱茉莉大婶难道不是当今社会再也找不到的、代表一个时代的标志吗？但是那个玩偶是芭比娃娃这一点让我感到担心。因为在人们心中，这就是身材苗条、丰满、非常理想化的西方美人形象。因此，如果爱茉莉大婶玩偶出现的话，还不如让玩偶公司制作出更接近实际模样的精巧模型。漂亮得足以成为珍藏版的单品。如果能生产和普及更多这样的模型，来纠正西方式理想化的审美标准，岂不更好吗？

雅芳女士娃娃

20 世纪 80 年代开始上市的"雅芳女士娃娃"（左）和 1997 年美泰公司为纪念与雅芳合作推出的"阿尔比芭比娃娃"（右）。

华丽的商品名片

贸易卡发行的知识和偏见

利比希贸易卡的"韩国"套装

　　下一页中的卡片是 1904 年利比希（Liebig）公司制作发行的贸易卡的"韩国"套装之一。利比希公司是一家做肉汁罐头的跨国企业，以德国化学家尤斯图斯·冯·利比希的名字命名。以"最小因子定律"著称的利比希一边研究生物化学和农业化学，一边开发肥料，1847 年为缺乏蛋白质的贫困层开发了肉汁罐头。利比希与对罐头感兴趣的企业家携手，从 1865 年开始批量生产。利比希罐头不仅供应给大医院，还在美国南北战争和第二次世界大战期间，作为军队的粮食，获得了巨大的成功。

　　利比希公司为了宣传商品，还制作了游戏卡和菜单卡、儿童游戏、日历和纸玩具等各种宣传物，同时也制作了贸易卡。其中，1904 年版的贸易卡是记录了世界各地地理和历史的系列卡片，其中还包括以韩

韩国的贵妇人

利比希公司 1904
年版韩国贸易卡套装中
的"韩国贵妇人和首尔
的街道"。

国为主题的卡片套装。一套有 6 张，将其翻译成 6 个国家的语言后向各
个国家宣传。仔细观察上面的卡片，右下角画着一个小小的罐头，说明
这是利比希公司的交易卡。卡片的右侧描绘了首尔的街道，左侧描绘了
"韩国的贵妇人"。但是不觉得有什么奇怪的吗？看起来不像是韩服，
更像是东南亚地区的服装，而且居然还有水果帽子！

贸易卡的起源

贸易卡的起源至少可以追溯到 17 世纪 30 年代。那时，在西方商
品宣传史上最领先的国家英国，首次出现了"商人卡（Tradesmen's
Card）"。该卡简称"贸易卡"，最初只是画上每个商店所经营的东西
并注明地址的单纯的纸质印刷物。[136] 随着时间的流逝，添加了许多艺
术性点缀，比如，装饰性的画，漂亮的字体等。以《佩皮斯日记》闻名
的塞缪尔·佩皮斯在 17 世纪末已经收集并整理了 41 张贸易卡。[137]

继英国之后，法国等欧洲各地也使用了类似的卡。随着贸易卡的效

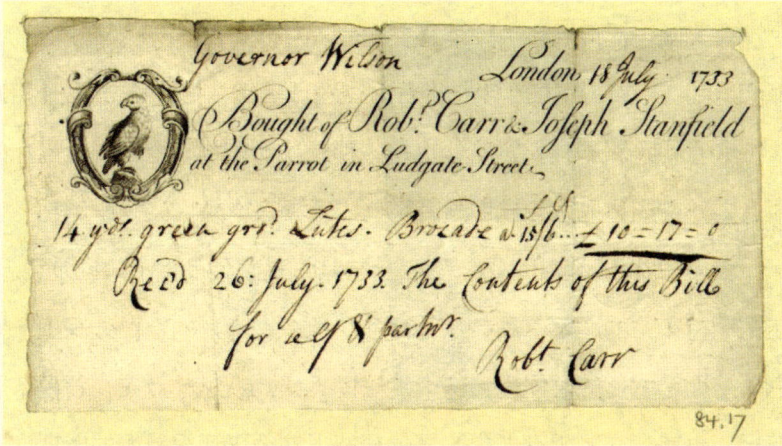

伦敦路德门大街上商店的贸易卡

1733 年价格昂贵的织锦（brocade）纺织品的贸易卡，初期贸易卡还具有记录交易明细的功能。

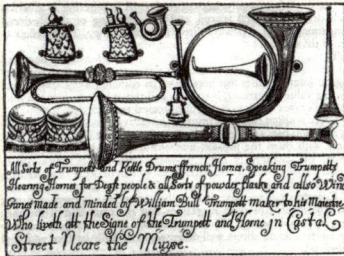

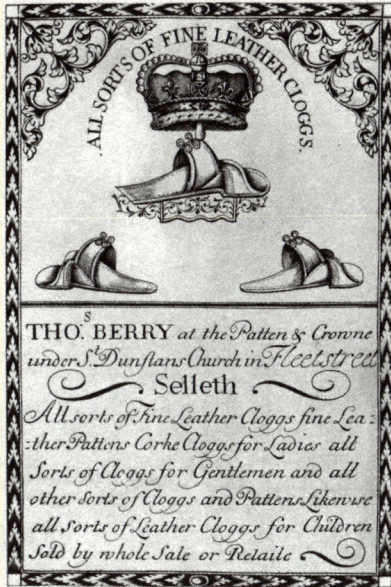

18 世纪伦敦各大商店派发的贸易卡

直到 18 世纪，贸易卡与其说是宣传品，不如说是纪念品。

用性在美国广泛传开，1727年波士顿地区的书商托马斯·汉考克（Thomas Hancock）首次使用了贸易卡，不久在费城等美国多个城市也开始流行这种卡。和欧洲一样，贸易卡也是一种纸质印刷物，上面画着商店的正面、内部或周边风景，或者画有家具、餐具等物品。

但至少在18世纪之前，贸易卡与其说是宣传品，不如说是纪念品。店主期待来访的顾客以后会购买商品，所以在卡片的空白处写上一些信息。给顾客发货的时候也会将卡片一同寄出。从这一点看，贸易卡既是商标，也兼具交易明细书或收据的功能。在纸张还很昂贵的时期，制作具有自家商店独特风格的贸易卡，是非常高级、讲排场的交易事件。也许正因如此，贸易卡主要是在以富裕阶层为对象的珠宝商、钟表和饰品制造业者、乐器商、高级服装师、书商、家具店里使用。[138] 今天广泛使用的名片也源于这种卡片，但比起千篇一律的名片，贸易卡更具有艺术性。

贸易卡成功的原因

从19世纪60年代开始，贸易卡作为大众营销手段开始大受欢迎。这种大众化之所以能够实现，最重要的原因当属印刷技术的发展。19世纪60年代以后，随着被称为彩色（套色）石印术的多色石版印刷术的发展，用低廉的费用即可以大量复制图片。直到19世纪后半叶为止，大部分家庭里的照片和彩色图片都还很珍贵。由于在贸易卡上印刷的画作更加写实和细腻多彩，是之前的木版画和铜版画无法比拟的，所以人们更喜欢这些漂亮的卡片。在家庭中，将收集的贸易卡贴在墙上或保管在相册里，在女性和孩子们中掀起了热潮。由于收藏热潮的掀起，甚至感到只要是有一定规模的企业，都应该制作并发行贸易卡。对于制造业者来说，贸易卡作为宣传手段非常有用。因为，在香皂和食品加工等新型消费品大量涌现的情况下，迫切需要对商品进行介绍和宣传。[139]

到 19 世纪初、中期为止，消费者的购买方式，都是通过被称为中间流通商的批发商或零售商。消费者只能在他们那里买到商品，所以选择权非常有限。但是从那时起，生产商开始超越中间流通者，直接宣传品牌，逐步摸索提高市场支配力的方法。[140] 从 19 世纪 50 年代开始，以缝纫机制造商辛格公司或食品公司味好美（McCormick）为

贸易卡的大众化

19 世纪中期以后，作为大众营销手段开始受到关注的贸易卡，在女性和儿童之间掀起了收集热潮。

首，烟草、口香糖、食品加工、香皂、油漆等制造企业试图把公司的名字和商标印在产品上，提高商品知名度。[141] 在这种潮流中，贸易卡将起到引导消费者直接选择他们喜欢的品牌或公司，进而购买产品的重要作用。[142] 当时在全国范围内非常畅销的"常用药"（事先调配后出售的药）通过这样的宣传物，试图向消费者提供与服药方法相关的信息和知识。[143] 贸易卡可以在街头发放，也可以在杂货商或药店里拿到，还可以通过邮寄的方式发送给消费者。

纽约的阿巴克尔兄弟咖啡公司（Arbuckle Brothers Coffee Company）着眼于顾客喜欢收集贸易卡，从 19 世纪 80 年代中期开始在邮寄的咖啡商品中放入该卡。另外，将贸易卡的内容分为鸟、动物、饮食、体育、地图等不同主题的系列，每个主题发行了 50 张贸易卡。在韩国，曾经深受儿童欢迎的饼干袋子中的贴纸是这种传统的延续。

贸易卡的多样变身

贸易卡通常是 3 英寸 ×5 英寸（约 7 厘米 ×12 厘米）或 3.5 英寸 ×4.75 英寸（约 9 厘米 ×12 厘米）大小的四角形印刷品。正面描绘了帮助理解产品或提高公司形象的具有色彩感的华丽图片，背面则印有对公司和产品的介绍、价格信息、标语、轶闻趣事等更具体的信息。总部设在美国芝加哥的丽比公司为了推广自己生产的罐头产品，在卡片上印上了多种职业群体，从农夫的妻子到旅行者、探险家等，强调了罐头是无论何时何地都是可以轻松食用的加工食品。[144]

随着贸易卡的广泛流行，不仅是图画，样式也变得更加多样化和干练。除了普通的长方形，还制作了圆形或边框添加装饰的卡片或是像折纸一样可以折叠的卡片。格兰教会信徒的硼砂皂贸易卡的一部分是可以移动的，这种卡也被称为机械式卡（mechanicals）。[145] 例如，在 1880 年左右制作的白金汉胡须染发剂（Buckingham's Dye for the Whiskers）的折叠式贸易卡中，在前面画着白胡须的绅士，翻过去的话就会看到虽然是同一个男人，胡须却变成黑色的样子。[146]

生产者们希望通过贸易卡展示，使用自己的产品不仅可以方便生活，还能体验到喜悦和幻想。辛格公司推出了与"辛格"公司名称相关的"歌唱新系列"和"歌剧歌手系列"的卡片，给消费者带来了乐趣。认识到这种卡片需求的印刷业者干脆在独自开发贸易卡的内容上下足了功夫，结果就出现了美国的各州、世界地理和

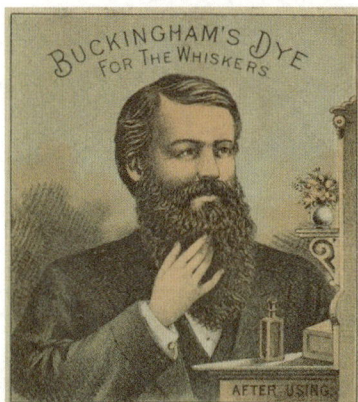

折叠式白金汉胡须染发剂贸易卡

能同时展示染发剂"使用前后"样子，1880 年左右。

风俗、动物、名人等系列卡，利用这些系列制作贸易卡的公司们，自豪地向消费者推荐收藏。

19 世纪末制作的名为"从现在起 100 年后"（One Hundred Years Hence）的卡片套装日期是公元 2000 年，即当时描绘未来世界的系列，从乘坐潜水艇观赏海底到今天的 3D 电影，包含了预测未来技术发展的独特内容。由于展望未来的贸易卡受到了很多企业的欢迎，所以仅在美国就有 14 家企业购买并发放了该系列的贸易卡。

19 世纪后半期，美国的贸易卡中最引人注目的主题是"爱国"。有些学者注意到，在美国"镀金时代"（The Gilded Age，1865—1890 年美国南北战争后从农业国转变为工业国的时代）制作的贸易卡，定期出现山姆大叔（Uncle Sam）、自由女神像、总统候选人、布鲁克林大桥等能表现爱国心的形象。也就是说，在奔向新时代的美国，贸易卡上

"从现在起 100 年后"系列贸易卡

骑着自行车或穿着特制鞋子在水面上行走(左)和乘坐潜水艇进行海底观光(右)。该贸易卡由德国印刷公司制作,用于德国和比利时巧克力公司的广告中,并且在美国有 14 家公司使用它的英语版本。

承载着代表爱国心和自豪感的国家人物和地标，也算是和丰富多彩的消费息息相关。

描绘世界的贸易卡

从 19 世纪 80 年代中期开始，纽约的阿巴克尔兄弟咖啡公司推出了"地图"系列贸易卡，由于其具有艺术性的漂亮图画和画在里面的非常精美的地图，该系列受到了极大的欢迎。其中，"美国的州"系列将各州的特征用图画记录下来，与地图连接在一起。例如，在树多的华盛顿州放置了大木材厂，盛产玉米的艾奥瓦州则画了一个用玉米制成的葡萄糖工厂。这些卡片把各州描述成一个独立的小王国，似乎在强调各州的独立性和自律性。

兼顾企业和商品宣传，贸易卡让民众自然而然地了解了美国的地方特点，结果有助于认识到美国各州，在美国的政治、文化、历史上起到的非常重要的作用。如果把该系列的卡片都收集起来，就可以把美国完整地拼起来。通过贸易卡，美国被这个抽象的，能用眼看到的东西物化了。像这样，人们每天看着贸易卡，就会将美国这一地理空间，刻印成每个角落都熟悉的"场所"，将整套系列视为"国土"的压缩象征物。

不仅是阿巴克尔兄弟咖啡公司，美国和欧洲的许多企业也选择了将世界的各个角落连同地图一起描绘出来的贸易卡。因为纵览了世界的地理、风俗、历史等庞大的内容，所以被认为适合制作成系列卡片。另外，从消费者的立场上看，这种包含多种神奇信息的贸易卡就像百科全书

阿巴克尔兄弟咖啡公司关于地图系列的贸易卡

自上而下按顺时针排列是美国亚拉巴马州、伊利诺伊州、中美洲和意大利地图。

的缩小版一样，既有趣又有教育效果。其实，在贸易卡上描绘世界，是从西方的视角观察、描写、罗列成为描写对象的国家和人们的行为。贸易卡在宣传看似中立的商品的同时，还刊登了以西方为中心的人种志学。

贸易卡上的严重偏见

从今天的角度来看，贸易卡是以令人吃惊的程度体现了以西方为中心的世界观和偏见的宣传物。在美国，最重要的是投射出了强烈的种族刻板印象。黑人一般不会出现在食品广告的贸易卡上，相反经常出现在

带有种族偏见的贸易卡

被描绘成牺牲品的贸易卡上的黑人角色。

鞋油、香皂、火炉等广告牌上。一般来说，黑人被描绘成懒惰或性格好的人，最具代表性的人物是"滑稽的黑鬼"。"滑稽的黑鬼"表情夸张，比起真人形象，更像小丑或木偶剧中的玩偶，因其显眼的角色和知名度，被广泛使用为多种商品的代表形象。但有些贸易卡会把黑人描绘成偷鸡时被抓、被鳄鱼咬伤等琐碎事件的罪犯或替罪羊，并加以贬低。不仅是黑人，其他种族和移民者也成为偏见的对象。[147]

爱尔兰移民与黑人差不多，贸易卡上的图画经常把爱尔兰人描绘成服务员、厨房助理、厨师等代替黑人职业群体中的人力。[148]美洲印第安人被描绘成每天过着与美式生活方式不同的异国生活。[149]这种带有严重种族偏见的贸易卡直到20世纪50年代还在印刷并发行。如果从当时黑人、爱尔兰人和美国印第安人等种族已经融入美国这一消费市场的事实来推断，这些描述是对消费者连最起码的礼貌都没有的行为。

另一方面，以世界地理和风俗为主题的贸易卡中还含有另一种偏见，那就是面向尚未融入消费市场的人们。这一偏见在强调其他国家人民特性的过程中表现得更为突出，其核心就是"异质性"，即不同于美国或欧洲等西方世界。从之前看到的利比希公司的"韩国贵妇和首尔街"的卡上也能感受到这种意图。韩国的贵妇人穿着五颜六色的衣服，戴着水果帽，或许是因为对韩国的服饰不了解而出现的失误。但更重要的是西方人想要充分体现对亚洲的东方主义。也就是说，在西方国家的日常生活中很难看到的独特的色彩和设计，是极大化东方主义异质性的一种举措。因此，韩国贵妇人的服装是接近西方人所认为的亚洲典型服装的风格，将色彩表现得非常强烈。

利比希公司的"韩国"系列中包含的其他卡片以"女性体育"为主题，描写了韩国女性集体骑竹马的荒唐场景。背面说明中写道"韩国女性最喜欢的体育运动"，并写着"一般被困在家中的女性在举行庆典时，可以乘坐竹马进行比赛，对夺冠的女性给予奖励"。西方人似乎把对奥斯曼图尔克哈莱姆的印象原封不动地搬了过来。

如此强调异质性是为了与西方形成对比。贸易卡将生产和消费商品的"文明圈"和还没有接触到商品的"非文明圈"进行对立，将生活在那里的人们描绘成充满地方色彩的"传统"的保护者。[150]这不是平等的对立，而是根据商品的邻近性来决定的对立。其等级是下边的人们向往上面的世界，在这种前提下制作的贸易卡，反映了将地球各地的人们都纳入商品世界、融入以西方为中心的消费秩序的野心。

贸易卡的衰退

　　到了 20 世纪初，贸易卡就不能像以前那样发挥效果了。因为，在杂志上刊登广告的费用更低，效果也更大。另外，随着配送体系的发展，人们很难找到一直以来出售贸易卡的杂货店。不仅如此，邮费也降低了，广告明信片开始成为新的宣传手段，彩色的邮件订购目录也很受欢迎。从制造商的立场上看，目录是比贸易卡更能提高购买力的媒介。

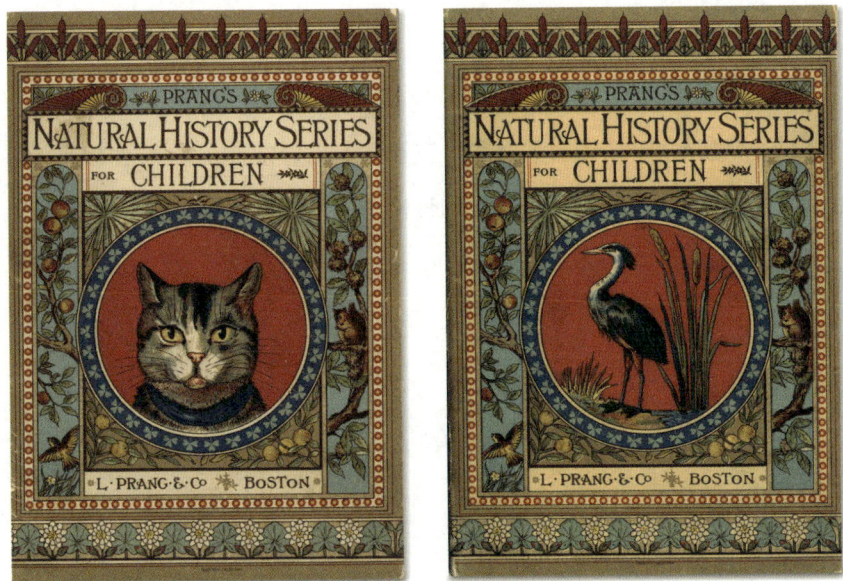

路易斯·普朗贸易卡系列

　　在美国被称为"贸易卡之父"的路易斯·普朗亲自制作的贸易卡，是收藏家们乐于收集的收藏品之一。

1931 年哈佛大学的《经营史学会会刊》将贸易卡定义为当今通用的名片的鼻祖，并表示："我们无法相信，在广告历史上如此重要的阶段一直被历史或广告专家彻底忽视。"[151] 但在世纪之交的 2012 年，一位名叫菲利普·赫巴德（Philipa Hubbard）的学者反复表示，贸易卡是 19 世纪广告历史上被忽视最严重的媒体。[152] 他指出，一般认为贸易卡只是收藏家渴望收藏的对象，但由于现有研究不足，未能进行更多的考察。贸易卡从流通范围和效果的层面来看是影响力巨大的媒体，但在历史学、广告学、美术史等相关领域都没能成为深入讨论的主题。因为历史学一直贬低消费相关的主题，从广告学来看，该卡片应该属于美术史的领域，但在美术史中，贸易卡片又过于实用，因此不受学术界的重视。

如今，贸易卡作为备受收藏家关注的项目，在网上买卖物品的线上拍卖及购物网站等处很容易找到，甚至还有许多复制品。包括哈佛商学院在内，许多大学图书馆和主要博物馆也大都收藏贸易卡。其中很多作品都是由路易斯·普朗、詹姆斯·伊夫斯等优秀的艺术家所描绘的，艺术价值也很大。当然，更重要的是，这些卡片生动地展现了人们当时的日常生活和世界观，从这一点来看，它不仅具有重要的历史资料意义，而且也是值得进一步深入研究的领域。

顾客，消费

就算借钱也要买的东西

工人阶级的聚会和炫耀性消费

贫穷的英国工人阶级

孩子们被禁止在学校里向朋友们讲他们在家里吃了些什么。除了偶尔能吃到的值得炫耀的东西以外。[153]

这是 1908 年在伦敦劳动者密集地区担任护士的玛格丽特·劳恩（Margaret Loane）留下的记录。维多利亚时代，英国的工人阶级之间把自己的家庭情况告诉别人是个禁忌。家境变坏时更是如此。为什么这样做呢？ 还有，能让工人阶级的子女们觉得值得炫耀的食物是什么呢？

英国是第一个积累大量贫困阶层和工人阶级生活数据的国家。在产业化过程中，大量工人聚集到城市，从 19 世纪初期开始，开展了工人运动和参与政权运动。在提出对工人阶级进行控制的必要性的同时，为防止暴动，改善他们的待遇和环境的呼声也越来越高。为了了解工

伦敦贫困描述图，1889 年

　　在查尔斯·布斯绘制的地图中，富人和穷人的居住地区在城市中被划分得一清二楚。黑色是最贫穷的小区，金色是最富裕的小区，共分为 7 种贫富不同的区域。

人阶级的情况，首先需要关于他们的详细的信息。包括官方层面的人口调查在内，宗教团体和博爱主义者、学者也开始对工人和贫民阶级进行调查。

查尔斯·布斯（Charles Booth）是其中之一。他相信，解决社会问题需要准确的资料和统计，经过了长时间的缜密调查，他出版了多达17卷的《伦敦人的生活和劳动》。布斯以收入和就业状态为准，一方面表明许多人处于贫困状态；另一方面描绘了"伦敦贫困描述图"，一目了然地展示了富人和穷人的居住地区，在城市中被明显分割开来。

虽然有如此丰富的基础资料，但对工人阶级的研究大部分只着眼于他们贫困的状况本身。统计显示，从19世纪后期到第一次世界大战之前，生活在城市的工人阶级将一半以上的收入用于伙食费。房租占总收入的20%—30%，购买柴火的费用占总收入的9%，衣服的支出大约为3%—7%。[154] 这样看来，几乎没剩多少钱了，所以更让人怀疑他们到底吃没吃"值得炫耀的食物"。

炫耀性消费

但是仔细观察这一时期政府机关的报告书，就可以知道居住在城市的工人阶级的消费品分为必需品和奢侈品。食物、房租、燃料和电力虽然属于必需品，但衣服和家具却被列为奢侈品。[155] 在饮食这一类别中，调查者们试图区分必需品和奢侈品。例如，茶、糖、牛奶、面包、土豆和肉被划分为必需品，而鸡蛋、蔬菜、水果和鱼则属于奢侈品。[156] 根

《贝斯沃特的公共马车》，乔治·威廉·乔伊，1895 年

公共马车天花板上密密麻麻地贴满了各种广告，车里有正在看报纸的绅士、拿着花的淑女、送帽子的女性店员等。公共马车内的风景展示了产业革命的经济发展达到成熟期的维多利亚时代物质的富饶和流行。

据这个统计，有一天吃了像鱼这样的奢侈品的孩子，会向朋友们炫耀一番，甚至将用蔬菜和鸡蛋做的煎蛋卷摆在餐桌上，这分明是相当于一个巨大的"炫耀性消费"。

所谓"炫耀性消费"是指为了炫耀财力、获得和维持名誉而进行的消费，是经济学家索尔斯坦·邦德·凡勃伦（Thorstein Bunde Veblen）提出的概念。20 世纪 80 年代尼尔·麦克肯德里克（Neil McKendrick）运用炫耀性消费的概念，将社会模仿和竞争性消费的形态进行了公式化。如果富裕阶层通过"挥霍"引领新的消费时代，那么中间阶层就会模仿富裕阶层的奢侈，而下层阶层则会模仿中间阶层。[157]像这样，从社会上层向下层倾斜，不断向下流、滴漏的现象，被格奥尔格·齐美尔定义为涓滴效应。[158]最终，社会的最底层也产生了具有社会性质的炫耀性消费，成为比想象中更为牢固的习惯。凡勃伦主张，在社会底层居民的必需品极度不足之前，他们不会放弃这种炫耀性消费。[159]

住在哪里最重要

学者们强调，在工业化的共同体中"名声"来自财力。[160]但是，一直生活得很紧张的工人阶级因为疾病、罢工或经济不景气，有一天会突然陷入贫困的深渊。即使把所有家当加起来，最多也只能坚持一两个月。在这种情况下，工人及家人们因为自尊感和面子，最大限度地向他人隐瞒经济上的困难。

反过来看，只要能有效地显示出财力，就能享受相应的尊敬和特权。在工人们中，能够展现财力的最佳证明就是住的房子和房子所在的小区。当时生活在肯特地区的迈克尔·温斯坦利是这样记录的：

> 人们被各种因素拖入社会阶梯的一个组成部分。职业、收入、清洁度、物品、是否在窗户上挂了蕾丝窗帘、有没有桌布或者餐桌上是否放着报纸、多久去一次小区的酒吧等。但是最重要的是住在哪里。[161]

正如布斯将贫民的居住地在地图上明确地划分出来一样，19世纪末英国大城市的居民已经可以非常清晰地区分富有的小区和贫困的小区了。但是像伦敦的西区和东区一样，并不是只有富人区和贫民区这一明显的分类。在贫民窟里贫民也有自己内部的区分。从18世纪开始就一直住在有名的贫民窟伦敦沃平区的一位居民这样写道：

> 如果你住在独桥的对面或后面，你就会被称为"另一边的人"。不管是大人还是小孩，"生活在另一边"的人都和我们合不来。虽然同属一个教区，但那边是那边的社区，我们是这边的社区，是不同的人。[162]

甚至住在同一条街上的人之间也会说，住在那边的孩子"稍微生活得好点，穿得好点，就嘲笑我们的衣服破烂，装作很了不起的样子"。[163] 这样的记录频繁地出现。这种区分的倾向，同样也体现在政府公屋的小区里。用特别的颜色粉刷玄关门，或用有光泽的石头和花盆装饰窗台，在窗户上挂上窗帘。通过一系列有意识的装饰表现出富有和差异。

在大街上一下子就能看到的，是经过装饰的窗户和玄关门，是为了引起住在那个小区的人们或者路过的人们的视线。家里的空间也同样能吸引别人的视线。工人们在意有人窥视自己的空间。在家境稍微好一点的家庭里，有单独的客厅，这里是能唤起崇拜感的最重要的地方。客厅只在星期日使用，在从外边通过窗户一瞟就可以看到的地方摆放了自己家里最好的物品，如放置了椅子、镜子、壁炉等，在壁炉的壁炉台上摆放了各种各样的装饰品。像这样，与在众人面前公开装扮华丽的空间相

1800 年以伦敦的特困阶层们住的贫民窟而闻名的伦敦东区

第一次工业革命以后,伦敦等大城市已经明显地区分出了富裕区和贫困区。

反，屋里面则是邋遢的、简陋的。[164]

最好的衣服，展现自我的手段

对工人们来说，衣服是仅次于房子的重要奢侈品。特别是星期天去教会时穿的衣服非常重要，如果穿着旧衣服出现在教会，会被认为是非常无礼的事情。工人们穿着领子上过浆的衬衫和擦得很亮的皮鞋等，穿着被称为"最好的衣服"去教会。技术人员还佩戴了像怀表一样的装饰，尽情地展示自己。像"最好的衣服"一样重要的服装是参加葬礼的丧服。对工人们来说，葬礼是一个重要的社会活动，也是向周围人展示自己地位的机会。因此，拥有好的丧服在那个阶层中是非常值得骄傲的事情。

让我们来看一看，对于工人和贫困阶层来说，衣服为什么如此重要。衣服是那些一无所有的人能够表现自己的有效手段。即使是用劣质的布料制作的，只要是新衣服大家都会看出来并且羡慕不已。相反，如果男性穿深蓝色的厚西服或女性穿着类似制服的深蓝色礼服，就证明"穿的是别人扔掉的衣服"。[165] 当时，大部分工人在二手货店购买衣服，二手货还算是不错的，甚至还出现了四手货。从军队或医院等地流出的制服在二手货中被认为是最糟糕的，像制服一样的衣服是悲惨和贫

穿着"最好的衣服"的工人家庭

对工人们来说，衣服是重要的奢侈品。整洁的着装是在教会和社区内得到认可的必要因素。

穷的象征。

不仅如此，衣服相较于房子或者家具更便于移动。对于经常往返于工作地和居住地的穷人来说，好的衣服是重要的财产之一，也是为数不多的可以抵押给当铺的东西。而且干净整洁的着装是想要在教会和地区社会中找到工作或被认可为成员时必不可少的要素。结实的靴子对 19 世纪的劳动者来说既是必需品也是奢侈品。虽然靴子是完成艰苦劳动所必需的东西，但由于价格不菲，所以在紧巴巴的生活中购买靴子是相对较大的投资。但是，为了能正常地生活，一件像样的衣服和靴子，就算是借钱也要买的东西。除了房子和衣服以外，如果从工人那里寻找炫耀性的消费，那肯定是葬礼。任何人都希望举行像样的葬礼，如果能举行像样的葬礼，那么在共同体里的认可和尊敬也随之而来。但是对于活一天是一天的穷人来说，举行像样的葬礼是连做梦都很难实现的事情。好的衣服，结实的新靴子也是如此。但是即便是在这种情况下，工人们为了承担炫耀性消费，一直在寻求各种方法。

"消费平滑"和互助性集会

在第一次世界大战和第二次世界大战之间，即被称为"战间期"的时期，英国的工人阶级生存状态比 19 世纪末还要困难。在依靠微乎其微的存款和不稳定的收入生活的情况下，像新上市的家电产品一样的昂贵消费品，更加凸显了工人阶级贫穷的现实。虽然每天都很辛苦，但工人们还是全方位地运用"消费平滑"战略，努力维持消费水平。[166] 消费平滑是指在未来和现在这段时间之间，将家庭的收入进行分配的行为。处于经济困难的工人们，比起急剧减少当下的消费，而是更想积极地利用储蓄、赊账、分期付款等方式，来维持一定程度的消费水平。特别是，即使有了多余的钱，也会不惜承担利息而积极地利用分期付款制。那是因为，为了应对未来会发生的疾病、失业、死亡等严重的危机，而采取多种多样的保险和储蓄并行的措施。

有趣的是，英国劳动者之间为了购买奢侈品和筹备大笔资金而流行一种"轮换借贷"（Rotating Credit）。这一惯例在英国被称为"抽签俱乐部"（Draw Club），即一个俱乐部一般由 20 人组成，每周投入 1 先令，共 21 周。在每周的聚会上，抽签中奖的人拿到这周攒下的钱，金额不是 21 先令，而是 20 先令。聚会管理者（一种接力赛）从会员那里收钱后，负责组织聚会，承担俱乐部运营的责任，但是不投钱，把第 21 次积攒的钱作为辛苦费收下。[167]

这种互助性集会系统是在近代金融制度出现之前，被类似银行的金融机构拒绝，又或是在银行的贷款利息过高的情况下，进行替代或补充而设立的组织。这种组织在世界各地形成惯例。通常被称为"轮转储蓄和信贷协会"（Rotating Saving and Credit Association, ROSCA），据说在非洲至少有 33 个国家里都有这种协会，在亚洲有 20 多个国家里有这种协会。

不仅如此，像西印度群岛一样被卖为奴隶的非洲人后代聚集的很多地方，这一传统仍旧活跃地进行着。西印度群岛的 ROSCA 通常以 1 年为周期，12 名成员聚在一起注入资金。在英国，虽然用抽签决定了取钱的顺序，但在非洲等地，需要提前定好顺序。越是长期作为被殖民者或

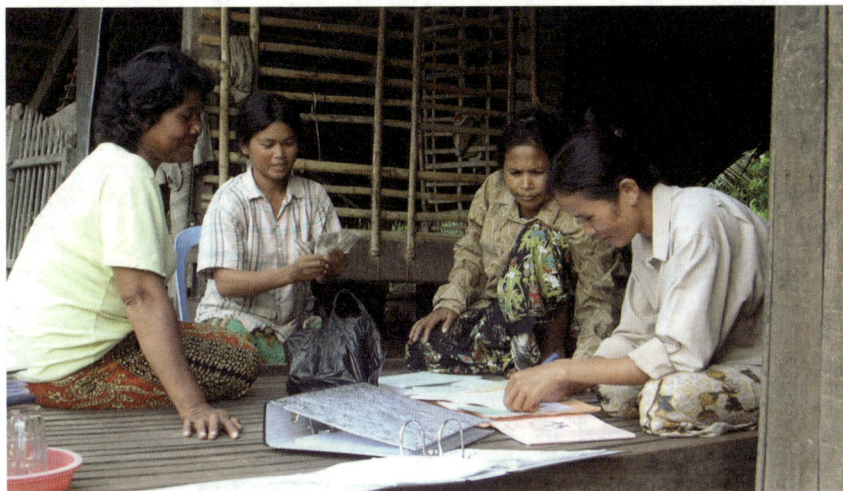

正在进行互助性集会的柬埔寨妇女

互助性集会系统在近代金融制度出现之前在世界各地形成惯例，即使是现在，很多国家也还在进行。

是不相信金融制度国家的人，越是要参加这种互助性集会。在这种情况下，与其说是以财政上的目的而进行的集会，不如说是一起做一些坏事的共同体的性质更加强烈。也许正因如此，破坏规矩的概率很低。[168]

用互助性集会的钱买的东西

战争期间的英国工人们组织互助性集会的目的是筹集大笔资金或购买高价商品。如果说前者是为了子女学费或生孩子等而准备大笔资金，后者则是为了拥有昂贵的"必需品"而花大钱。有趣的是，必需品的标准是由自己所属的社会集团制定的，购买动机要被社会"面子"所左右。在工人阶级中，特别是更穷的人通过互助性集会的钱买衣服和靴子。[169] 小区里的商店经常与这样的互助性集会联系，打着降价的旗号进行促销。如果说韩国在 20 世纪六七十年代有与金银店相关的戒指互助性集会，那么这一时期英国就有由服装店主办的西装聚会或绅士鞋聚会。

根据 1938 年实施的调查，工人阶级开销最大的项目依次是男士成衣、靴子、煤炭、会员费。[170] 由于收入很少，这些项目在生活费中所占的比重很大。但是在 19 世纪末研究工人阶级的知识分子们批评工人们过于追求豪华的葬礼，购买与个人身份不匹配的衣服，耍排场。由于缺乏对收入和支出的经济概念，因奢侈导致了贫困的人经济不稳定。[171]

但那是因为完全从经济角度观察消费，所以显得尤为突出。不仅如此，该言论中已经包含了统治阶级的优越主义观点，认为对于底层居民来说，没有必要进行炫耀性消费。炫耀性消费就像贝布伦指出的那样，是超越自己所属阶级的人所进行的行为。[172] 在这里，即使是工人阶级也不能例外。工人们生活的社区也是一个竞争性社会，因此无论何时都在互相观察和干涉，燃烧着凌驾于彼此的欲望。在工人阶级聚居的伦敦南部的兰贝斯区活动的社会改革家彭伯·里夫斯这样描述 20 世纪初的社区是个什么样的地方。

> 居民虽然一边希望对自己的生活保密，一边却通过窗户和窗帘的缝隙不断观察别人在做什么。用一双充满嫉妒心的锐利目光上下扫视着道路，完美地掌握了谁进谁出。[173]

工人阶级的必需品

20世纪初的绅士鞋商店。英国工人阶级通过互助性集会筹集的资金优先购买衣服和靴子。

贝布伦指出，在如此竞争的社会里，人们会养成不想让别人看到自己的私生活的习惯。因此，在产业发达的大部分社会中，产生了不想公开家庭生活的排他性。在这个社会顶点的上流阶层之间，隐私概念和沉默的习惯成为必不可少的礼法。[174] 从这个观点来看，在开头提到的禁止让朋友们知道在家里吃了什么，可能是工人阶级自己的隐私礼法。

如今在社交网站上，拍下自己吃的东西的照片比比皆是。每当看到这一新的潮流，就会产生疑问。这些食物的照片是否表明，强调隐私的维多利亚时代的礼法已经完全消失了呢？或者是因为它们是"可以炫耀的食物"而自豪吗？

收藏真的是一种消费行为吗？

关于博物馆起源和消费的收藏争论

收藏的历史起源

生活在纽约的一位唱片收藏家从父母那里继承了多达十四个卧室的住宅和巨额资金。但是他把所有的遗产都用在了购买唱片上。结果，连烤箱和冰箱里都装满了唱片。据说，在因交不起电费导致供暖中断的情况下，他也只想着唱片。[175]他曾经播放着唱片听音乐，享受充满喜悦的欣赏时间。但对他来说，更重要的是收集并拥有唱片。那么，这个事例可以看作是消费吗？反过来说，收藏真的是消费行为吗？

收藏是文明开始时就存在的兴趣。最近考古学家们发现，公元前4000年左右，人们把石器的小模型聚集在一起。这时，人们已经在收集了。在古代文明开花的时候，收藏的规模变得更大。亚历山德里亚图书馆和国王们十分珍视的战利品收藏室等就是证据。罗马时代有一个非常有名

斯多迪奥洛书房

　　文艺复兴时期佛罗伦萨著名家族美第奇的弗朗西斯科一世（1541—1587年）制作的个人书斋"斯多迪奥洛"。它就像一个宝箱，没有窗户，用此前收集的画作装饰了圆形天花板的房间。

的收藏狂，历史学家苏维托尼乌斯。他疯狂收藏古代巨匠们的作品，如珠宝、雕塑、绘画等。[176]

世俗君主和精英，开始收集

随着文艺复兴时代的到来，收藏逐渐脱离了教会，转到了世俗君主、贵族、新出现的富裕家族的手中。特别是，以积累的财富为基础，跻身上流阶层行列的商人家族们，把收藏作为区分下层居民和自己，创造自我认同感的手段。比起来世，在赞美当下的时代潮流中，新的收藏家们对世俗的东西，特别是展现人类卓越能力的物品更加关心。赞助有才能的画家，收集肖像等作品，购买雕塑和装饰品，装饰收藏室。以意大利为中心出现了画商，也是在这个时候美术品开始作为重要的交易品出现。[177]

另一方面，"地理上的发现"之后，欧洲开始涌现出很多新奇的东西。到了17世纪，欧洲到处都出现了"好奇心房间"。就像它的名字一样，作为能够引起人们好奇心的神奇物品的收集室，后来就成了博物馆的原型。在这样的房间里，展示着独角兽的角、形状奇异可怕的龙标本、珍稀鸟类的骷髅、巨大的鱼的下巴、豪华灿烂的新标本等。英国最有名的"好奇心房间"是汉斯·斯隆爵士所有的，他的收藏品成为后来"大英博物馆"的馆藏基础。他的收藏品从古代的奖牌到各种各类的蜘蛛、酒中保存的蛇、珍贵的服装等，奇异而多样，其中还包括"在奥斯曼图尔克被处以绞刑的一个官吏的一副皮肉"及畸形人、膀胱和大肠等人体多个部位的 400 个结石。[178]

就在这个时候，收藏开始被评价为具有社会意义的工作。也是在这个时期，"收藏"或"收藏家"的用语与今天有着相似的意义。在此之前，"收藏"主要是指文学资料的集合，但现在已经成了包括艺术品、珍奇物品、动植物在内的词汇。[179]

直到现在，收集行为还是社会精英阶层的专有物。成为新权力者的世俗君主们为了展示自己的力量和权威而收集东西。此外，为君主服务并协助建立新国家认同感的知识分子通过古典和古代遗物独占伟大的过去，同时通过拥有从"新大陆"进来的东西拥抱世界。这样收集来的许多物品和动植物被林奈·克莱恩等学者归类为自然史至今仍被有效利用的分类体系，实际上是以欧洲为中心的知识体系，被包装成中立的科学，确保其具有"客观性"。

收藏的大众化

但是突然发生了将收藏扩大到更广泛的阶层的事情。那个契机正是法国大革命。在大革命中没落贵族们收藏的珍贵物品涌向古董商。人们涌向古董商店，购买旧物品，每家每户都装饰了名为"考古学书房"或"家庭博物馆"的空间。这种热潮尤其在七月王朝（1830—1848 年）时期达到了顶点。当时人们对"守护历史"的热情高涨，因此几乎没有想过再卖掉收藏品。[180]

从 19 世纪中叶开始，随着金钱价值支配世界的想法蔓延，很多富

RITRATTO DEL MVSEO DI
FERRANTE IMPERATO

珍奇屋

　　收集与自然史相关的收藏品的"珍奇屋"。

　　意大利博物学家费兰特·因皮里托的《自然历史》是关于"珍奇屋"历史的最早的画作。

翁开始投入到收藏中。银行家、企业家、百货商店店主们，购买了包括宝石，还有荷兰画作或印象主义、新艺术风格的美术品。他们希望通过拥有这样的艺术品来展示自己的财富，赋予像贵族一样上升自己地位的正当性。他们为了在自己死后，让收藏品仍不散开，能够继承和管理，在收藏品上标明捐赠者的名字，全部捐赠给博物馆或干脆自己建立博物馆。[181]

收藏品的变化

随着收集热潮的广泛兴起，老百姓们也开始参与收藏。普通人不仅保存了新娘的捧花和花环，还热衷于集邮。从 19 世纪 80 年代开始，昆虫、贝壳、奖牌、玩偶等可以轻易找到的小物件成为重要的收藏品。[182]比起收藏艺术品或者有价值的古董，普通的物品成为普遍的收藏对象。特别是在工业化过程中，新出现的物品越来越受到人们的欢迎，收集各种各样的彩色画或包含世界各地风景的明信片开始流行起来。到了 20世纪，收藏家们就开始收集人们用完后容易扔掉的东西。因为他们认为那些东西是赶时髦的消费品，不久后就会变得珍贵。收藏家们把纽扣、商品包装纸、商标、棒球卡、书籍和瓶盖等东西从垃圾堆中找出来，放进了收藏品的行列中。像这样，收藏品的种类变得多样，自称是收藏家的人也越来越多。到了 20 世纪后半叶，多达 25%—30% 的西方人认为自己是个真正的收藏家。[183]

《下午4点的沙龙》，弗朗索瓦·奥古斯特·比阿勒，1847年

  18世纪后期，在法国大革命后丧失宫殿功能的卢浮宫将收归国有的王室藏品集中于其中，并将其作为博物馆正式向公众开放。现在普通游客也可以观赏过去被君主或贵族垄断的各种艺术品收藏了。

蕴藏在收藏品中的性别特质

从收藏走向体系化的道路开始，在很长一段时间里几乎都是男性的兴趣爱好。[184] 在外面的世界买东西就像打猎一样，在收集那些东西的空间里享受独处时间的习惯也被视为男性特质。随着时间的流逝，收藏开始不分男女，在少男少女之间也开始流行收藏东西。但是，一旦真正长大成人，主要由男性持续进行收集活动，尤其是高价物品的收集更是男性占据主导地位。因为男性更加享有对财政资源的所有和权限。还有分析认为，这是因为在收集过程中体现出的竞争性和攻击性更符合"男性社会性"。[185] 这样的解释与收入高的男性即使上了年纪也能继续收藏的事实相符。但是，在决定收藏种类的过程中，收入是否是重要的因素，有可能存在分歧。根据皮埃尔·布迪厄的理论，在选择收藏品方面，收入和是否拥有"文化资本"都是重要变数。

从收藏品的种类上也可以找到性别特征。男性化的收藏品有汽车、枪、古董、书籍、红酒等。比这些便宜的东西，邮票、棒球卡片、飞机模型、啤酒罐、硬币等，在男性收藏家中更有人气。女性主要收集宝石、盘子等厨房用品、小动物模型等。对此，学者们主张，男性和女性的收藏品之间存在"大或小、强或弱、外面的世界或家庭、机械或自然、科学或艺术、真挚或游戏性、功能性或装饰性"等两分法的区分。如果说男性的收藏品与更活跃的生产有关，那么女性则与被动消费有关。[186] 但是这种两分法有可能会被指责为，无条件反映传统的性别角色的虚假分析。难道说，从出生起，男孩就应该喜欢飞机模型，女孩就应该喜欢娃娃吗？还是长

《邮票收藏家》，库尔特·布鲁克纳，时间不详

19世纪以后，随着收集行为的扩大，老百姓也渐渐参与到收集中。收藏品的种类也从艺术品或有价值的古董换成邮票、昆虫、贝壳、奖牌、玩偶等容易找到的普通物品。

大后就这样在社会上学习吗？关于这个问题还有很多争论。

近代的自我观念和收藏行为的多面性

研究收藏行为的学者经常将收藏与近代自我观念诞生联系起来。像苏珊·皮尔斯（Susan M. Pearce）这样的学者分析称，收集是"占有自我"的形成过程，它具有个人层面和集体层面。个人将收集行为投影为塑造自身形象的一种生产性过程，共同体将收集现有的物质和社会结构，用于维持社会模式的战略。[187] 集体层面的收藏在博物馆、文化遗产保护地区、纪念馆等形态中很容易找到。相反，从个人角度出发进行的收集从表面上看并不明显。但实际上，这种收藏的"隐藏"层面，也有可能是吸引近代个人的核心要素。

有些学者把收藏行为解释为摆脱人际关系中产生的压力，隐居在事物中的行为。也就是说，收集行为意味着"个人"主体的高扬和享受独自喜悦的终极瞬间。在独自享受的时间里，往往隐藏着神秘心理和隐性的含义。举例来说，以《包法利夫人》而闻名的作家福楼拜，迷上了比

收集行为的多面性

包括收集玩偶等与人类成长过程或心理环境相关的物品的行为，虽然有助于克服心理创伤或稳定心理，但是也有逃避现实或带有偏向性的世界观的负面因素。

自己年长 10 岁的路易丝·高莱，她经常把能唤起和他一起度过的令人陶醉的夜晚的东西放在乡下别墅里，用来勾起相思。[188]像这个事例一样，收集与自己的幻想相关的物品，可以说是个人收藏行为中蕴含的秘密特性的核心。

同样的道理，人类通过收藏行为，继续维持或发展不想被人发现的另一个自我。[189]长大后继续收集玩偶，影射了对成人生活的逃避和想继续维持儿童本性的欲望。一直研究收藏动机的一位学者得出结论，儿童时期经历过严重不安的人们通过收集来寻找心理上的安定。[190]这凸显了收藏行为不仅是儿时的延续，而且是具有克服心理创伤的矫正力量。但是也有人批评说，在这种正向功能的背后，会因为沉迷式的收集而忽视社会生活，或产生具有偏向性的世界观。尤其在收藏家身上有过于追求细枝末节的信息特点。

收藏家的狂热

研究收藏家群体的学者报告说，收藏家自己认为收藏行为有些荒谬，并感到一种罪恶感。[191]因为收藏行为往往带有"一定要拥有它"的强迫性，就是执着要占有收藏品的中毒性。[192]很多收藏家甚至把自己描述为"发烧友、狂人、上瘾者、强迫症患者、偏执症患者"。[193]也有人分析认为，收藏已经成为一种宗教。有一位收集各种大象模型的人，最终开了一家"大象博物馆"，他说"希望有一天子孙后代能为收藏了这么多模型的自己感到骄傲"。[194]

另外，有些学者以美国和加拿大地区的数百名收藏家为对象，研究了收藏行为对家庭关系产生的影响。该研究结果对收藏家来说并不令人愉快。首先，由于收集物品所需的资金过多，浪费了大部分生活费，因此家庭成员无法享受更好的物质生活。另外，由于不知道想要的收集物品什么时候上市，所以很难有计划地运用家庭预算。[195]

更有趣的是，尊重收藏家兴趣的"善良"的家人们不仅经常要买与收藏相关的物品作为礼物，还要参与收藏旅行等，心理上倍感负担。更严重的情况是，会不知不觉地被收藏家的活动同化，最终也出现了收藏中毒症状。[196] 据悉，收藏家本人也认为收藏是建立在痛苦上的快乐，因为要看家人的脸色，可能让正常的家庭关系出现危机。

收藏到底是不是消费呢？

物质文化往往分为生产和消费两个领域。如果一定要分类的话，收藏比生产更接近物质的消费。但是，有些学者不愿意将收藏纳入消费领域。因为虽然从得到物品的角度来看与消费的第一阶段很相似，但该物品的用途与一般物品的用途毫无关系。例如，茶匙是喝茶时使用的工具，但对于周游世界才将茶匙收集来的收藏家来说，茶匙只是收藏和鉴赏的对象。

收藏家收集特定类别的东西，其中有自己的统一性和秩序。从这一点来看，收藏家与不对物品进行筛选、盲目进行"强迫囤积"的囤积者是不同的群体。另外，收藏家在管理和保养收

《老商人——老古董商店》，查尔斯·斯宾塞雷，年度不详

为了拥有没有用、不值钱的东西，收藏家们往往要经过调查和收集情报等积极而热情的筛选过程。收藏可以看作是一种"投资"行为的延续。

藏品方面下了很大功夫。一般来说，在消费行为中，在获得物品的瞬间，对该物品的费用就已经支付完毕。但是收藏行为有时会支出比购买费用更多的维护费用，因此很难将其视为消费。不仅如此。与一般的消费行为不同，收藏家获得物品的过程是积极、热情、有选择性的。[197] 收藏可以看作是一种"投资"行为的延续。因为为了拥有自己想要的东西，需要调查、打听、逛商店等，不断地投入时间和金钱。拉塞尔·贝尔克（Russell W. Belk）等学者对为了拥有毫无用处、没有价值的物品而投入精力的收藏家们表示，"收藏相当于是顶级奢侈品的消费"。[198]

奢侈品的价格不是根据物品原有的功能特点来衡量的。收藏品的价值也和奢侈品一样，不是物品本身具有的内在价值，而是相对价值。相对价值取决于稀缺性、独创性、物品原来的所有者等随机标准，其中收藏家的意志是衡量价值的最重要的标准。[199] 有意思的是，由于收藏家的意志，收藏成了脱离一般经济学理论的行为。

收藏是消费的一种形态

但是有些经济学家对韩国社会定义为过分封闭的消费形态进行了批判。他们反而主张收藏是扩大消费的概念。也就是说，即使是同样的物品，收藏家也会开发出完全不同的用途。椅子是供人坐的工具，但椅子收藏家将椅子作为鉴赏对象、分析对象，甚至用作挂在天花板上的物体等完全不同的方式。如此看来，收藏是"创造性消费"的一种行为，通过收藏开发物品的其他功能和用途。[200]
不仅如此，收藏行为在物品的消费过程中形成一定的模式，形成物品之间新的连接网。例如，客厅里有蓝色的沙发和地毯，如果想要调整房间整体的色调，灯罩也要是蓝色的。在这种情况下，购买灯具的事情就像收集一样，受到一系列具有统一性的项目的影响。这里的蓝色色调家具和收集物品一样，由这些家具组成的客厅与普通的客厅不同，具有"蓝色色调的客厅"的新价值。如此看来，收藏行为的特征要素是赋予消费行为新的动机和价值的一种刺激剂。

经济学家雅各布·维纳早就主张，收藏行为是不适用"欲望递减法则"（通常与边际效用递减法则相同）的例外消费行为。也就是说，在一般的消费行为中，随着消费的数量和频率的增加，满足感会降低，但收集行为却并非如此。[201]也就是说，收藏家在收集自己的收藏品时，从第一款到最后一款，满足感的程度相同甚至增加。但是大部分的消费活动受一般欲望递减法则支配，生产者们在相同类别的东西内不断推出"新商品"，努力克服欲望递减法则。这样看来，即便不是必需的，也一直想要拥有新的包包，购买不知道什么时候会用得上的新款颜色的口红或指甲油，都可以看作是消费和收藏两方面的行为。在这里，收藏和消费与实际用途毫无关系，在不断寻找新物件这一点上具有共同点。[202]而且正如文艺复兴时期精英们收集既陌生又新奇的东西，确保认同感一样。今天的消费者可以认为是在购买新产品，探索自己的社会地位。

偷盗癖

消费社会产生的新精神病

偷盗癖的含义

真正的银币当然是我们珍藏了。由于假的银币太亮了，所以为了能以假乱真，假银币在上市流通之前必须在表面上涂润滑油，然后让假银币沾上手上的污垢变脏。另外，有一种洗涤和熨烫方式，能让丝绸和亚麻看起来像新的一样。而宝石呢，通常用食醋来打光和润泽……银器餐具熔化后就变成了银锭。就这样，赃物被源源不断地运往伦敦的各个角落。不管是什么东西，真的是不管什么东西，都能以惊人的速度运送出去。[203]

这段文字出自朴赞郁导演的电影《小姐》的原著小说《荆棘之城》（*Fingersmith*），"Fingersmith"是维多利亚时代，意指"小偷"的隐语，也指小说中主人公的职业。

女主人公苏珊·特林德（苏珊·史密斯饰）一出生就成了孤儿，在伦敦小巷的小偷群中长大。

原著作者萨拉·沃特斯不愧是英国文学的专家，因为维多利亚时代伦敦的后巷里有太多的小偷了，萨拉·沃特斯在经过多方考证的基础上，生动地把那里的景象描写得活灵活现。

小说中的小偷们是为了生计而偷别人的东西。但是在维多利亚时代，特别是到了 19 世纪中后期，出现了与小说中完全不同的盗贼。他们经常偷取自己根本不需要的东西。当时的医生们称他们的行为为"偷盗癖"。

偷盗癖是指患有"病态偷盗癖"（kleptomania）的人。这是希腊语"偷盗"（kleptein）和"发狂"（mania）的合成词。瑞士医生安德烈·马特，在 1816 年法国出版的论文中第一次提到这种疾病，是指为了在偷东西的时候感受到高度紧张的快感，而反复偷取对自己没有用或没有金钱价值的物品的一种冲动性调节障碍。这种病从19世纪40年代开始逐渐引起了犯罪学者的关注，一直到19世纪后半期，在社会上引起了强烈反应。特别是在1880年以后，据说在整个法国都蔓延着这种叫作"病态偷盗"的传染病。[204]

带头公开讨论这一偷盗行为的人不是法律专家而是医生们。在过去，偷盗只是犯罪行为，但医生们把盗窃这一行为从司法层面引入到病理学领域。正是由于医生对盗窃行为的这种判定参与，对19世纪后半期法国司法体系的改革起到了重要作用。法庭上要求医生等专家做证的案件越来越多，他们的意见会对判决产生巨大的影响。在审问嫌疑人时，要求同时进行医学检查的事例也逐渐增多，因此，1892年11月，司法当局通过了整顿医疗行为、费用、法律医学资格证等新法律。[205]

但是，虽然病态偷盗是个医学问题，但其行为本身是在法庭上进行判定的，因此法律相关从业者和公务员有必要加大对于该疾病的认知。与此同时，医生和心理学家们以向他们提供相关信息和知识为目的，争先恐后地出版了许多关于病态偷盗的研究著作。在此过程中，病态偷盗的概念被定义为"偷盗完全没用的东西或者偷盗自己通过付钱就能轻易得到的东西的一种病态冲动"。[206]特别是在法国，对偷盗狂和病态偷盗的研究主要集中在1880年至1905年间，包括行为者的一般症状、精神疾病的特性、法律责任等多个主题。其中最引人注目的主题是"百货商店盗窃"。

百货商店和偷盗癖的出现

偷盗是文明出现时就存在的现象。但是有趣的是，在偷盗癖研究中，并没有关注在街头、家庭、教会等任何地方都发生的一般盗窃行为，而是只关注了在商店偷东西的"商店行窃"（shoplifting）。"shoplifting"是从"lifting"派生出来的单词，可以看作是16世纪伦敦首次使用的单词。因为当时被控盗窃的一批男性被称为"lifter"。更具体地加上"商店"一词的"shoplifting"，出现在16世纪末的喜剧或辞典上。而女性偷窃犯被称为"亚马逊女战士"（Amazon）或"咆哮的女人"（roaring girl）。[207]

从19世纪中期开始，包括巴黎在内的欧洲各大城市开始有百货商店入驻。被商品覆盖的这个新空间，对于偷窃者来说无异于天堂。因为这里不仅人头攒动，更重要的是保障了匿名性。据观测，仅在巴黎的乐蓬马歇百货公司和卢浮宫百货商店两个地方，一年就有超过1000人被指控有盗窃行为，这个数字也可能只是冰山一角。关注消费的哲学家乔治·阿弗内尔这样记录道，巴黎的主要百货商店每年因盗窃而造成的损失中，没有上报的金额，各百货商店就超过了10万法郎。[208]从这样的记录来看，自19世纪80年代以后被盗的情况和规模已经扩大到了无法与以前比拟的程度。

百货商店老板们与律师和精神科医生们一起合作，了解病态盗窃的模式，寻找原因，努力应对偷盗癖问题。在此过程中，人们提出了一种意见，百货商店这个空间本身就会助长这种社会现象。小说家爱弥尔·左拉（Émile Zola，1840—1902 年）在《妇女乐园》中描写了巴黎大型百货商店入驻后发生的变化。这里左拉将百货商店视为新形态的偷窃，即吸引偷盗癖的诱惑性场所。

大商场的诞生

19 世纪登场的大型百货商店是赤裸裸地展现物欲的空间，也是吸引盗窃癖的诱惑性场所。上图为法国纪录片《妇女乐园——大商场的诞生》中的一个场面。

精神科医生分类了新神经症的一种变相欲望，这些女性正是因为这种欲望而进行偷窃的。这一现象恰好说明了"像大百货商店一样"的大商场提供的诱惑会带来什么样的后果。[209]

他们还更具体地指出，百货商店的展柜是问题的根源所在。柜台上陈列着许多商品，与过去在小商店里购物的方式完全不同，客户可以直

偷盗癖和百货商店展柜

也有人认为，百货商店货架上的商品就在眼前，这助长了想要拿到手的错误欲望。图中为改编自爱弥尔·左拉的小说《妇女乐园》的英国电视剧《天堂百货》中的一个场面。

接接触商品。也许正因如此，有人认为，因为离眼前太近了，所以产生了想要得到的错误欲望。以犯罪现场分析开拓者著称的法国法医学教授亚历山大·拉卡桑采访了著名的犯罪者，通过让他们一五一十记录自己的罪行的方式收集资料，以此试图窥探犯罪者的犯罪动机。1889 年，拉卡桑采访百货商店的女性偷盗癖后留下了这样的记录：

> 展柜的挑衅性形象是引起盗窃的因素之一。展柜是为激发欲望而制作的。站在展柜前，无异于幻想的准备阶段。展柜吸引顾客，展出的东西让他们晕头转向。百货商店扰乱社会秩序。最终激

发了犯罪欲望。[210]

　　拉卡桑认为是因为百货商店的内部构造，让它成了"非常危险的场所"。

偷盗癖的事例研究

　　不光只有拉卡桑一人亲自采访偷盗癖，许多医生都对偷盗癖进行了调查和观察，留下了超过 200 例的案例研究。大部分盗窃犯都坦白说长期以来一直有同样的盗窃行为，只是没有被揭发。因此大部分人在被抓的时候反而表现出安心的样子。这些偷盗癖共同表示"好像被什么迷住了"或"强迫性地偷了东西"。另外，还有人吐露想要偷窃的冲动比自己的意志更强，也有人辩称自己不知道自己在干什么，还有人认为自己是一时精神失常。这些偷盗癖们不是偷了一两样东西，而是偷了很多东西，通常都是些小而琐碎的东西。偷盗癖们经常把偷来的东西藏在家里或其他地方，据说有很多东西甚至连标签都没有摘下来。[211]

　　医生和心理学家们不仅关注嫌疑人的犯罪行为本身，还关注他们过去的行踪和家族史。在当时的科学领域，遗传是十分重要的主题。另外，遗传这一概念在社会上也是为了找出新的近代世界的支配主体，曾被社会作为划分合适和不合适的重要工具。因此，对社会身份或行为的研究经常与遗传因素密切相关，遗传成为解释社会现象的强大科学工具。医

《抓小偷》，1787 年

　　这是描绘一名女性在商店偷东西时被店员抓到的场景的画。女性偷的是蕾丝和丝带一样的小东西。

生们首先对盗窃犯的家族史进行了周密的调查，看看父母中有没有精神病史，或者近亲属中有没有精神病史。如果在家族病史中发现有精神疾病，就很容易解释犯罪嫌疑人为什么有了偷盗癖好。

女性的性意识和病态偷盗

但是家族中没有精神病患者的嫌疑人占多数。医生们现在更关注百货商店的偷盗犯大部分都是女性的现状。在百货商店的顾客大部分都是女性的情况下，盗窃犯也大多都是女性，这是理所当然的事情。但是，在性别区分严格的 19 世纪欧洲社会，男性医生不可能对大多数嫌疑人都是女性这一事实视而不见。医生们开始断言，病态偷盗是歇斯底里的"女性"疾病。神经质和过度的紧张感一直被视为典型的女性性别特点，因此也恰好解释了像偷盗癖这样无法理解的精神疾病。医生们强调，像生理期、孕期、更年期一样，女性的身体特质会引发偷盗癖的"自体中毒"（auto-toxic）。

这个理论在当时的社会里可信度非常高。统计调查也进一步增加了其可信度。对 104 名百货商店小偷进行调查的结果显示，有 35 名女性处于生理期，10 人处于更年期，5 人处于怀孕中。[212] 像这样一半以上的女性处于所谓"不安定状态"的事实，证实了偷窃这一不正常行为与性意识有关的病理原因。事实上，从某种角度看，这是非常容易理解的解释。越来越多的男性医生认为女性因其天生的性别原因而更容易陷入犯罪。这种倾向在 1900 年前后最为严重，医学界普遍认为，生理期、排卵期、母乳喂养期、分娩后、第一次发生性关系或更年期的女性更容易犯罪。[213]

阶级和疾病

在偷盗癖案例研究中被提及的 200 多人几乎都被判无罪。这些人大部分都是资产阶级女性。百货商店、律师和医生们比起处罚她们，反而更急于保护她们，特别是家庭女性，她们为了守护"对患者的关怀"和

《在帕奎恩的五个小时》，亨利·居威科斯

对偷盗行为的法律判断中，阶级是重要的标准。资产阶级女性的偷盗行为大部分是因"疾病导致的行为"而被判无罪。

"家族的名誉"而做出了巨大的努力。但是对于劳动阶级女性或底层女性的盗窃行为，那些人并没有把她们当成偷盗癖患者，而是把她们当成了真正的犯罪者。革命家兼无政府主义者爱玛·戈德曼在1896年对于富人得益于阶级免于处罚，但在相同的法律制度下，穷人却受到了处罚的事态非常关注，并且批判的声音也越来越高。

当时专家们把嫌疑人的财产作为区分嫌疑人是偷盗癖还是盗窃犯的最重要标准。有位医生证实，偷了3法郎95生丁雨伞的女性当时钱包里有7万法郎，并主张该女性绝对不是罪犯。支持这一主张的论据从今天的角度看实在有些可笑。因为他们抗辩说，钱包里有钱，但不花那笔钱就偷了，那是缺心眼儿，而不是犯罪者。这名资产阶级女性因"只是智商低、精神脆弱"[214]而被判无罪。其他医生强调，发生在资产阶级或贵族女性之间的偷盗癖，其实她们完全不需要偷来的东西。同时主张这些女性只是消费欲望太大，处于难以理性控制的歇斯底里状态。但是根据上面罗列的逻辑，男性不应该存在偷盗癖。那么，实际上男性真的就没有偷盗癖了吗？

男性偷盗癖

当然也存在男性偷盗癖。但无论何时，男性偷盗癖都会被当成偶然事件。一位40岁的医生在因持续偷书而被抓的时候，由医生保罗·格拉尼埃（Paul Granier）负责辨别这位偷书者是盗窃犯还是偷盗癖患者。格拉尼埃发现这个嫌疑人小时候患有神经衰弱，有着歇斯底里的倾向，后来自卫行为越来越严重。长大成人后，性行为出现了问题，每当这时，他就怀着绝望的心情疯狂地进行盗窃。[215] 该男子被判定为性失调精神疾病，因此被免罪。该事例非常清晰地表明了对男性和女性实行了差别化标准。也就是说，男性是因为性疾病而患上了精神病，但是女性则是由于生理期、怀孕、更年期等自然的身体变化而导致了精神疾病。

商店保安镜子里的景象

男性中并不是没有偷盗癖。只是女性的偷盗行为被认定为因女性的性别特征而引起的，而男性的偷盗行为则是由一般精神疾病导致的。

相反，遗传因素是能让男女都能被平等定为精神疾病的主要原因。一名因盗窃罪被捕的男子非常神经质，从家族史来看，他很大程度上会患上偷盗癖。酒精中毒者的母亲最终成了精神病患者，姨妈从20岁开始就已经疯癫了，舅舅也自杀了。由于母系中明显出现的精神病史，该男子被诊断为偷盗癖，被无罪释放了。[216] 可笑的是，有的人是在死后被诊断为偷盗癖。在一位56岁去世的男性家里，发现了画、奖牌、雨伞、餐具等大量偷来的东西。医生和法庭判断这个人为偷盗癖的根据是，这些偷来的物品对他来说都是不需要的，并且不会给他带来任何利益。[217]曾经给女性偷盗癖免罪的阶级理由也适用于男性。

近代消费社会发明的疾病

19世纪后期被"新发现"的偷盗癖这种疾病，是在因消费文化爆发性增长而引发的社会紧张和不安中出现的。给西方社会带来富饶的产业化的同时，也伴随着政治和经济上的巨变，其变化要求的新秩序是忠于生产性和劳动规范的伦理。要想遵守这一伦理，迫切需要个人的自我控制。在如此严格的社会里，即使是潜在的，也要对有可能扰乱秩序的事情保持强烈的警戒心。但是，随着大量商品涌入，预告了会破坏包括阶级在内的各种社会秩序的"奢侈民主化"。[218]

一方面容忍对物品强烈的欲望和执着；另一方面，最终可能成为犯罪的矛盾与资本主义所暴露出来的矛盾本身没有什么不同。丹尼尔·贝尔将其定义为"资本主义的文化矛盾"。进一步说明就是，一方面与新教教徒相关的禁欲和控制价值高涨；另一方面，与之相反的是，以快乐主义和即时满足为基础的消费主义伦理也同时发展，必然会出现矛盾和冲突。[219]

作为专业群体，试图获得专业知识和权威的医生们陷入了这种矛盾的现象中，制造出了类似病态的偷盗的"疾病"。[220]自己无法控制冲动的状态，因脱离自己控制的力量成为奴隶的状态，就像近代矛盾产生的私生子一样。而且，不受这种疾病影响的"健康人"是指在近代社会的矛盾关系中可以巧妙地"走钢丝"的人。也就是说，通过适当的消费丰富自己的生活，绝对不会被过度的冲动所左右的人。

但是像偷盗癖一样的"疾病"最终还是要由自己去解决。疾病的原因，即使是由社会造成的，但疾病的痛苦要由个人承担。在中世纪，只要遵守《禁止奢侈法》等法律规定即可，但在如今消费过剩的世界里，为了摆脱精神病患者的烙印，必须要不断地思考和自我节制。而以"正常的现代人"的身份生活，已经成了非常难攻克的课题。

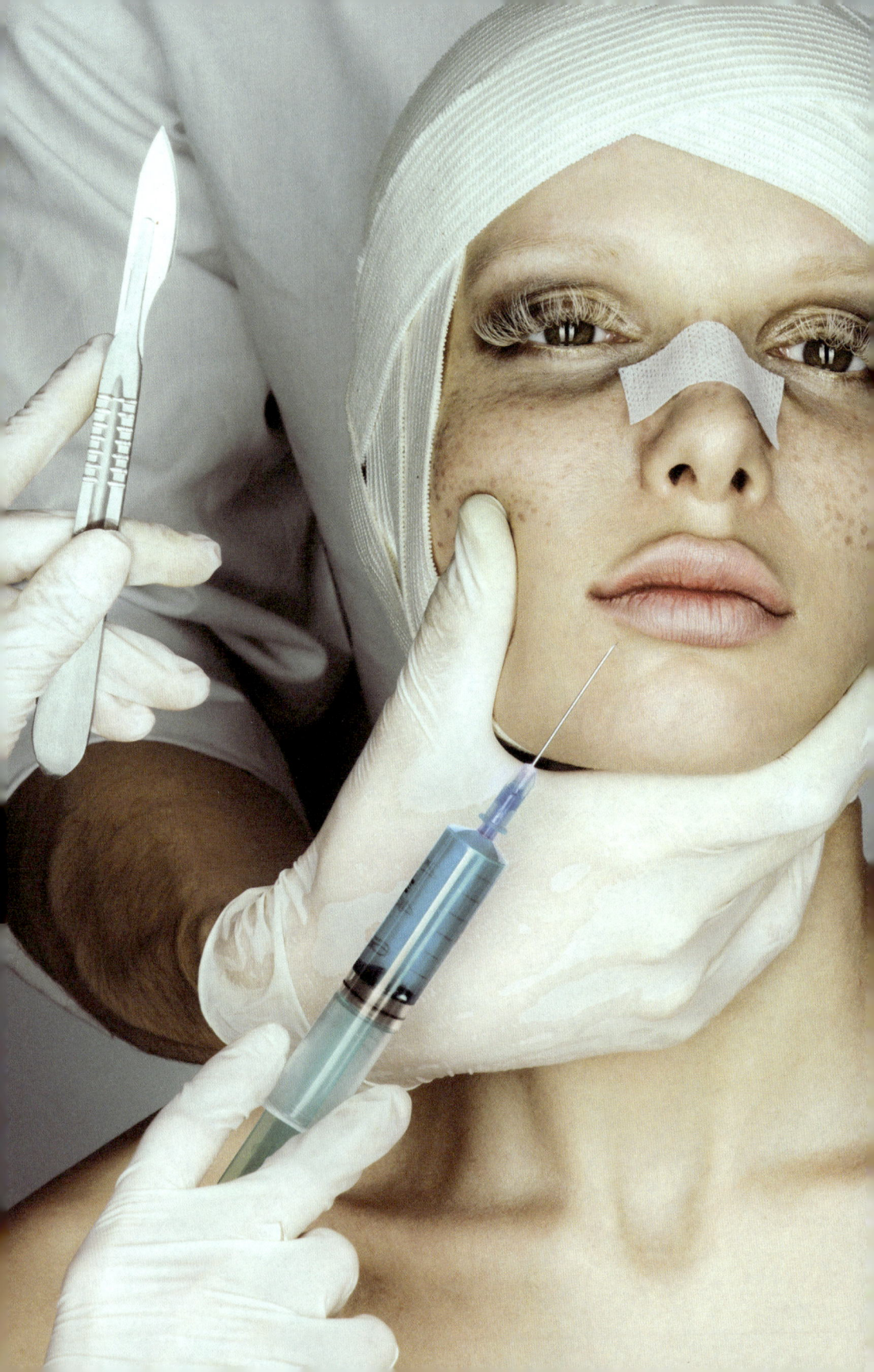

整形消费的国民性

犹太人和鼻部整形

脸上最重要的部位：鼻子

据 2016 年 8 月国际美容整形协会发布的资料显示，在全世界范围内，整形手术最多的国家是美国、巴西、韩国。[221] 仅 2015 年一年，全世界的女性就接受了 1800 万次以上的整形手术。从部位来看，依次为隆胸、抽脂、眼皮、腹部、鼻子。当然，这些数字并不包括在浴池或皮肤护理室等场所进行的，俗称"非法交易"的零散手术。隆胸排在第一位，这有点令人惊讶。因为从整容的历史来看，鼻子是最重要的整容手术实施部位。

鼻子在西方历史上所处的位置很特别。虽然人的五官中没有一个是不重要的，但"鼻子"与迫害或他人化有很深的关系。也许正因如此，整形手术的历史是从修复鼻子的手术开始的。[222] 从 15 世纪末开始，随着梅毒在欧洲流行，失去鼻子的人越来越多。鼻骨感染梅毒螺旋体后，

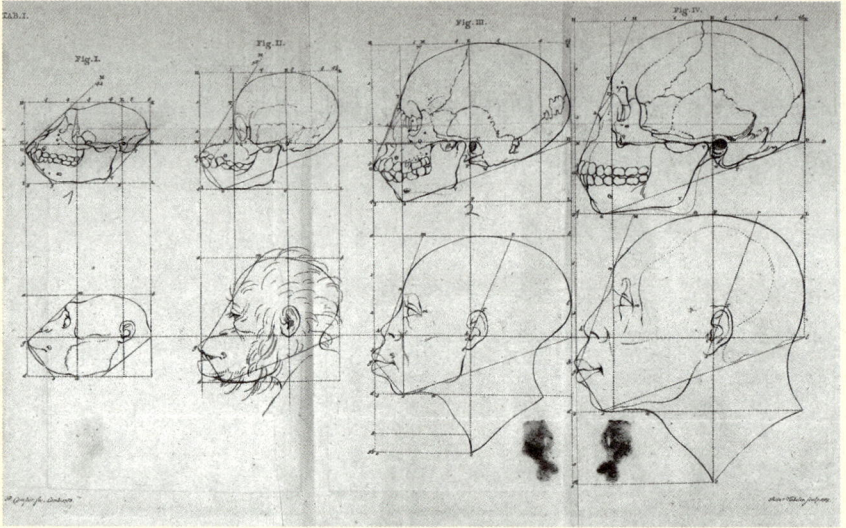

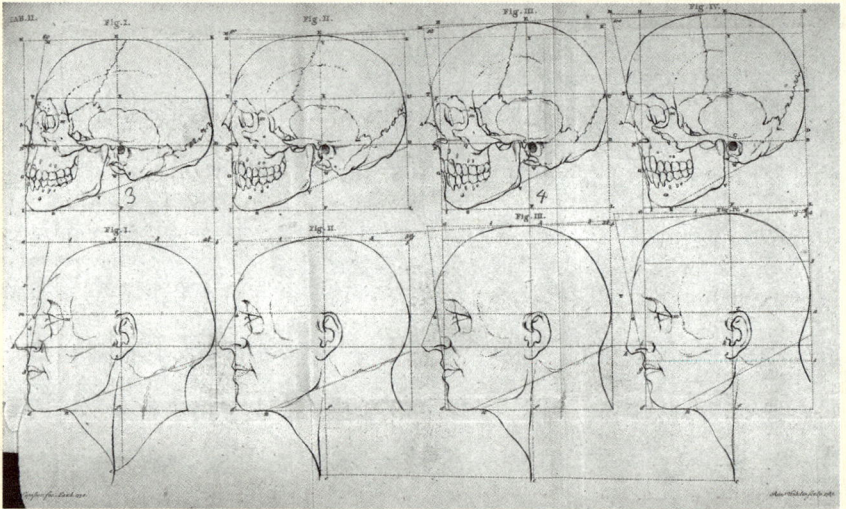

颜面角和鼻指数的测量图解

　　这是荷兰解剖学者兼医生佩特鲁斯·坎佩尔1871年发表的论文中登载的图解。通过尾猴、猩猩、黑人、卡尔米克人等，展示进化带来的面部角度的差异（上）和欧洲人的面部特征（下）。

软骨组织崩溃，鼻子就坏了。因为这与性病有关，所以被认为是道德堕落的标志。因此，对鼻子修复手术的需求剧增。将额头上的皮肤切开后直接翻过来盖在鼻子上面，以现在的标准来看，使用了非常可怕的方法，事实上这种手术就是初期的美容整形。在这样的背景下，欧洲历史上长期将整形手术视为鼻子修复手术。

此后，在种族主义的影响下，欧洲人开始向与自己不同的鼻子形状，特别是扁平的鼻子投射出否定含义。在 18 世纪以后的种族讨论中，出现了很多"小鼻子是代表劣等人种标志"的主张。由于荷兰解剖学者兼医生佩特鲁斯·坎佩尔（Petrus Camper）主张颜面角和鼻指数，因此为这种偏见提供了"科学"基础。坎佩尔主张，美丽的人类脸就像欧洲人的脸一样，脸部线条与水平面形成 100 度，并把非洲黑人定义为"最接近类人猿面相的丑陋的存在"。[223] 查尔斯·罗伯特·达尔文讽刺说，对于西方人来说，脸主要是崇拜美丽的对象，但对野蛮人来说，主要是"砍掉"的对象。在达尔文这番狠毒的种族歧视言论中，鼻子是五官中最受关注的部位。[224]

犹太人和鼻部整形

有趣的是，19 世纪的欧洲人相信犹太人比欧洲人更接近非洲人。因此，普遍的假设是犹太人与黑人血脉相连，或者至少在人种上有着密切的联系。[225] 犹太人被认为是贪财的贪婪群体，犹太人的长鼻子或鹰钩鼻成了不道德的象征。

下弯的鼻子绝对不代表真实、快乐、高尚和伟大。他们（犹太人）的想法和倾向总是指向土地。封闭、冷漠、冷酷、无法沟通，有时恶意冷嘲热讽、脾气不好，或极度虚伪或忧郁。鼻子上部弯曲代表小心翼翼，容易沉迷酒色。[226]

讽刺的是，犹太人对鼻子的偏见成为近代整形手术发展的一大触发点。柏林外科医生约翰·弗里德里希·迪芬巴赫（Johann Friedrich Dieffenbach，1792—1847 年），在尚未实施麻醉和防腐消毒的操作之前的 1840 年，就以犹太人为对象毅然地进行了鼻部整形手术。[227]虽然当时弗里德里希·迪芬巴赫专业化的皮肤移植和整形手术方式具有革新性，但实际上非常野蛮。但即使这样，人们也不惜承受巨大的痛苦涌向这位著名的医生。弗里德里希·迪芬巴赫是区分再造整形和美容整形的第一位医生，在医学史上名留青史，被称为"整容外科之父"，但他本人却非常蔑视美容整形手术。理由是这与医疗功能没有太大关系。

19 世纪末在德国活动的医学家约瑟夫·亚达森（Josef Jadassohn）因为自己是犹太人，所以对美容整形持肯定态度。原是皮肤学家兼梅毒学家的亚达森在柏林开设外科医院后，主要实施缩小鼻子和耳朵的手术。对耳朵实施手术的原因是当时犹太人对耳朵的偏见也很严重。肥大的耳垂和大而红润的耳朵被人们称为"突出耳朵"，在奥地利，这种耳朵被称为"莫里茨（当时最常见的犹太人的名字）耳朵"。[228]1898年亚达森以自己实施的无数次手术经验为基础，向柏林医学协会报告

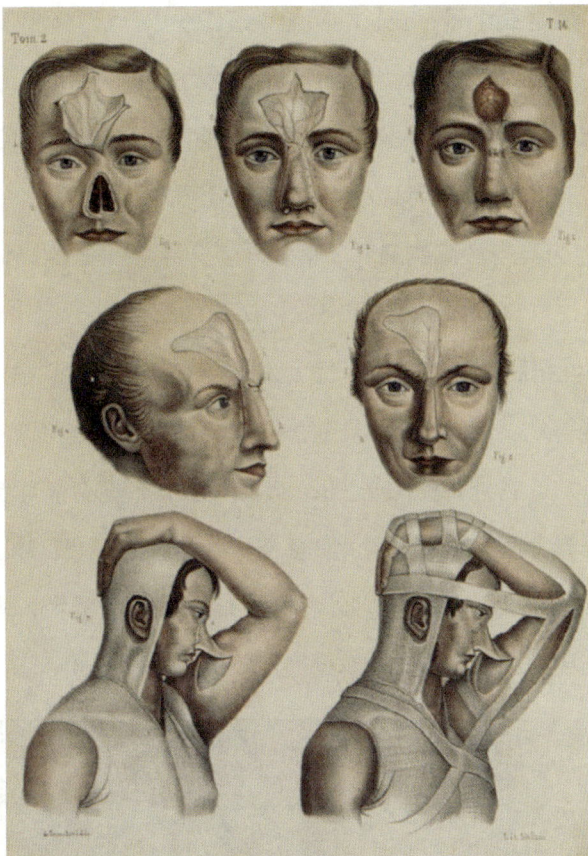

19世纪医学图书中的鼻部整形术图解

　　当时虽然说皮肤移植和整容手术方式具有革新性，但实际上非常野蛮。而人们却不惜承受巨大的痛苦，执意进行整容手术。

了身体健康的人接受整容手术的原因和效果。这是首次正式表明整容手术的心理效果是非常重要的事实。亚达森强调整形外科医生需要艺术家的资质，因此他也得到了"雕刻家医生"的美誉。[229]

　　20世纪初，德国实行了极端种族歧视政策。最纯粹、最优秀的种族是拥有金发、高个子、长长的头盖骨、修长的脸、坚硬清晰的下巴、坚挺的鼻子、柔软直直的头发、大而浅色的眼睛、白嫩的粉红色皮肤的雅利安人。[230] 认为犹太人作为劣等人种的典型，不仅腐蚀了德国的政治，任意掌控经济，而且成为梅毒的起源，道德堕落的寄生虫。犹太人被描述为具有"鹰钩鼻""黑发""内八字脚"的肉体上令人厌恶的存在。[231]

从 19 世纪后期开始，很多犹太人已经离开反犹主义猖獗的欧洲，移居到美国等地。但是在美国，犹太人的身体特征既是受歧视的根据，也是人种标志。另外，美国于 1921 年成立美国整形外科学会，将美容整形归属于专业医疗领域，至此许多整形外科医生开始活动。为开拓整容市场而展开激烈竞争的整容外科医生们积极劝告犹太人进行鼻部整形。也许正因如此，这是美国鼻部整形频率最高的时候，正是纳粹反犹

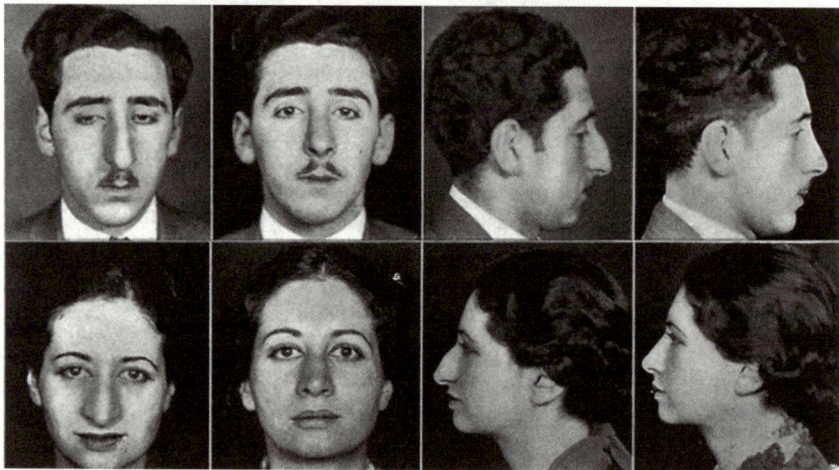

20 世纪 30 年代鼻部整形案例

通过手术前后脸部正面和侧面照片，展示手术结果。

主义达到顶峰的 20 世纪 40 年代。20 世纪 60 年代接受鼻部整形手术的患者中，一半以上是犹太裔美国人的第一代和第二代。[232]

以犹太人为对象的整形手术也传播到了以色列，以色列的主要城市成了西亚（中东）地区美容整形的中心地。[233] 最近伊朗的美容整形手术最多，绝大多数都集中在鼻部整形上。但是伊朗人的鼻部手术目的与犹太人有所差异。如果说犹太人是为了矫正弯曲的鼻子而进行手术，那么伊朗人则是为了打造适合面纱（阿拉伯妇女戴的）的漂亮鼻子而接受了手术。

民族主义与整容的力学关系

事实上，美的标准因文化圈不同而不同。

19 世纪末，随着西方医学的引进，双眼皮手术开始流行。原来只有一只眼睛有双眼皮的人为了保持眼睛的均衡而接受了手术，但随着逐渐掀起高高的鼻子和更大的眼睛等西方式外貌的热潮，整形手术的范围也开始扩大。1923 年西端和吉田首次发表了利用象牙植入物改变日本人扁平鼻型的隆鼻术论文。从第二次世界大战后美国占领日本时期开始，植入硅扩大乳房的手术也开始发展起来。[234]

另一方面，在日本引入西方近代化的时候，作为反叛，日本出现了试图规定日本人固有的身体特征的动向。19 世纪末，以日本医生和人类学家为中心，寻找"真正"日本面孔的研究开始活跃地展开。他们倾注心血的问题是分布在日本国内的劣等群体，即找出阿伊努人（分布在

19 世纪末，在日本以研究日本人固有特征的美名下，以少数民族阿伊努族为对象，通过刻画他们的"劣等感"和"野蛮感"的方式积累资料，并拍下阿伊努族的照片作为"纪念明信片"介绍给西方世界。

日本的北海道等地的少数民族）"野蛮"的面部特征，树立与之形成鲜明对比的日本人固有的面部形象。但是，这种问题最终消失在对西方近代化的憧憬中，美容整形外科在 1978 年被认定为专门外科的更早之前，就开始盛行将外貌改变为西方式的整形手术。

这种现象也同样出现在越南。1960—1975 年之前，越南人为了符合西方审美的标准，而开展非常活跃的美容整形手术。但后来越南政府以清除西方式残余为名，试图界定真正的越南人的面孔。对施行美容整形的医生们下达了越南人固有的眼睛形态、五官之间的适当比例等明确的方针。但是这种措施导致了美容整形手术的停滞，随着时间的流逝，今天在越南，"为了看起来更像欧洲人"，隆鼻、做双眼皮的整形手术又再次迎来了春天。[235]

2007年某新闻报道指责称，越南人不考虑整形手术带来的危险，经常从无证医生那里接受"300美元鼻部手术、500美元双眼皮手术或2000美元乳房扩大手术"。[236]在这里值得关注的是，为了符合西方标准，人们经常实施"廉价"整形的部位是鼻子、眼睛和乳房。

乳房手术的开始

现在提起乳房整形，一般都会想到隆胸手术，但其实原来乳房整形手术是从缩小术开始的。从19世纪80年代开始，外科医生一直在思考缩小乳房的方法。因为切除癌症或其他肿瘤后乳房发生了变形，为了修正形态受损的乳房，需要进行手术。因此，乳房整形一般不属于美容整形，而是属于再造整形的领域。[237]反正要做手术，那么有必要让乳房变得漂亮点。当时欧洲人所认为的女性理想的胸部是形状较小、圆润且不下垂的乳房。事实上，每个理想的女性胸部形状都不一样。随着民族志学、人种志学的发展，人们对不同人种的身体面貌的关注也越来越大。其中，一项"认真研究"旨在了解不同人种的不同的乳房。

德国医生兼人类学家赫尔曼·海因里希·普洛斯（Hermann Heinrich Ploss，1819—1885年）于1884年出版了《自然史和民俗学中的女性》。[238] 这本书特别引人注目的是，详细地划分了不同人种的胸部形态。

阿根廷与巴西的整形

到了 20 世纪 30 年代，乳房缩小手术从再造整形过渡到美容整形。在此过程中实施的手术，不仅使大而下垂的乳房变小、紧致、显得年轻，还流行植入假体等乳房扩大手术。这种手术实施初期，使用象牙、玻璃制成的球、橡胶、黄牛软骨、聚合物海绵等作为假体。进入 20 世纪 60 年代，随着食盐水假体和硅胶假体的出现，隆胸手术量大幅度增加。

如今，实施乳房扩大手术最多的国家是阿根廷。因为文化原因，甚至将乳房整形手术视为成人礼之一。无论是俱乐部还是购物中心，只要是年轻人聚集的地方，随处可以看到"隆胸整容外科"的广告。在美国、德国、西班牙，隆胸手术也成为女性中最受欢迎的整形手术，但阿根廷因低廉的费用和拥有高水平的医疗人员，所以人均硅植入手术比例居世界首位。

但在同为南美洲国家的巴西，乳房缩小手术却更多。巴西的上流家庭经常把已经成年的女儿送去做乳房缩小术，以此作为"礼物"。文化史学家桑德·吉尔曼（Sander L. Gilman）认为，上流妇女的乳房缩小手术是为了和下层妇女区分开。

在巴西，黑人奴隶制一直维持到 1888 年。特别是黑人女性奴隶不仅被剥削劳动力，还被用作性对象。现今，即便是奴隶制已经被废除，黑人大部分仍属于下层阶级，黑人女性的大乳房正在成为强有力的种族指向。[239] 因此，巴西的上层女性认为，应该尽早消除这种奴隶、下层民众的标志，特别是如果想要进入社会精英阶层，必须尽早消除这过于庞大的胸部。

从整形手术的次数来看，美国最多，但巴西是整容手术比例最高的国家。[240] 今天的巴西可谓是美容整形手术的发祥地，特别是与旅游商品相关的整形项目开发得非常好，吸引了全世界的顾客。在圣保罗和里约热内卢豪华的酒店客房里，抽屉里的整容旅游套餐指南代替了《圣经》。有人指出，考虑到这种需求，巴西很多年轻人都希望担任整容外科医生，结果随着该领域的医疗人员大量增加，整个国家都成了巨大的整容度假村。

臀部代替胸部

在巴西，整容手术如此发达，可以说是出色的整容外科医生伊沃·皮坦基（Ivo Pitanguy）的功劳。他在 2016 年巴西奥运会时，坐在轮椅上传递圣火后第二天因心脏病而去世。被称为"整容手术的哲学家"的皮坦基，通过向贫民免费提供整容手术等，活跃地开展社会活动，受到了巴西国民的尊敬和喜爱。在伦敦和巴黎学习医学的皮坦基，初期在再造手术领域发挥了卓越的力量，有一天成功实施了被称为"苹果臀"的巴西式臀部手术，从而成了美容整形领域的世界权威。得益于此，20 世纪 80 年代巴西在臀部整形方面达到了世界最高水平。

皮坦基之所以成为臀部手术的权威，是因为在巴西的文化中更重视臀部而不是胸部。事实上，与其他发达国家相比，在怀孕和生育比例更高的巴西，社会强迫女性们要保持美丽的形象。在这种情况下，为了打造象征着非常重要的女性气质的富有弹性和丰满的臀部，女性毫不犹豫地登上了手术台。特别是 1977 年离婚合法化后，在单身母亲中整容手术更加活跃。甚至，母亲和女儿一起到整容外科就诊的案例也在不断增加。

人类学家亚历山大·埃德蒙兹（Alexander Edmonds）指出，巴西之所以成为整形大国，是因为对美丽的完美身体的文化执着。也就是说，在巴西，外貌是直接关系到社会阶级的一种身份标志和资本，因此存在必须打扮，修饰身体的强硬标准。结果巴西作为"美的神话"的强大国家，美丽的外貌甚至被认为是国家认同感之一。[241]

但是，美丽的外貌是身份标志和资本的认识并不仅仅局限于巴西。1994 年，一篇关于以美国和加拿大劳工为对象的外貌对金钱利益和婚姻产生何种影响的研究报告发表了。结论是拥有中等以上外貌的人比相对外貌一般人的收入高 12% 左右。[242] 该研究后来引发了许多关于外貌和利益关系的研究。2012 年以 2 万名韩国人为对象进行的调查结果显示，外貌与本人或配偶的收入密切相关。

但是通过整容手术改变外貌的情况会怎么样呢？有趣的是，即使通过整容手术改善了外貌，从而使收入增加，但其水平也不足以充当整容手术费用。研究者们在这方面得出的结论是，与其说是"投资"，不如说整容更具有为了使自己快乐的"消费"性质。[243]

没有给老年人准备的商品吗？

老年消费者的重新诞生

百货商店里没有的东西

去百货商店看看吧。百货商店的楼层分布通常根据"商品的种类、性别、年龄"三个类别进行划分。食品和户外用品等根据商品种类进行区分，女装和男装是以性别为标准进行分类的，女装又是以"女性休闲装"和针对中年女性的"女性正装"等分类的。但有一点奇怪，那就是没有为老年人准备的空间，难道没有为老年人准备的商品吗？

当记者向百货商店负责人询问"为什么没有老人专门馆"时，得到的回答只是两种。首先，老年人不承认自己是老年人的抵抗心理很强，所以即使开辟了老年人专用商品馆，也不会有客人光顾。另一个回答更有趣，主要是关于服装购物。大体上，人们会一直穿着自己年轻时购买的品牌衣服，所以即使上了年纪，也不会特意换成老年人专用品牌。到了 40 多岁以后，也仍然想继续穿年轻时穿的休闲装品牌，70 多岁的老

Store Guide

Furniture & Lighting Bed & Bath Optician & Pharmacy	4
Womenswear Lingerie & Swimwear Hats Kids Hair & Beauty Salon	3
Womens Designer Womens Casual Womens Shoes Personal Shopping	2
Menswear Mens Shoes	1
Beauty & Fragrance Womens Accessories Watches & Jewellery Womens Street Fashion Stationery Foodhall	
Music & Technology Cookshop Home Accessories Luggage Books Ultralounge	

英国塞尔福里奇百货公司的楼层指示牌

这家成立一百多年的百货公司也没有专门为老年人开辟的空间。

奶奶也会持续关注经常光顾的"女性正装"系列品牌，这样看来，品牌和顾客在一起变老。

但是疑问依然存在。随着年龄的增长，体型也会变化，年轻时穿的品牌衣服怎么能继续穿呢？一般服装品牌不是都会坚持针对特定年龄段的，自家的品牌风格吗？难道存在我们看不见的剪裁技术吗？还是有比这更加根本性的问题呢。事实上，针对没有购买力的儿童商品都分为"婴儿和儿童"两个类别，儿童商品一定要单独设置商品馆，但是为什么不为真正有购买力的老年人开设专用的商品馆呢？这一事实让人觉得百货商店似乎不想认可老年人是顾客。

从眼前拿开！

研究消费的学者们完全同意在购物现场彻底忽视老年人的观点。老年人由于经济能力下降，所以被视为没有购买力的阶层，或者因为身体上和精神上的衰退而无缘无故地发脾气，成为妨碍其他顾客购物的"绊脚石"。不仅如此，他们都是没有市场和商品信息的落后群体，会被更年轻、更富有、更兴致勃勃的顾客排挤，成为不受欢迎的存在。[244]

不仅仅是购物的场所想否认老年人的存在。社会整体上也存在不提及老年人的存在或不让老年人活跃的现象。这种现象通常被解释为近代性的一个侧面。重视生产和进步的近代社会任意规定了老年人和女性等社会弱势群体，把他们排除在中心位置之外。在此过程中，老年人被贬低为文化上与死亡密切相关的存在，成为现实中想要否定的对象。学者们认为"老年人"的存在和"死亡"的现象"在成功的中等阶级富饶的生活方式中经常被切断"。[245]

米歇尔·博贝尔（Michel Vovelle）通过《1300年以来死亡文化的历史》主张，中世纪，死亡是日常生活中极为熟悉的事情，也是重要的道德关注点，但随着其地位逐渐模糊，如今却逐渐成为负面的概念。[246]菲利浦·阿利埃斯在《面对死亡的人》中考察了死亡从人们生活中的空间和观念上分离的过程。[247]位于城市中心的墓地要么被拆除，要么被转移到郊外，给老人留下了接近死亡的印象，让人敬而远之。到了19

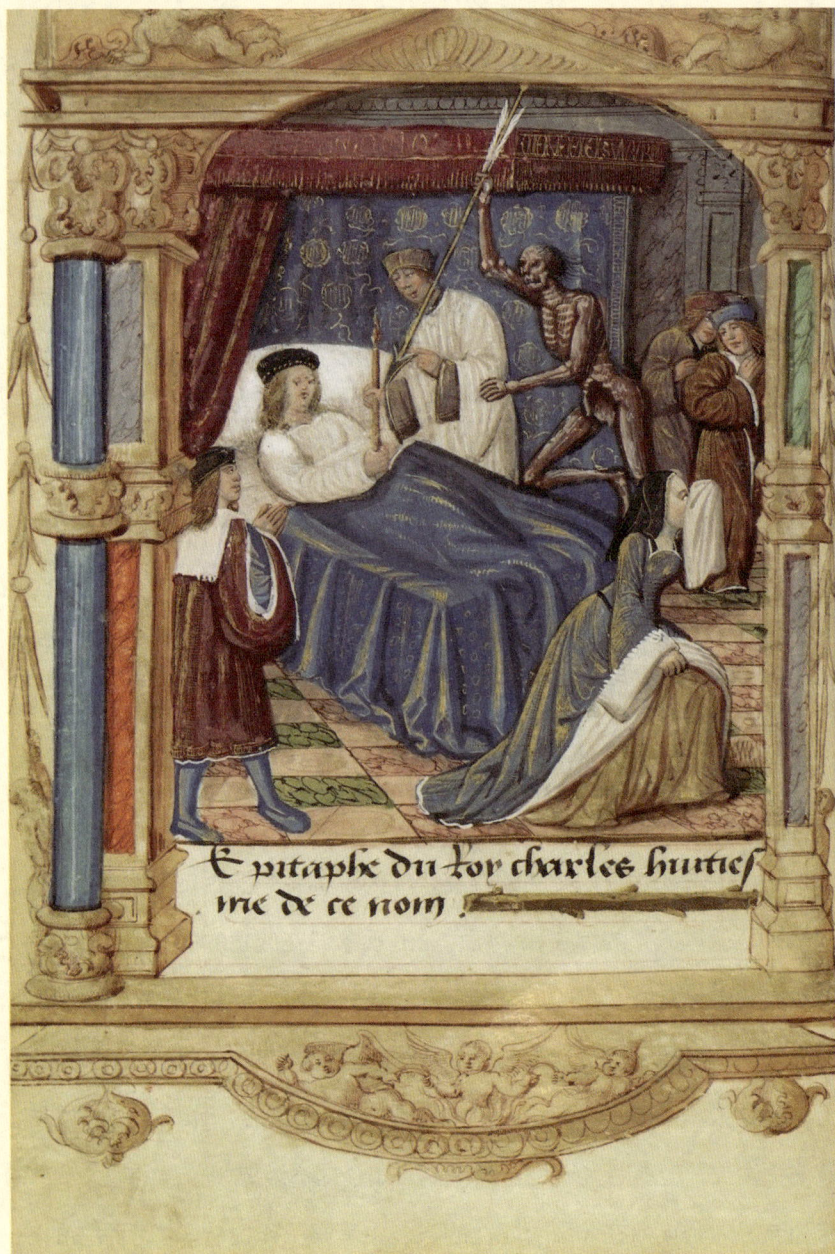

E pitaphe du roy charlee huitief
me de ce nom.

16世纪初中世纪文献中描绘的"死亡"

　　中世纪，死亡是日常生活中熟悉的事情和重要的道德关注点，近代以后，
不仅是死亡，接近死亡的老人也被渐渐排除在日常生活之外。

反对上调公共交通费用的老人团体成员们

1975 年，老年团体"灰豹"成员们举行了反对上调地铁和公交车票价的示威活动。"灰豹"是 1970 年在美国反对年龄歧视以扩大老人的福利和权利为目的而成立的团体，主要负责监督那些影响老年人的法律及法律的执行。

世纪，老人和患者无法继续留在家中，而是从日常生活中被隔离，送到疗养院等机构去。

历史学家彼得·斯特恩斯（Peter Stearns）乐观地认为西方历史上也有尊敬老人的传统，所以决心证明这一点。但是他庞大的研究反而使他变得悲观。因为他在西方历史中惊讶地发现，西方对老年人的偏见根深蒂固，认为老年人"丑陋、自私、无能，因此必须从眼前清除"。[248]

对老年人的评价直到第二次世界大战以后才开始重新展开。以美国为中心掀起了老年人的人权运动，试图消除对老年人的歧视，克服偏见。该运动在西方各国蔓延，结果与过去相比，今天对老年人的待遇和认识已经有了很大的改善。[249] 但在象征物质至上的百货商店等购物空间里，老年人却被视为不受关注的消费者群体。那么实际上老年人的购物是什么样子的呢？

老年人的购物特点

虽然一年内会出现数千篇与消费相关的研究，但关注老年人消费的研究却少之甚少。虽然只有少数，但关注该问题的研究学者们，还是拿出了可以窥见老年人的购物形态的相当有意义的结果。[250] 购物对任何年龄层的消费者来说都具有休闲活动的意义，尤其对老人们来说是非常重要的休闲活动和社会活动。因此，老年人除了购买食品外，还会去市中心或百货商店购物。这不仅是他们还保持着年轻时的外出习惯，而且是他们还要在购物中心或百货商店等场所与朋友见面，开阔眼界。因此购物的休闲活动对老年人更加重要。

老年人的购物频率也许比年轻人低，但更定期、更有规律。例如，在英国，老年人主要在领取养老金的日子进行集中式购物，并在人较少的上午结束购物。老人们对商业行为的标准要比年轻人高，他们认为电视购物都具有强烈的欺诈性，非常值得怀疑。

仅从这些内容就可以看出老年人的购物和年轻人的购物有所不

同。但是，在老年人的购物中，也能发现具有独特且重要的因素。首先，是否有敬老优惠，是老年人选择购物场所的重要因素。另外，是否与店主或店员建立了亲密关系，能否帮助他们找到自己想要的东西，还有是否可以配送，这些都是非常重要的因素。此外，是否贴有正确的价格标签、是否不用在收银台等很久、商品是否包装成可以携带的大小、是否配备卫生间和停车场等，都是老年人选择购物场所的重要标准。[251]

老年人对品牌和商店的选择

研究表明，老年人选择品牌时具有自己的独特性。他们更愿意购买那些长期购买的熟悉品牌，商品的包装图片如果和品牌名称紧密关联的话，品牌知名度就会很高。[252] 也就是说，相比于简洁抽象的商标，像"请记住负债表上的负债图"这样直接、明确的连接性更能吸引老年消费者。理由是老年人的记忆力相对下降。但是这个解释过于一般化，不仅存在争议而且具有贬低老年人的嫌疑。

一位名叫莫斯的学者详细分析了 156 名 55 岁以上美国人的购物情况，试图阐明他们偏爱特定商店的原因。[253] 他发现的结果是，根据老年人要购买的物品种类，选择商店的标准有所不同。食品购物商店的首要标准是一定要离家很近，再加上附近应该有洗衣店等其他商店。出去的时候可以顺便把一些小事也都一起办了。

但是选择大型超市或连锁店时，品牌亲密度起到了很大的作用，结

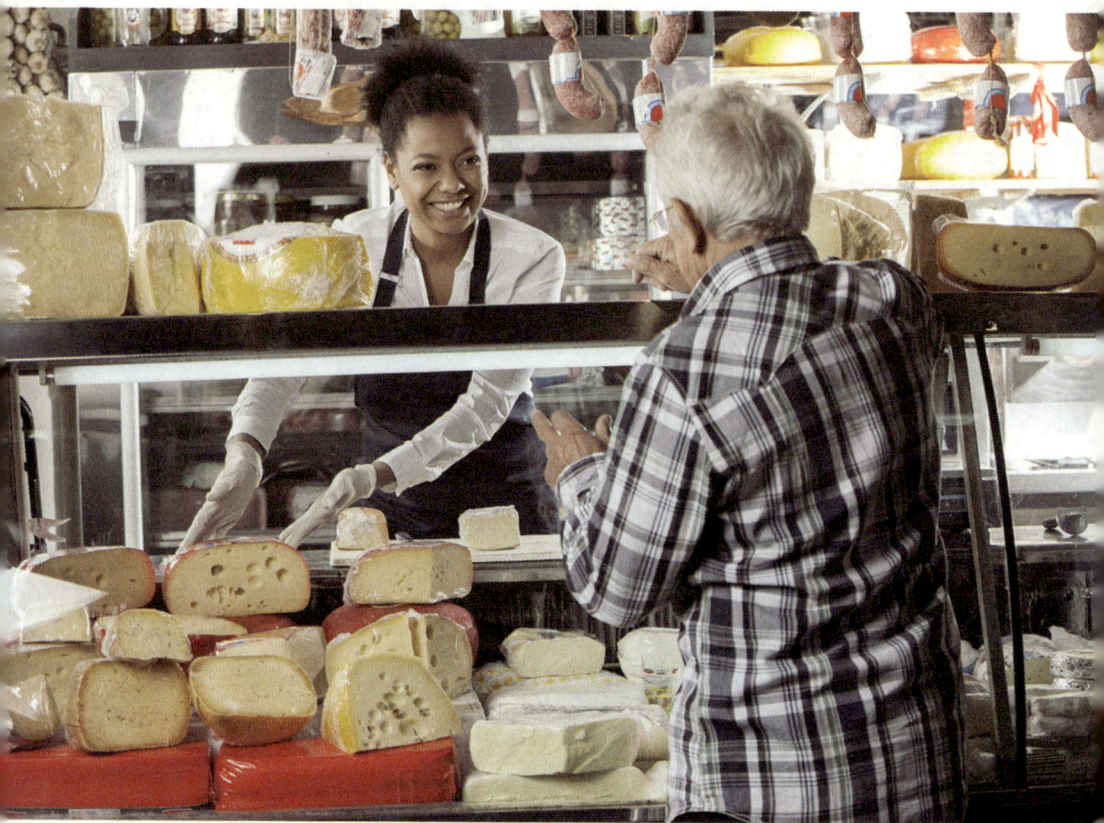

老年人的购物

　　食品购物商店的首要标准是一定要离家很近，再加上附近应该有洗衣店等其他商店。出去的时候可以顺便把一些小事也都一起办了。

账的速度快也是一个非常重要的因素。但是老人们在选择购买衣服或鞋子的商店时，首先考虑是有没有可以帮助他们的店员，是否可以进行退换货。在选择药店时，则是无条件选择离家最近，购物非常便利的。在选择家具或家电卖场时，即便距离上有些远，但是更重视是否能得到店员帮助等人力因素。

连不满都无处可诉的老年消费者

老年消费者被排斥的另一个原因是，老年人通常被认为是"沉默的大多数"。事实上，老年人对商品的满意度比年轻消费者高，不满也少。年轻人通过多种渠道获取商品相关信息，而老年人大部分依靠自己的亲身体验，因为不了解市场的现况，因此产生不满的可能性也比较小。老年消费者最频繁提出的不满事项主要是服务或产品故障维修问题。这些领域其实是制造业者和经销商很难轻易纠正的部分。因此，即使提出不满，积极反馈的可能性也很小，所以结果也就没有发生显著的变化，因此老年消费者的不满情绪经常被掩盖。[254]

实际上，老年人即使有不满，在表达不满或通过系统正式提出问题时也会感到很大的困难。有研究者根据"习得性无助"（Learned helplessness）理论来解释这种现象。老年人过去曾提出过不满，但没有什么效果，这种一直得不到解决的时间太长了，所以老人们也就早早放弃了对复杂的事情提出不满。[255] 消费者的行动本身也需要相当大的体力，因此体力不足的老年人很难站出来。除此之外，还有很多理由。例如，在使用商品发生问题时，老年人也会因是自己视力不好，读错产品说明书而导致的问题进行自责并放弃提出不满。

还有，特别是老年人中的独居老人和过着与世隔绝生活的老人更无法作为消费者提出不满。相反与亲戚和邻居相处友好，活跃维持社会关系的老人们对不公正的工作行为或产品瑕疵等会提出适当的疑问。因为

被孤立的老人

独居老人或过着孤立生活的老人，因无法得到制度上的援助或信息，所以很多时候都会感到不满。

可以通过周围的人或与自己有关的老年人机构获取有关消费者行为的信息。所以向企业提出消费者不满的老年人人数虽然比年轻人少，但实际提出不满时表现出的强硬立场丝毫不亚于年轻消费者。[256] 这些事例提醒我们，与其将全体老年人视为"沉默的大多数"一样具有单一性格的群体，更应该把老人们视为具有多样性的集合体。

消费者认同感复兴

　　现在老年人在全国人口中的比率，成了在规模上不容忽视的消费群体。由于出生率降低和预期寿命的延长等原因，老龄化成为全世界面临的问题。仅在欧洲，65 岁以上的人口在 2010 年占人口总数的 14%，预计到 2050 年将达到 25%。[257] 虽然大部分人认为老年人口的增长是经济增长的绊脚石，但最近也有人主张并非如此。老年人更倾向于储蓄，因此聚集的资金会投资到研究开发事业等领域，成为经济增长的动力。[258]

　　一些研究者提出，老年人有可能成为在社会上掀起消费热潮的新主体。从职场退休的老人们开始了人生新阶段，想要在比年轻时更深入、更广阔的范围内确立自己的认同感，在此过程中伴随着消费行为。有些学者把这一新阶段称为"消费者认同感复兴"。[259] 将具有"再生"或"复活"含义的词语与认同感结合。这句话意味着，年轻的时候为了从各种认同感中选择一种，曾经矛盾过，也有从一开始就认为不可能而放弃的认同感。但是在这个阶段，消费之所以重要，是因为退休之前的生活是以生产为中心的价值而展开的生活，那么现在对个人来说更具有意义的是，追求以消费为中心的生活。

　　据说，老年人寻找新的认同感大致分为两个方向：一是重塑过去很感兴趣，但由于当时自己所处的情况而未能实现的目标或活动；二是为了获得完全没有尝试过的全新的认同感。虽然方向不同，但这些

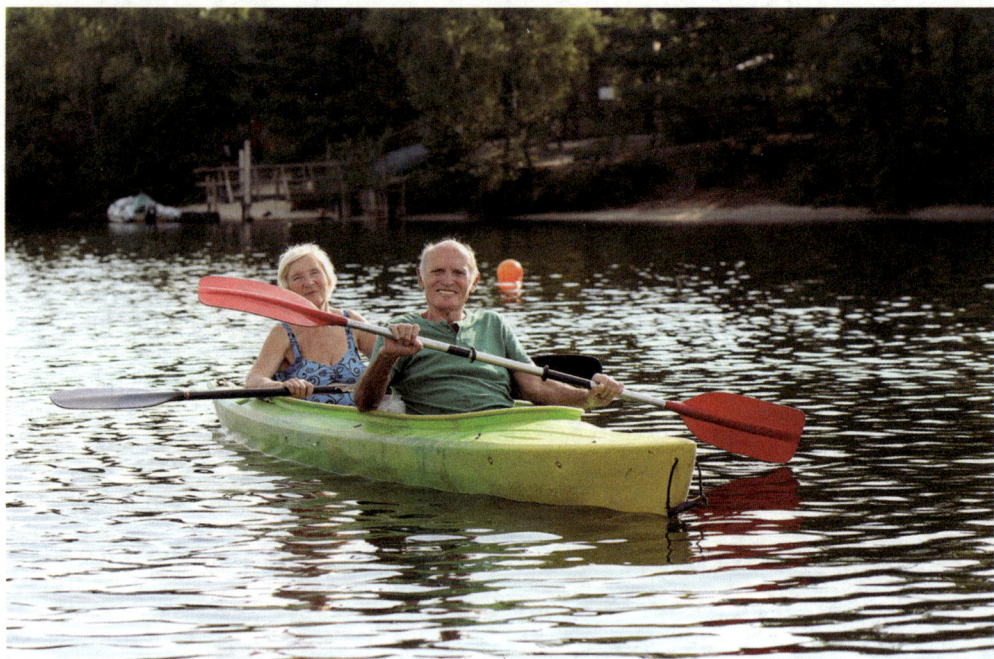

老年人成了掀起消费热潮的新主体

老年人通过运动、登山、旅行、画画等年轻时放弃或从未尝试过的活动，重新追求自己的认同感，在此过程中，他们过着比过去更"以消费为中心的生活"。

努力会与现有的消费模式不同，伴随着一种新的、积极的消费。比如，开始学习像保龄球等新的运动或收集一些东西，又或是为实现年轻时没有实现的摇滚歌手的梦想而组建乐队，学习画画、素描、旅行等。在这种情况下，登山服、钓鱼工具、SUV 车辆、绘画工具、乐器等需要新购置的物品将不断增加。不仅如此，还会学习产生新兴趣的教育服务、旅游产品，以及与之相关的保险等知识，至此消费领域将无限扩大。

关注老年消费者

如今，企业面临着承认一直以来回避将老年人当作消费者顾客的问题。为了包容老年消费者，有些产品可能需要修改现有的特质，进行大胆的挑战。另外，有些商品可能需要冒险去应对形象的打击或变化。这些问题在最近广泛普及的移动设备领域尤为突出。众所周知，越是老年人，越想保持过去的习惯，特别是抵抗新科技。但是，他们逐渐被卷入移动通信世界，对于生产者来说，也不能将不断增长的老年人排除在外。

2015 年的一项研究认为，在移动设备产业中，应将"年轻的老年层（65—70 岁）"定义成重要的消费者，并主张开发他们需要的应用程序和机器。为了向老年人推销高科技产品，研究者应该提供能让老年人克服对高科技产品抵触感的强烈动机。研究人员建议开发能够吸引老年人的"健康和健壮（wellness）"等相关的服务，吸引"年轻的老年人"成为积极的消费者。[260]

但是一定要只考虑"年轻的老年人"吗？就是一定要在老年人中间区分稍微年轻的老年人和稍微年长的老年人吗？2012 年出版的一项研究分析了生活在疗养院的一些老年人的行为。老人们不论年龄大小，都反对把自己当作老年人，拒绝看护人的帮助，甚至与他们吵架，试图证明自己没有老。有趣的是，这些老人采取的最积极的行动便是购物、采购食品等"消费行为"。[261]

市场，扩张

土耳其服装的流行和衰退

影响欧洲的土耳其文化

奥斯卡尔穿过的土耳其风格礼服

很久以前，有一部漫画《凡尔赛玫瑰》(1972)抓住了无数少女的心。以斯蒂芬·茨威格的原著为基础，池田理代子创作了漫画并大获成功，此后被制作成动画片，歌剧，还被制作成电影名为《奥斯卡夫人》(Lady Oscar)，1979 年播出。[262] 如果要说在该漫画中印象最深刻的场面，那就是主人公奥斯卡尔 (Oscal，这个虚拟人物，在韩国译本中标记为奥斯卡尔，而不是奥斯卡) 身穿舞会礼服的故事。按照父亲的意愿成为军人后，穿着男装生活的奥斯卡尔，只有唯一的一次身穿礼服以完美的女性形象登场。侍女奶奶流着激动的眼泪在身后说 "终于可以给我们的小姐穿礼服了"。在宴会厅里登场的奥斯卡尔以出众的姿态瞬间吸引了所有人的视线。

当然，在我看来，奥斯卡尔是美丽的。但是，在年幼的我眼里，奥

土耳其风格礼服

漫画《凡尔赛玫瑰》中的身穿土耳其风格礼服登场的主人公是奥斯卡尔。

斯卡尔的礼服有些奇怪。我期待的奥斯卡尔也能像漫画中出现的王妃或其他贵族小姐一样，穿上带蝴蝶结，用蕾丝、花朵装饰的，纤细的腰身下展现出蓬松感的华丽无比的礼服。但是奥斯卡尔的礼服不仅轮廓平淡，只有裙子的末端有些刺绣，整体上比预想的要朴素很多。不仅如此，手里拿的居然是孔雀羽毛制作的扇子。但是过了很久之后我才知道，这件礼服居然是当时欧洲宫廷中最流行的土耳其风格的礼服。作为一位以彻底考证历史而闻名的作家，池田在短短的场面中准确地描绘了当时法国的时尚潮流。

欧洲与奥斯曼帝国的交流

奥斯卡尔的礼服，其背景是历史学的不对称性问题。欧洲国家对奥斯曼帝国（现土耳其）等非欧洲国家的文化影响的研究层出不穷，而让人惊讶的是，非欧洲国家对欧洲的影响由于相关研究没有完成，这一领域一直处于空白状态。在服饰史里，英国的廉价纺织品被广泛普及到累范特地区（位于希腊和埃及之间的地中海沿岸地区，狭义是指叙利亚、约旦、黎巴嫩等地）土耳其女性们在自己的传统服装上添加了像荷叶边一样的欧式装饰，1835 年在苏丹的哈雷姆流行欧洲风和东方风混合的服装等。但是对于奥斯曼帝国的服装对欧洲的影响和评价，直到今天都没有提及。[263] 因此，在过去几十年前看到的漫画中，只有一位主人公在当时欧洲最华丽的凡尔赛宫中穿着土耳其风格的服装受到关注。因此感到陌生也就不足为怪了。

从 1299 年帝国成立到 1922 年解体之前，奥斯曼帝国是距离欧洲最近的邻国文明圈。历史书中经常强调奥斯曼帝国是欧洲海外贸易扩张道路上的绊脚石，或者为了凸显与欧洲的宗教差异和矛盾，将其描述为威胁欧洲文明的势力或不同性质的存在。但是这两个世界从 15 世纪开

1572 年出版的奥斯曼帝国统治下的君士坦丁堡地图

1453 年被占领的君士坦丁堡，此后被称为伊斯坦布尔。

始就已经进行了广泛的交流。去过奥斯曼帝国的欧洲商人、外交官、旅行者不在少数，他们当中也有人出版过旅行日记。来自美因茨的伯纳德·冯·布雷登巴赫（Bernhard von Breydenbach）撰写的《到以色列的朝圣记》，讲述了他以外交官身份，首次向欧洲介绍奥斯曼帝国郁金香的布斯贝克的旅行故事，后在欧洲全境流传。

欧洲产的东西开始大量流入奥斯曼帝国是在18世纪，在此之前奥斯曼帝国的东西在欧洲非常受欢迎。欧洲人才是奥斯曼帝国产的地毯、纺织品、陶瓷等奢侈品，以及从更远的地方进入奥斯曼帝国经销的众多商品的消费者。

《大卫·乔治·范伦涅夫和他的家人》，安托万·德·法布雷，
1769年至1771年

这是定居奥斯曼帝国的港口城市斯士麦那（现伊兹密尔）的荷兰籍富商大卫·乔治·范伦涅夫（David George van Lennep，1712—1797年）的家人。妇女们穿着土耳其服装。

当时被视为奢侈品的土耳其服装一般通过边境地区的商人进行买卖，但是游客们也会在当地直接购买。为了安全起见，鼓励在西亚地区旅行的游客穿上当地服装。特别是英国人，他们在到达奥斯曼帝国之前，会通过新教和旧教之间存在矛盾的危险地区，乔装成土耳其人进入。另外，奥斯曼帝国有向尊贵客人赠送纺织品和服装的传统，欧洲人在回国时行李箱中都会装满土耳其的服装和布料。

奥斯曼帝国在 1683 年后，为了接受欧洲发达的科学技术和文化，扩大了与欧洲各国的外交关系，同时欢迎欧洲人的来访。进入 18 世纪后，访问奥斯曼帝国的欧洲人大幅增加，直到 19 世纪这一数字出现了爆发性增长。当时，穿着土耳其服装画肖像画是游客们的必选项目。

土耳其风潮，新时尚类型的诞生

从 17 世纪开始，在欧洲就通过旅行记，或是包含文字和图片的出版物介绍土耳其服装。[264] 特别是受路易十四之命，被派遣到奥斯曼帝国的法国大使佩罗尔在巴黎出版的《累范特地区各国的画作》，是推动土耳其风格服装流行的首要功臣。通过这本书里的插画，欧洲人可以生动地接触到奥斯曼帝国居民们的各式着装。特别是，荷兰和法国的画家们还复制了这本书中的画作，照抄书中的服装画，制作成了介绍化装舞会的画报集，在这之后的欧洲，这类服装被叫作土耳其风格"Turquerie"或"Turkomania"，成了新的时尚类型。在欧洲的剧院街，

Roxana in Her Turkish Habit.

穿着土耳其礼服的罗克萨娜

小说《罗克萨娜》中主人公罗克萨娜身穿土耳其礼服，吸引众人目光的插图。

著名演员身穿土耳其风格服装，在街上大步流星走，至此土耳其风格的服装开始流行起来。甚至法国女演员法瓦夫人，也在伊斯坦布尔订购礼服。[265]

土耳其礼服是以《鲁滨孙漂流记》著称的丹尼尔·笛福，在1724 年最后发表的小说《罗克萨娜》中的重要隐喻。在法国以卑微的身份出生的小说主人公罗克萨娜来到英国，成为达官显贵的情人，以此试图提高自己的身份。有一天，身穿土耳其礼服的罗克萨娜被英国国王查尔斯二世的目光所吸引。[266] 这件礼服是从掠夺奥斯曼帝国商船的马耳他出身的军人那里买来的。我们来看看小说中描写礼服的部分：

> 那件裙子特别漂亮，因为从来没有见过这样的裙子，所以出于好奇才买的。长袍是由漂亮的波斯产或印度产花缎（一般用丝绸或亚麻制成，两面有花纹的厚织物）制成，白底上绣有蓝色和金色的花朵。衣角足足有 5 码长。礼服里面穿的是用金线缝的刺绣，镶嵌着珍珠和绿松石的马甲。[267]

罗克萨娜在购买礼服的同时，还同时购买了奥斯曼帝国出身的奴隶，评论家认为，这一情节反映了笛福支持英国扩张主义步伐的看法。

在欧洲流行大衣和层叠式设计

奥斯曼帝国对欧洲服装有什么影响呢？欧洲人最先毫无抵抗感地接受的土耳其服装，就是之后在欧洲被称为大衣的卡夫坦长衫（caftan）。卡夫坦长衫是奥斯曼帝国和阿拉伯等地中海东部地区中产阶级以上的人穿的长袍（robe，长而大的长袍形态的外衣）式的上衣，和裤子一起是以土耳其服装为特征的最重要的单品。这种风格其实在伊斯兰文化之前就在小亚细亚、波斯、中亚地区被发现，之后随着无袖、宽大的短袖、垂挂的袖子等袖子的样式不断变化。在欧洲，从 12 世纪开始，主要由学者或神职人员开始穿这种外衣。

到了 15 世纪，欧洲的掌权者开始穿边缘用毛皮做成的大衣。身穿用毛皮装饰的华丽大衣的亨利八世在位时的威风凛凛的肖像画，与同时代人物艾哈迈德三世在位的肖像画惊人的相似。据悉，亨利八世喜欢土耳其风格服装，曾是国王的历史学家的霍尔·爱德华在国王的传记上记录了像奥斯曼帝国的苏丹一样穿着打扮，出席化装舞会的亨利八世的模样。[268]

影响欧洲服饰的奥斯曼帝国的另一个风格，就是层叠式风格。早年作为游牧民生活的土耳其人为了适应不断移动的生活和昼夜温差大的气

穿着大衣的权势人物

生活在同一时代的英国亨利八世（左）和奥斯曼帝国的穆罕默德三世（右）。喜欢土耳其风格服装的英国国王亨利八世还穿着像苏丹一样的毛皮大衣参加了化装舞会。

候，有叠加穿着服装的文化。帝国登场后叠加穿着的传统被赋予了强烈的阶级色彩。也就是说，根据穿什么、怎么叠加，或者根据衬在里面的衣服的花纹或材质，性别或阶级确实有所区别。层叠式风格在中世纪后期开始被引入欧洲，最初以衣袖上加入开衩（Slit，长而窄的口子）的衣服为主。在肥大的衣袖上设计一个或多个开衩，通过缝隙露出衬在里面的衣服，以达到装饰效果。

到了 16 世纪，裙子也采用了叠加的风格。为了让礼服看起来丰满，将裙子叠加成几层后，最外面的裙子像窗帘一样掀开，这种能看见里面穿的裙子和装饰的设计风格，从 17 世纪后半叶开始非常流行。

土耳其礼服和女性权利

关于 18 世纪欧洲土耳其风格礼服享受的地位，有一位不可或缺的人物。那就是被称为"18 世纪英国最闪亮的女性"的玛丽·沃特利·蒙塔古夫人。蒙塔古是出生于身份高贵的贵族之女，接受过高等教育，1716 年跟随身为外交官的丈夫获得了前往奥斯曼帝国旅行的机会。蒙塔古通过那次旅行认识到了英国社会的许多问题。重返伦敦社交圈后，她不仅向王室介绍了在奥斯曼帝国学到的种痘法，还与访问英国的伏尔泰进行了交流，起到了赞助文学家们的作用。另外，她还出版了批判现实内容的宣传册。高贵的身份和出众的智慧、异国生活经验和天生的魅力，足以让她成为 18 世纪社交界的潮流引领者。蒙塔古穿着土耳其礼服画了肖像画，还用奥斯曼帝国带来的纺织物开创了属于自己

玛丽·沃特利·蒙塔古夫人穿着土耳其礼服

　　跟随外交官丈夫在奥斯曼帝国旅行期间，蒙塔古对土耳其礼服与土耳其女性的地位和权利等当地文化，表现出了浓厚的兴趣。

的时尚时刻。

在奥斯曼帝国逗留期间，蒙塔古对那里的女性能够独立拥有财产，甚至通过事业积累财富的事实感到震惊。在英国，已婚的女性根本不享有财产权，这是根本无法想象的事情。此外，土耳其女性可以要求离婚，甚至可以拒绝性爱的权利等，是普通欧洲女性完全不具备的权利，这也令人非常吃惊。蒙塔古认为土耳其妇女所享有的自由和权利也体现在她们的服装上。与勒紧全身、夸大肉体曲线的欧洲礼服相比，土耳其女性舒适、节制风格的服装似乎象征着她们享有的权利和安乐。在蒙塔古的眼中，连遮住脸的神秘面纱都不是为了让女性记住自己的人格是不正当的存在，而是为了保障在其中任何事情都能做的自由的安全网。

　　我在君士坦丁堡看到女性们没有气馁，而是披着面纱从早到晚跑来跑去。[269]

蒙塔古的这种视角与男性作家们经常描绘的充满幻想的奥斯曼帝国的描写，特别是与被压迫的女性的描写完全不同。因此蒙塔古被评价为"先驱女权主义者"。

宽松裤和灯笼裤，挑战男性权威

蒙塔古之后，19 世纪去奥斯曼帝国旅行的很多女性也买过土耳其礼服，或者干脆买回来穿。她们同样称赞土耳其女性享有的权利。从这个角度来看，欧洲女性不仅对礼服感兴趣，还对一种叫作"宽松裤"的衣服十分感兴趣。宽松裤和卡夫坦长衫一起代表了土耳其服装的特点。因为男女可以通穿，也彰显了服装的平等性。去过奥斯曼帝国旅行的女性游客们都异口同声地称赞了宽松裤的舒服性、便利和具有平等的意义，认为这是理所当然的事情。但是和大衣、层叠风格的衣服不同，宽松裤进口到欧洲非常不容易。因为女性穿裤子，即男女拥有同样的服饰在欧洲被认为是动摇传统性别角色的巨大挑战。有件事很好地说明了这种背景。

赫斯特·斯坦厄普是英国总理小威廉·皮特的侄女，因为叔叔未婚，所以担任身份高贵的第一夫人的角色，成了贵妇人。1810 年作为一名出色的考古学家，赫斯特·斯坦厄普在去西亚进行勘探活动的途中，乘坐的船只失事了。赫斯特·斯坦厄普丢失了所有行李，不得已穿上了借来的宽松裤。随着此事在英国迅速传开，到处被人议论，成了人们的话柄。[270] 到了 19 世纪后期，为了抵抗性别歧视，出现了穿着宽松裤参加舞会或者步行在伦敦街头的贵妇人。但是人们依旧对这样的样子感到惊讶。当时这类服装被称为"阿拉伯晚礼服"。

另一方面，1849 年在美国，由名为《水疗》的健康相关杂志主办，开展了对女性健康有益的新衣服，即穿着裤子的活动。当时介绍的裤子像宽松的胸围，为了看起来更充盈，将脚腕部分扎起来。这类衣服被称为"土耳其礼服""美国式礼服"或者"改革礼服"。美国的女权运动家阿美莉亚·简克斯·布尔玛站出来表示支持这项运动。她甚至还分发了自己设计的裤子图案和制作方法。

布尔玛制作的灯笼裤

美国女权运动家阿美莉亚·简克斯·布尔玛（左）和身穿由她设计的裤子的女人（右）。

1851 年，布尔玛设计的这套新服装成为热门话题。以她的名字"布尔玛（灯笼裤）"命名的这套衣服被当作"男女平等主义者"的象征，穿这套衣服的人也被同等对待。阿美莉亚·简克斯·布尔玛也被打上拒绝和挑战男性权威的女性的烙印，甚至被拒绝进入教会。媒体也出面嘲笑她。于是，女性们开始忌讳这种衣服。

到了 1890 年，布尔玛为儿童和女性们重新制作了运动服，即稍微盖住膝盖长度的短裤，虽然在体操、骑马、骑自行车等体育活动中还有所受限，但还是便于女性们穿着。但是穿着这种短裤的时候，下面一定要穿着丝袜。

土耳其风格服装的衰退和劳动裤的登场

土耳其风格的服装在 20 世纪初面临衰退的命运。随着第一次世界大战爆发，历史上第一次展开全面战斗，身在后方的女性们被投入到曾是男性活动的各个领域。英国议会接受了"裤子有助于提高女性工作效率"的意见，允许女性在第一次世界大战中穿裤子。[271] 战争将土耳其风格裤子从宫廷舞会中拉出来，安排在工作岗位上。现在无论阶级和年龄，裤子已经成了英国女性，无论是谁都能消费的日常服装。摆脱异国风情和上流社会时尚的光环的裤装，成了时尚女性会回避的、带有"工作裤"污名的浅薄的时尚。此后，虽然出现了更具干练风格的裤子，但不再将其称为"土耳其风格服装"。

在英国，土耳其风格的服装成为工作裤的数十年后，在韩国、日本（1938）等，启动战时体制，强制女性穿上"工作裤（**もんぺ**，标准语是工作裤或者日本裤子）"，甚至强迫女生穿的校服也是日本东北地区女性穿的工作服，并且这种工作服也传到了朝鲜半岛。但实际上，其原型是日本男性的工作服"MOMOKI"。MOMOKI 上面宽，小腿越往下越窄，这种形态是 16 世纪从葡萄牙传来的"卡尔桑"（calção 短裤）的变形。今天在韩国成为代表性工作服的"日裤"，随着图案和色彩比以往更加浓厚，似乎有些变化，但很令人好奇，不知道是不是经过了奥斯曼帝国—欧洲—日本，然后进入了韩国。

"工作的裤子"登场

"一战"时期英国的炸弹武器制造工厂里穿着裤子工作的女工们。

1618

400 年前，在温泉里的消费服务

18 世纪消费革命主题的重新探讨

温泉城市巴斯的繁荣与 18 世纪绝对论

> 他们到达巴斯（Bath）了。凯瑟琳非常高兴。随着越来越靠近这既美丽又令人惊奇的地方，她向四周张望着，马车沿着这条路把他们送到旅馆。她为了幸福来到这里，而且她已经感受到幸福了。[272]

简·奥斯丁在《诺桑觉寺》中这样描述了凯瑟琳·莫兰德抵达巴斯的兴奋状态。奥斯丁在 1801 年父亲退休后，与家人一起在巴斯生活了 5 年，与小说中描述的场面不同，她不怎么喜欢这座城市。当时的巴斯是虚荣、虚伪、堕落泛滥的地方，作为最高休养圣地，积累的人气也在慢慢衰退中。

位于英国西南方的巴斯在 18 世纪迎来了最大的繁荣。城市大规模新建，像迁都一样，王族等贵族往来熙熙攘攘。实际上，18 世纪英国社交界的日历由夏天的"巴斯季"和冬天的"伦敦季"组成。伦敦赛季一般是在议会举行的 11 月至次年 5 月，之后便是巴斯赛季。迎来新赛季的伦敦和巴斯以全国性的结婚市场而闻名。

在巴斯的发展中，"4 位改革家"起到了重要作用，被推举为主管社交活动的时尚达人理查德·纳什（Richard Nash），用新古典主义建筑重新装修城市的建筑师约翰·伍德父子，以及企业家兼巴斯市长的拉尔夫·艾伦（Ralph Allen）。巴斯市是模仿罗马时代圆形露天体育场的圆形广场，由华丽的购物中心和公寓组成的半月模样的皇家新月楼，举办舞会的礼堂，为了喝温泉水，聚集了很多人的泉水供应室等漂亮的建筑物，市内到处都是穿着豪华服装的访客。

乔治安时期（Georgian，或乔治时代。在英国，指从乔治一世到乔治四世期间的 1714 年至 1830 年间），巴斯的名声足以证明这样的温泉场是 18 世纪的产物。实际上，英国历史学家主张，前往温泉等度假地的"休闲商业化"发生在 18 世纪。著名的英国历史学家约翰·普拉姆(John H. Plumb)主张 18 世纪英国出现休闲娱乐是证明当时社会经济富饶的指标。[273] 普拉姆的弟子尼尔·麦克肯德里克运用索尔斯坦·凡勃伦的《有闲阶级论》和维尔纳·桑巴特关于奢侈消费的理论，重新构建了 18 世纪英国社会中的社会模仿（social imitation）和竞争性消费的形态。拥有财富的中产阶层为了满足自己增长的欲望，开始模仿过去只有贵族们享受的休闲活动，报纸和杂志的传播助长了这种流行趋势。[274]

但是在 20 世纪 80 年代出现的这些主张，从今天的视角来看，过于偏向于中间阶级神话或公共领域理论（Theory of public sphere）

今天的巴斯全景

　　在巴斯，半月形的皇家新月楼和圆形广场等乔治王朝时代的主要建筑物几乎原封不动地保留了下来。

的感觉。那么在此之前没有温泉吗？假如有一天突然在空旷的原野上建起了建筑物，而看到报纸的人会瞬间蜂拥而至吗？这种主张好像漏掉了点什么。

从朝圣地走向医疗服务市场

据记载，巴斯从公元前开始涌出温泉水，公元 1 世纪占领英国的罗马军队利用温泉水建造了一个美丽的休养设施。今天以近乎完美的面貌保留下来的罗马浴场（Roman Bath）就是其中之一。罗马时代温泉得以完整保存到 19 世纪的原因是一直被埋在地下。中世纪，在温泉所在地建起了修道院。16 世纪初随着修道院遭到破坏，朝拜也被禁止。于是，在中世纪以朝拜为借口暂时从被束缚的土地中摆脱的人们开始寻找可以代替朝拜的旅行理由和场所。这时出现的是文艺复兴医学的一个领域——水疗法，即温泉疗法。过去被称为"圣川"的很多地方都摇身一变成了温泉，英国各地也开始开发温泉。随着温泉的开发，出现了新的服务业，游客成了多种服务的消费者。重要的是，这一变化发生在 16 世纪中叶，而不是 18 世纪。[275]

当时来到温泉的人表面上提出的最大理由是治疗疾病。因此，医疗人员带头开发温泉，这也许是理所当然的事情。当时医疗人员大致分为三类，其中毕业于医科大学并取得资格证的内科医生是最高的身份，其次是经常兼任理发师的外科医生，还有最下面是药剂师、江湖医生或药贩子。内科医生被称为"绅士"，而外科医生则被视为手工业者，药剂

巴斯地区保留下来的罗马时代的公共澡堂

18世纪中期开始挖掘附近的罗马遗址和澡堂，进入19世纪后正式复原。

师则被视为商人。

但在16—17世纪的温泉医疗市场上，他们之间却展开了与社会地位无关的某种自由竞争。17世纪初，巴斯是一个人口仅为2000人的小城市，市里注册的医疗人员有12名内科医生、2名外科医生、2名药剂师、1名产妇和1名接骨师，还有相当多的与医疗相关的从业者。除此之外，如果算上在温泉季节为寻找患者而来到巴斯的正式医生和江湖医生，医疗人员人数就更多了。[276]

虽然内科医生们提供了华丽的简介，还出版了有关治疗方法的专业论文等，表现出了十足的专业性，但他们经常被当地有关系的药剂师或亲自到酒馆以低廉的费用吸引患者的江湖医生挤压。医生们指责药剂师是"卑鄙的江湖人"，并敦促患者们觉醒，认为让他们治疗"无异于给疯子一把刀"。[277]不仅如此，医生们甚至争相出版宣传册，主张"安全的药品如果落入江湖医生之手，就会成为杀人武器，而不是治疗剂"。[278]但患者们反而利用医疗人员之间的竞争，对温泉疗法所需的费用或治疗时间等进行讨价还价，做出更多的选择。

讲究的水疗法

温泉疗法一般进行三到六个月。内科医生们不仅考虑到治疗目的，还考虑到收益性，设计出了复杂的治疗方法。共同的特点是在正式开始治疗之前强调准备阶段的"净化"。净化是使用药剂，泻血、呕吐、灌肠等方法来清空身体。内科医生们主张，正确的净化要考虑患者的血色、状态、年龄、疾病、饮食习惯，还要考虑患者的居住地区和气候，还要根据天文学，特别是要配合月亮的状态开处方。[279]医生们大都和医院一起经营住宿旅馆，以延长治疗时间，在经济上获得利益。

温泉水的使用大致分为外用和内用。外用是将身体泡在浴缸或宽敞的浴池里，伤口直接淋水，或由两个辅助人一左一右反复倒水的方法等。

接受干式真空泵（dry pump）处方的患者在没有浴池的情况下，在只设置泵的房间里，使疼痛部位持续被水浸泡。[280] 有的患者能收到一天多达 1800 次水疗的处方。[281] 内容一般是喝矿泉水，医生给出了非常详细的处方，如"每 4 小时喝 3 品脱，不要喝得太急，也不要喝得太慢"。令人惊讶的是，直到十七世纪末，人们才引进了用特殊的管道提取食用矿泉水的技术，在此之前，人们喝浸泡自己身体的水。[282]

在水疗法内容中，也有利用注射器向子宫或尿道注入矿泉水的方法。水中还混合了药剂，当时最广泛使用的药剂是盐。因为医生们认为盐有

《治疗麻痹症和风湿症、皮肤病患者的最佳内科医生奥利弗和外科医生皮尔斯》，
威廉·霍尔，1761 年

在巴斯地区设立的皇家矿泉水医院里，不仅是外科疾病，内科疾病也利用温泉水进行治疗。

助于排出体内堆积的毒素。在浴池里泡澡的治疗中，经常在温泉水里加入泥土、葡萄酒、油、辣椒、牛奶等。另外，还对麻风病患者开了一个处方，要求患者在掺有"血"的温泉水中洗澡。[283] 患者中也有因长时间泡在浴池里而晕倒的情况，为了防止这种情况发生，中间还开了零食处方。在葡萄酒中加入白糖和香草煮制的糖浆，还有茴香草果实、橙子片、香橼皮蜜饯或是具芒碎米莎草、生姜、金佛草或长生草根制成的果脯饼干等。

有趣的是，当时医生推荐的零食中还包括香烟。在 17 世纪的欧洲，香烟被当作药品使用，经常被称为灵丹妙药。因此，在温泉周围还设置了吸烟室。内科医生对患者们说："喝矿泉水后吸烟有助于治疗。特别是吸入浓烟后放入嘴里一段时间后再吐出来效果会更好。"他们还向患者详细介绍了吸烟方法。[284]

温泉城市出现的新型服务

巴斯（Bath，即"浴池"）有好几个公共温泉池。有国王巴斯（King's Bath）、皇后巴斯（Queen's Bath）、交叉巴斯（Cross Bath）、热巴斯（Hot Bath），还有隔离收容麻风病患者的麻风病人浴池（Lepers Bath）和城门外为病马准备的专用浴池（Horse Bath）。温泉根据身份不同，门票价格也不同，随着时间的推移，出现了穷人可以免费享用的"穷人的浴池"（Poor Man's Bath）。这座新浴池可以看作是博爱主义的产物，但其实也是为了隔离没有购买力的贫民、维持营业场所水平的策略，这

巴斯的公共温泉池

在巴斯有国王巴斯、皇后巴斯、交叉巴斯、热巴斯，还有隔离收容麻风患者的麻风病人浴池等多种公共温泉池。根据身份不同，门票价格也不同。

一策略还引发了不小的争议。

大部分浴池里都出现了收入丰厚的新型服务行业。最常见的职业是被称为温泉的向导员。"SPA 或 Spaw"一词起源于当时在欧洲很有名的比利时温泉城市 SPA，在英国被用作代表温泉的一般名词。Spa-woman 以来到温泉的客人为对象出售温泉水或介绍住处，这些女士在浴池做一些帮助换衣服或舀水等辅助性的工作，有固定的服务费，小费另算。

巴斯市通过市议会的会议，任命了在浴池附近工作的管理长（Sergeant of Bath）。17 世纪后期访问巴斯的旅行家西利亚·菲尼斯（Celia Fiennes）对管理上的业务进行了如下描述：

> 各浴池都有管理员，在顾客洗澡期间巡视走廊，监督是否遵守秩序，并对无礼者进行处罚。如果顾客告知他们是地位高的人，那

么管理人员就会特别留心他们。每天早上会假装认识一样和他们打招呼，所以温泉季结束后管理员会得到适当的酬劳。[285]

　　17世纪，在巴斯被提拔为管理人员和向导是非常棘手的事情。他们必须与市府的权威人士保持良好的关系，平时的表现也是决定当选与否的重要因素。1663年导游沃尔特·波因辱骂医生而被解雇[286]，还有因酗酒、不亲切、无故缺勤等被解雇的向导。[287]巴斯市全权负责对管理员和向导员的雇用和解雇工作，甚至还负责解决顾客对他们提出的不满。当时在市议会的议事录中，巴斯市民高喊着要工作，或告发别人的

椅子形轿子

　　17世纪30年代首次引进的轿车椅子，到了17世纪末，巴斯市发行的轿子许可证就超过了60个，是温泉城市的主要交通工具。

不正当行为，甚至出现在会议现场辱骂的事情，都一一记录在册。

随着巴斯市发展成为温泉城市，出现了职业种类的分化。例如，只负责抽水泵的司泵员、从湿滑的浴池里出来时将干布铺在地板上的人等，都是从向导员独立出来，成了新的职业群体。他们中的一部分人向市政府缴纳占用费，得到了该职务后，便收取大量额外金钱，并重新租赁该职位。音乐家也是重要的职业之一。从客人们的欢迎活动开始，餐厅、浴池周围不断播放音乐，并收取小费。载客的轿夫也是重要的服务业人员。17世纪30年代首次使用了被称为轿车的椅子形轿子，到了17世纪末，巴斯市发行的轿子许可证就超过了60件。

住宿业的竞争

在英国，住宿业的发展与宗教改革有很深的关系。宗教改革之前，修道院等宗教机构向旅行者提供住宿设施，但随着宗教改革，修道院解体，住宿业开始向世俗领域转移。随着蜂拥而至的访客不断到访巴斯市，能容纳这些来访者的住宿设施也不断发展，出现了住宿业者掌握市政的现象。住宿业以浴池为中心发展，业主之间纷争不断。最大的问题是围绕从宿舍直接连接浴池的"slip"或被称为"门"的个人通道展开的攻防战。住宿业者为了保护身份高的顾客的隐私，拼命地确保这种通道安全。

从16世纪末开始，巴斯的几个实力雄厚的家族不仅垄断了通道，还试图非法连接通往国王巴斯的个人通道。对此感到愤怒的市民们击碎

可以从浴池直接移动到住宿处的裙带入口

住宿业者为了确保有利于吸引顾客和保护他们的隐私而展开了激烈的竞争。

了围墙，引发了暴动。在这种情况下，甚至还出现了非法抽取温泉池的水，在住宿楼内搭建私人温泉池的业主。巴斯市民强烈反对，最终市政府下令强制拆除管道。这场骚乱最终传入了伊丽莎白女王的耳朵里，1598 年枢密院下令维持私家浴池。[288] 比起巴斯市民主张的平等权利，这是为了首先考虑到访问巴斯的贵族们的便利性而做出的决定。

体育和其他快乐

温泉水疗法中还包括了运动的重要部分。理由是"运动可以促进呼吸顺畅地排出，刺激体内固有的热气，帮助消化矿泉水"。[289] 医生们正式开出了打球、玩纸牌、打保龄球、骑马、猎鹰和散步、坐马车等处方，这些处方成了将温泉浴场发展为体育和休闲中心的人们的理论依据。在温泉浴场最受欢迎的体育项目是打保龄球。在广阔的草坪上白天举行保龄球比赛，晚上举行舞会。为了进行这样的活动，需要很多服务人员，无论是辅助教授运动，教舞蹈的工作人员，还是活动结束后负责整理的人员。

但实际上，温泉浴场真正的"体育"是赌博。访客们在宿舍、酒吧、彩票店，甚至在浴池里泡着的时候开展赌博活动。抽奖店、彩票店生意兴隆，赌博已成家常便饭。温泉吸引了被称为"时代的宠儿"的专业赌博公司。他们经常"一边口袋里装着卡""另一边口袋里装着假骰子"到处游走。[290] 比赌博更严重的是温泉浴场已经享有了"休养地"的美誉。[291] 公共浴池本身就是一个破格性的场所，因此无论以何种形式都有可能带来性挑衅的危险。在此基础上，只要下定决心，无论是男性还是女性，都可以轻松地买到快乐的对象。如果宫城在温泉季节迁徙，城市的性工作者也会一起迁徙。[292]

> 水只是水。创造后代不是矿物质，而是要有其他的东西……这个矿泉水能改变不孕或令人厌恶的婚姻生活吗？对老寡妇或年轻姑娘来说，有着强壮的下巴和一级腰身的绅士应该能帮上忙。[293]

因为这种氛围，在温泉浴场甚至是有名望的医疗人员也被怀疑是臭名昭著的老鸨。"泡温泉"此后成了隐语。[294]

《游戏桌旁的帅气内侍》，Charles Oxtabius Light，年度不详

作为温泉治疗中的一环，建议进行"体育运动"，但访客们经常通过赌博及其他娱乐消磨时间。

温泉水疗法被宣传有治疗不孕的效果，但是在 17 世纪的英国已经有很多人开始怀疑，治疗不孕的不是温泉疗法，而是其他原因。

伦敦市中心建造的人工温泉场

巴斯已经在 17 世纪奠定了作为度假胜地的地位。无法进入该市场或被竞争排挤在外的医生们在大城市伦敦市中心建造了人工温泉场。1679年建成皇家浴室（The Royal Bagnio），1683年建成公爵浴室（The Duke's Bagnio）。"班尼奥（Bagnio）"一词来源于意大利语"Bagno"，当时在英国被称为澡堂。伦敦的温泉厂家制作了人工调配的矿泉水，排除了水中的污染物或各种异物，宣传其水质比天然温泉水好得多。不仅如此，还强调无需到很远的温泉浴场旅行，无论任何季节都可以随时使用的便利性。

人工温泉浴场在国王和贵族们的支持下提高了地位，同时为了方便顾客，还雇用了包括常驻医生在内的按摩师和很多仆人。这里从顾客入场到退场为止，提供了多种服务。为了能在浴池入口处测量体重，还配备了相应的设施，并提供了个人浴衣和沐浴用品。此外，还布置了用雕刻和喷泉装饰的冷水池、热水池、水蒸气室、按摩室、美容室、运动室、休息室等，配套建筑内还开设了咖啡屋。除此之外，为了确保女性顾客和儿童的安全使用，还规定了"女性专用日"和"儿童日"等。

17世纪巴斯的发展和人工温泉浴场的开设，成了重新讨论消费革命主题的重要依据。18世纪由于积累财富的中间阶级的自信感和公论场的扩大，产生了对消费的需求，并引发了消费革命。如上述例子所示，早在16—17世纪，以温泉浴场为中心提供了多种服务，人们也积极消费这些服务。这种变化的原因是宗教改革带来的整个社会的世俗化。由此看来，服务领域的消费革命，比批量生产和批量消费更早开始发展起来，这难道不是引领真正消费革命的"火车头"作用吗？

LONDON
TIME

新奇商品成堆的壮观场面

水晶宫博览会和消费者的诞生

首届世界博览会

　　虽然并不为人所知，但世界博览会的所有事情都始于亨利·克勒（Henry Cole）。从 15 岁开始，在公共记录管理领域开始了公务员生活的克勒，是一名具有革新观点和创意性的人。在 1840 年为了能让更广泛的阶层使用邮政制度，他策划了 1 便士的邮政服务。1843 年他推出了第一张圣诞贺卡。可以说，他是当今世界备受喜爱的圣诞贺卡之父。公务员兼发明家的克勒特别关注产业设计。维多利亚女王的丈夫阿尔伯特亲王担任英国皇家艺术协会、制造业和商会会长，克勒协助阿尔伯特亲王于 1847 年举办了产业艺术博览会。1849 年法国举办了工业博览会，访问该地的克勒认为英国应该出面，以更大的国际规模举办这样的博览会。克勒说服了包括阿尔伯特亲王在内的多位权威人士，不久便决定举办世界博览会。举办日期定在 1851 年 5 月 1 日。虽距离这个日期只剩

产业设计先驱者

由亨利·克勒（左）提议，约翰·卡尔科特·霍斯利（John Callcott Horsley，1817—1903 年）于 1843 年设计的世界首张圣诞贺卡（右）。

下不到十六个月的时间，那时人们无论怎么看这个计划都像是个鲁莽的计划。

第一个举办工业博览会的国家不是英国，而是法国。在法国大革命的胜利感尚未消失的 1798 年，在巴黎举办了首次工业博览会后，又多次举办了类似的活动。在此过程中，已经有人提议在 1834 年举行万国工业博览会。但法国的政府和工商业者不仅没有对此表示欢迎，反而表示反对。这是因为担心在产业技术方面，比法国更先进的英国工业产品，有可能利用此次博览会渗透到法国。[295] 换句话说，能够举办如此大规模工业博览会的国家只有英国。因此，从英国的立场来看，当然希望利用博览会，让世界认识到本国发达的工业水平。是时候举办历史上最大的博览会了，于是被官方命名为"世界工业博览会"，最终被称为"世界博览会"在英国召开，并取得了巨大的成功。

巨大的闪光空间，水晶宫

　　决定举办第一届世界博览会后，博览会推进委员会忙得不可开交。从收集世界各地的参展物品开始，到聘用负责主持的人员、进行宣传等，要做的事情堆积如山。但是反对博览会的意见也不容小觑。特别是海德公园被定为展示场用地后，反对的声音更加强烈。反对者们声称海德公园的许多珍稀树种将因博览会的工程而灭绝。另一方面，医生们担心，外国参加者或游客会带来传染病，将严重威胁英国人的健康。神职人员也站出来警告说："人类傲慢想法的工业博览会最终会招来神的愤怒。"与此同时，英国的生产企业者们指责主办方说，通过博览会将进口廉价的外国商品，这样的后果可能会导致国内工业崩溃。[296]

　　但是主办方目前面临的最大问题是建设博览会会场。随着时间的流逝，在此期间共提交了245份建筑提案书，但大部分都是短期内无法完工的计划书。在这种情况下，作为园丁出身，曾建造过巨大温室的约瑟夫·帕克斯顿（Joseph Paxton）提出了奇思妙想。要把巨大的展示会场变成一个温室，最后这个提案意外被通过了。

　　帕克斯顿设计的博览会会场打破了围绕建筑的所有框架。首先，构建建筑物的主要材料不是石头、砖头，而是钢结构、玻璃和木头。他首先将嵌入玻璃的钢架制作成标准型零件，以相互组装的方式建造了巨大的铁制建筑。为了填满这座大建筑物的墙面，需要当时英国生产的全部

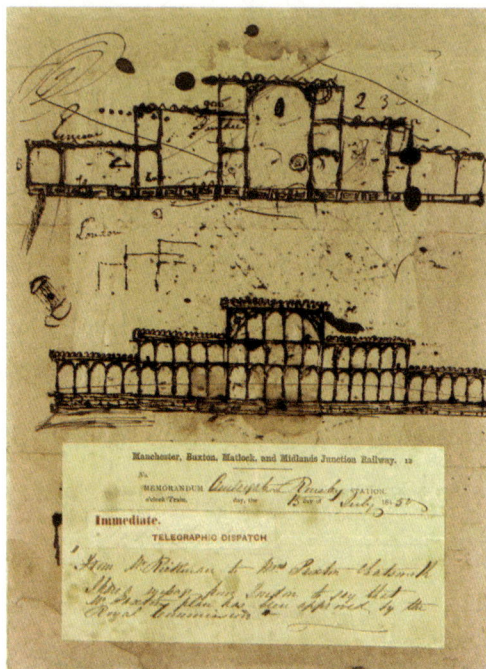

玻璃的三分之一。工程开工之际，正好研发出了可以制造大型玻璃的平板玻璃技术。再加上从 1696 年开始征收的被称为"阳光税金"的英国"窗户税"被废除，制作费减少了一半以上。从开工到完工仅用了 35 周的时间。为了博览会的顺利举办，决定将博览会会场的长度定为 1851 英尺（约 564米）。高度也定的非常高，中央部高达 110 英尺（约 33.5 米），工程初期曾引发伐木争议的海德公园的榆树等绿化树也得以保存。[297]

　　阳光透过墙壁和屋顶的巨大窗户照射进来，这个辉煌的空间本身，就是一个巨大壮观的景象。《重击》的专栏作家道格拉斯·杰罗尔德（Douglas William Jerrold，1803—1857 年）在建筑物竣工之前只看过鸟瞰图，就把那里称为"水晶宫"。[298] 此后，世界上第一次国际工业博览会经常被称为"水晶宫"国际工业博览会。

1850 年约瑟夫·帕克斯顿提交的
博览会设计草图原件

第一届世界博览会展示馆的结构

仅用装配式钢架和玻璃为主体建造的展馆，一举颠覆了传统的空间概念。

世界博览会展示馆的内部

为举办世界博览会，将建筑长度设计为 1851 英尺，中央部分设计为 110 英尺高的展馆，整座馆规模巨大，可以保存海德公园的榆树等绿化树。

成堆的展示商品

水晶宫内部向西展示了英国的商品，向东展示了来自海外 32 个国家的商品。展品大致分为原材料、机械、工业产品、造型美术四个部分，在英国版块中占据原材料领域中心的是"产业革命"的基础煤炭。不仅如此，带来日常生活革新的商品也很多。展览展示了 19 世纪 20 年代去北极探险时带去的羊肉罐头，在 25 年后发现它时，还保持着原来的状态。真是技术伟大的商品。除此之外，还有很多惊人的产品。蒸汽锤和离心泵、机床模型和全新印刷机、具有闹钟功能的手表、人工牙齿和淋浴器、可用于短剑的雨伞、膨胀乳房的装置、贴在受损鼻子上的假体等，约十万件物品展示在 140,000 个货架上。据《泰晤士报》报道，参观完所有展品需要花 200 个小时。当时，展厅里充斥着超乎人们想象力的各种发明和商品，简直是一派壮观景象。[299]

东侧的英国展室以百科全书的方式进行了比较井然有序的陈列，而外国产品的陈列室则看起来像是"杂乱无章的旧东西"或"充其量是英国商品变形后的复制品"。[300] 在英国最强劲的对手法国展厅里，吸引人们视线的物品只有法国制造的缝纫机、照相机和计算器。另外，纽芬兰的展示空间除了鱼肝油以外，没有能填充货架的东西，因此这里作为困在人流中的人们可以在此作为暂时休息的闲适空间而备受瞩目。但更无奈的是美国展厅。美国认为参加博览会的费用是负担，因此要求英国政府提供资金援助，但是屡遭拒绝，几经波折后，旅居伦

一个能够确认工业革命成果的机械部门展馆

英国馆是参展国中规模最大的展览馆

参观位于海德公园的水晶宫博览会的参观者们

　　此前被排除在消费领域之外的资产阶级和工人阶级，通过博览会体验到了壮观的商品世界后，成了"消费者"的新团体。

敦的美国实业家乔治·皮博迪（George Peabody）承担了费用，才使美国得以勉强参加。但是因为分配了太大的空间，所以为了填满那个地方费尽了心思。英国媒体甚至对美国馆嘲讽道："只有几个红酒杯、肥皂堆和盐仓。"[301]

后来，为了填满空旷的空间，美国馆足足放置了6000个化石，出乎人们的意料，成了吸引众多英国游客视线的场所。最引人注目的是美国伊莱尔斯·豪于1845年发明的两台小缝纫机。两名少女坐在缝纫机前亲自演示，当时是一分钟600缝线，以惊人的速度缝制的针线活，令人惊叹。[302]不仅如此，弗吉尼亚州的铁匠赛勒斯·麦考密克（Cyrus McCormick）参展的谷物收获机足足能完成40名工作人员的工作。人们不相信这一点，最终美方参展商将机器拖到伦敦附近的农场进行示范。更令人惊讶的是塞莫尔·柯尔特（Samuel Colt）制造的左轮手枪，这是一种即使没有接受过特别训练也能快速连发射击的可怕武器。特别是英国人对这支手枪是由可交换的零件组合而成的事实，叹为观止，此后这种制造方法被称为"美国制造"。

超级博览会的参观者们

持续5个半月的世界博览会吸引了超过伦敦人口三倍的600万名观众。英国各地有许多人快马加鞭地奔向"水晶宫"。教区的牧师们带领穿着朴素的农夫们前往伦敦，也有不少人带着家人或工作人员来到伦敦参观。住在英国西南端的康沃尔（Cornwall）彭赞斯（Penzance）的85

岁捕鱼女玛丽·卡利内克（Mary Callinack）下定决心要参观"世界博览会"后便离开了家。卡利内克经常徒步走到附近的城市，她认为伦敦也不会比其他城市远，于是开始步行去伦敦。

但实际上，彭赞斯距离伦敦足足有 270 英里（约 435 千米），因此卡利内克徒步旅行持续了 1 个多月。这一事实很快被媒体曝光，当她来到水晶宫附近时，数百人都热烈欢迎。维多利亚女王亲自邀请卡利内克，并鼓励她，称她为"英国最著名的女性"。她在伦敦住了五天左右，又步行回家了。

卡利内克是个非常罕见的例外，实际上其他人都是乘坐火车到达博览会的。1830 年英国正式启用第一条商业铁路后，铁路网在英国

从康沃尔走了一个多月到达伦敦，观看完博览会后回家的卡利内克（左）

1851 年，托马斯库克推出的世界博览会火车旅行广告海报（右）

全境就像渔网一样延伸，成为保证水晶宫博览会票房的一等功臣。当时铁路公司与船舶公司存在竞争关系，为了吸引博览会参观者，大幅降低了费用。博览会对 1841 年世界上最早利用火车开展团体旅游事业的托马斯·库克（Thomas Cook）来说，如同上天赐予的机会一样。作为禁酒运动家，站在工人启蒙前沿的库克相信，如果底层技术人员在博览会上亲眼确认发达的技术，将会受到技术提高的刺激。成功举办"参观博览会团体旅行"的库克，在 1855 年巴黎世界博览会召开后，立即推出了"巴黎博览会团体旅行"项目。这成为"环球旅行"等全球海外旅游事业的出发点。

博览会的门票算是比较贵的。参加开幕式和可以重复入场的月票价格相当于当时工人一个月的工资。主办方为了吸引更多的参观者，分阶段调整了收费标准。从开会之日起的两天里，是最贵的 1 英镑，之后的两个月期间是 5 先令，之后从周一到周四的周中门票价格是 1 先令。[303]低廉的门票价格得到了大众的热烈响应，75% 的参观者用 1 先令的门票参观了博览会。根据记录，游客最多的日子的 1851 年 10 月 7 日，几乎有 11 万人入场，某一瞬间展馆内足足有多达 92,000 人一起入场参观。这是单日入场人数最多的一次。[304]

英国历史上第一次有这么多人，而且很多阶层的人聚集在一个空间里。因此，也有人担心博览会将成为巨大的骚乱或暴乱的现场。19 世纪 30 年代阶层之间的反目和对立仍很严重。举办博览会那年，亨利·梅休（1812—1887）出版的著名著作《伦敦劳工与伦敦贫民》中写到伦敦大部分工人是暴力、极端的无产阶级。但是，即使是被称为"极端无产阶级"的人，似乎也非常喜欢这个"世界博览会"。600 万名入场参观者中，因违法行为被拘留的只有25人，他们犯的都属于小偷等轻罪。没有反抗阶级歧视的倾向，也没有出现革命性的口号。[305]

群众、观众、消费者

大型博览会之所以能够成功，是因为19世纪50年代的英国正处在繁荣时期。通过产业化和海外殖民地掠夺获得的富饶开始逐渐渗透到社会底层。劳动时间缩短、工资上涨等，使劳动阶级的情况得到改善。随着19世纪三四十年代通过宪章运动等表达的社会不满逐渐平息，无论是物质上还是心理上，都迎来了更加悠闲的时期。来到水晶宫的工人们不再是一个试图通过集体行动寻找权利的危险群众团体。他们是前来参观堆积如山的商品盛况的观众。

但是，该历史上的博览会并不是只提供吸引参观者的看点。组织委员会从最初的企划阶段开始，就想批量生产今后过剩的英国商品的"消费者"。而且主要目标仍然是坚信节俭和劳动美德的中间阶级及底层阶级。尽管工业化取得了进展，但在19世纪中期以前，工人阶级甚至新崛起的资产阶级在日益华丽的消费领域还是处于被边缘化。对于从未经历过如此特别的消费品的人来说，博览会应该成为一种新的教育和经验场所。[306] 为了吸引这个占人口大多数的"犹豫不决的消费者"，主办方推出了1先令的门票并提出"如果光荣的商品没有被交易，社会就不可能存在"的座右铭。[307]

充满商品的水晶宫是巨大的博物馆和市场。甚至让人觉得是一个非常不现实的新物质世界。虽然这是在自己生活的国家展开的，但这却是生平第一次看到的东西和从地球很远的地方运来的各种神奇的商品的集合地。其庞大的种类和规模与商品各自不同的用途，对站在商品面前的人们来说，本身就是"新的近代符号"。虽然参观时间不同，但在水晶宫里，从王族到工人都能亲眼看到同样的商品。正如历史学家托马斯·理查兹（Thomas Richards）所说，他的经验是"虽然不能说清楚，但是承诺这些珍贵而高级的东西似乎总有一天会平等地掌握在每个人的手中"。[308] 这是各个阶层中的人以"消费者"这个新的集体诞生的瞬间。

电视购物的起源

商品目录购物和欲望的平等化

1845 年在美国首次登场的商品目录

如果被问到"蓝皮书是什么"时，每个人都会给出不同的回答。美国学生会想起考试期间随身携带的天蓝色封面的笔记本。因为在美国大学，参加随笔考试的答卷被称为"蓝皮书"。但是对于在法学院就读的学生们来说，"蓝皮书"是一个光听就能让人头疼的单词。对他们来说，蓝皮书是法律著作中引用判例时必须遵守的标准格式指南，是律师必须熟知的各种苛刻的引用方法。对英国人来说，"蓝皮书"意味着政府层面的正式报告书，源于 15 世纪，那时将议会或枢密院的会议记录用蓝色标识捆绑在一起。

但是，如果是喜欢宝石的人听到"蓝皮书"时，也许会露出微笑，因为这是知名珠宝腕表品牌，以钻石著称的公司蒂芙尼每年发行的高级目录。以电影《蒂芙尼的早餐》而为人熟知的蒂芙尼公司，是从儿时就

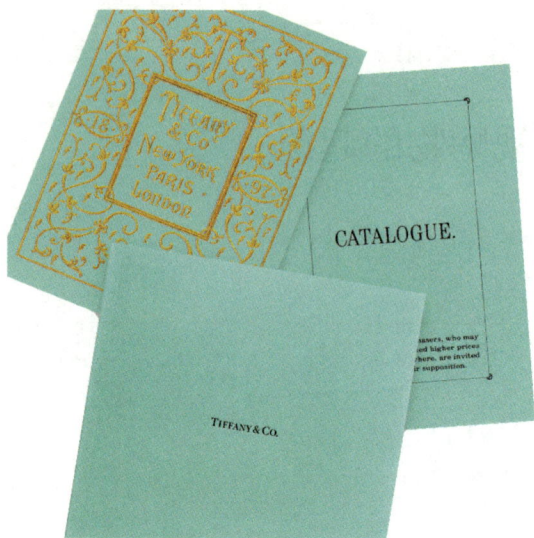

蒂芙尼公司自 1845
年首次在美国发行目录
"蓝皮书"（左上）后，
至今仍在发行蓝色封面
的目录。

是朋友的查尔斯·蒂芙尼（Charles Lewis Tiffany）和约翰·伯内特·杨
（John Burnett Young）于 1837 年在纽约首次建立的 "Tiffany, Young
and Ellis" 公司。公司最初是销售文具类、一些花哨商品和古董的商店，
1845 年在美国首次制作并发放了邮政订单目录。目录的封面是与婚礼
相关的用深邃的罗宾鸟蛋的独特蓝色装饰而成。作为蒂芙尼象征的独特
蓝色被称为"蒂芙尼蓝色"，目录也被命名为"蓝皮书"。

商品目录的起源

虽然在美国是 1845 年首次出现，但实际上商品目录的历史可以追
溯到文艺复兴时期。1498 年，威尼斯著名出版商阿尔杜斯·马努提乌
斯制作并分发了自己出版的书的目录，这可能是西方历史上最早的商品

目录。威尼斯是当时欧洲很例外的能保留言论和出版自由的地方，出版业非常发达，可以印刷各种禁书。[309] 曾是出版奇才的马努提乌斯不仅开发了像斜体字一样的新的活字体和版型，还通过普及文库版、发明缩略语或标记符号等引领了印刷业的革新。马努提乌斯创办的出版社阿尔迪内（Aldine）也是最早引进标志的出版社。海豚缠绕着锚的标志意味着代表速度的海豚和代表停止的锚相结合，意味着有节制的前进。在各种革新中出现的新发明正是商品目录。

但是在消费的历史上，商品目录购物取得辉煌的发展，是在邮政制度充分完善之后。因为目录购物基本上是通过邮件订购进行的。邮政制度在铁路等交通工具的发展下得到进一步完善。

随着 1840 年英国实行"便士邮政"（一便士邮政制），人们可以毫无负担地通过邮政方式购买物品。美国于 1896 年引入了"乡村地区免费邮递"制度，包裹可以送到生活在偏远地区的农民家里。在此之前，因为要亲自到很远的邮局领取包裹，所以不仅需要花费很长的时间，还要追加交通费，不仅如此还要承受物品可能破损的危险。但是，得益于新的邮政制度，通过目录购物变得更加轻松容易。在欧洲第一个通过邮政订单目录取得事业上巨大成功的案例，就出现在偏远地区的英国威尔士，与这种情况不无关系。

威尔士出身的普莱斯·琼斯经营一间小的布匹店，看到小区有铁路进入，萌生了邮寄货物的想法。1861 年，他制作了目录，然后在自己生活的县城里到处分发，之后便开始了通过邮政发送物品的革新性营销。随着订购量的增加，他所经手的物品种类也变得多样化。不止于此，普莱斯·琼斯还通过开发新商品，成功吸引了全英国的顾客。最大的热门

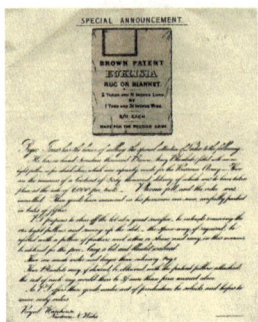

普莱斯·琼斯邮购业务

1877 年欧克利西亚地毯销售的特别公告（左）。

事业版图扩大后，普莱斯·琼斯于 1879 年在新城中心新建了建筑物，挂上了"普莱斯·琼斯皇家威尔士卫士之家（Pryce Jones-Royal Welsh Warehouse）"的招牌。该建筑到 2011 年为止一直作为邮政订购营业厅运营（右）。

单品是被称为"欧克利西亚地毯"的便携式床上用品，是将枕头、被子、垫子结合在一起的世界上的首个睡袋。维多利亚女王和弗洛伦斯·南丁格尔也曾是他的顾客，人气非常高，他的商品也被配送到当时英国很多殖民地。有学者说："在代表维多利亚时代富足的东西中，没有比邮政订单更具代表性的了。"[310]

百货商店的登场

商品目录购物的出现与百货商店的发展有很大关系。1796 年，被称为"鼻祖"的百货商店就出现在英国：在伦敦被称为时尚中心街的蓓尔美尔街（Pall Mall）建立的哈德逊百货商店。这家大商店分成四个区域，经营皮草、风扇、珠宝、手表、男装和帽子等杂货。这家商店因为拥有能够满足对时尚敏感的女性们喜好的高级物品，而大受欢迎。而且，在没有男性或仆人陪伴的情况下，女性可以在这个安全的空间里自由地购物，因此具有非常重大的意义。

但是，通常被称为百货商店鼻祖的地方是指法国巴黎的乐蓬马歇百货公司。1852 年建立的乐蓬马歇百货公司开始采用明码标价制、保障商品交换和退货等近代销售制度，这在消费的历史上占有重要地位。乐蓬马歇开业后，法国各地都建起了百货商店，其他国家也开始出现类似的大型商店。1858 年，梅西百货公司在美国纽约曼哈顿开业，此后仅纽约就陆续出现了罗德与泰勒、亨利·本德尔、波道夫·古德曼等高级

巴黎乐蓬马歇百货大楼 1852 年开业

大而华丽的室内空间，拥有多种商品的百货店，给顾客们提供了前所未有的消费体验。

百货公司。1861 年从费城开的一家男装商店开始，以创立者名字命名的沃纳梅克百货公司，在美国各地传开。

百货商店史无前例地把大型室内空间装饰成了豪华的环境，其本身就是一个巨大的舞台。店员们在亲切服务的同时，也是这个舞台的优雅主人。上流阶层认为这种大型商店也是社交的场所。[311] 普通人为了去百货商店会特意打扮，尽量遵守礼仪认真地购物。百货商店成为大众实现资产阶级欲望的空间，把以前从未在同一个空间做同样行为的不同阶层聚集在一起。这个新的近代消费空间，使到那里的人的社会经济地位明朗化，从而给消费赋予了社会意义。[312]

商品的新展示

从商品的销售和购买的角度来看，百货商店是带来巨大变革的空间。以前进入商店后，只要说出需要的商品，店员就会到卖场后面的房间帮你找商品。但是百货商店里的商品都是一次性陈列在一起，顾客们可以直接察看并比较这些商品。[313] 从商品的周转率来看，百货商店的周转率要比零售店快得多。一年两次从制造商那里囤货出售的中小城市的商店，现在不得不按照百货商店的销售方式进行销售。即使是少量的物品，他们也开始努力销售新产品或刚生产出的商品。

不仅如此。在百货商店，可掌握更多的商品信息，商品能吸引多少顾客才是销售的重要变数。也就是说，过去没有太在意商品的陈列方式，而现在商品陈列的水平变得非常重要。约翰·沃纳梅克百货的

百货商店的商品展示

　　20世纪初巴黎百货商店"老佛爷百货商店"的帽子卖场（上）和皮鞋卖场（下）。

　　在百货商店，顾客们可以相互比较陈列的商品或直接试穿，然后购买自己喜欢的物品。

创始人，被称为"营销先驱"的约翰·沃纳梅克这样提及商品陈列的
必要性：

> 因为在博物馆里，再好的东西看起来都像是废物，对展示陈列
> 没有任何想法，也没有努力。同样的，如果女性以在画廊挂画的方
> 式穿上高级服装，肯定会被嘲笑的。[314]

百货商店商品目录

百货商店实际上只是为少数城市居民提供的空间，因此在吸引顾
客方面存在明显的局限性。而现在百货商店制作了商品目录，并发放
给了不能直接看到商品展示柜的顾客。将商品摆放好，吸引顾客视线
的卖场管理原则也适用于目录中。目录作为百货商店的代替品，在版
面上体现出了货架上的漂亮陈列。19 世纪中叶初创时期，百货商店目
录中并没有刊登太多的商品，描绘商品的图片也像时尚杂志的插图一
样简单。[315]

到了 19 世纪 80 年代，百货商店的商品目录开始介绍更多的商品。
起初，很多百货商店将纺织品视为主要商品，但到了 19 世纪 60 年代，
随着家具、地毯、杂货等商品种类不断增加，此后中国产陶瓷或日本产
贝壳等进口商品也陆续登场。随着时间的推移，还出现了专门经营几种
商品的特别目录。婴儿车、自行车、厨房用品和高级食材等是主要项目。
19 世纪末，乐蓬马歇百货公司仅在冬季就制作了超过 150 万册的目录。

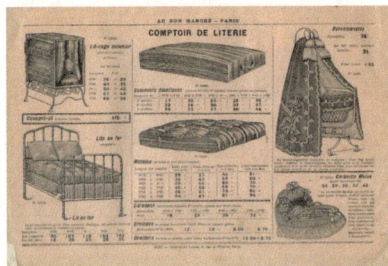

百货商店的商品目录

1901 年至 1902 年乐蓬马歇百货商店名录（左）和用多种颜色印刷制作的 1917 年加拿大伊顿百货商店名录（右）。

其中有 26 万份是为意大利、德国、瑞士等地的顾客制作的，还被送达远在伊斯坦布尔或开罗的顾客手里。[316]

　　密密麻麻、井然有序的目录版面就像一张墙纸。随着多色印刷技术的发展，目录的封面也变得华丽起来，形形色色，甚至闪闪发光，仿佛是在看艺术作品。[317] 不能去百货商店的人们经常看着百货商店的代替品和制作的目录，来排解购物欲望。但有趣的是，出现了从通过目录进行邮政订购开始，到后来通过百货商店销售发展事业的事例。到 1989 年为止，一直占据美国零售业销售额第一位的美国西尔斯公司（以下简称西尔斯）就是其中的例子。

西尔斯商品目录

　　西尔斯公司的创始人理查德·沃伦·希尔斯（Richard Warren Sears）原本是位于明尼苏达小镇铁路货运的工作人员。因为车站工作人员的工作很悠闲，所以他可以开展以小区居民为对象，销售木材和煤炭的副业。1886年的某一天，芝加哥一家珠宝商利用铁路配送手表，但决定收购手表的社区珠宝商却拒绝收货。西尔斯看到手表后决定自己代购并出售。从这笔生意中尝到甜头的西尔斯干脆决定通过邮购方式出售手表，并成立公司正式投入事业。

　　西尔斯在生意兴隆后，时隔一年搬到了芝加哥。因为当时芝加哥是通往美国中西部的铁路的始发地，是物流中心。事实上，西尔斯深知中西部大平原的偏远村庄的农民在购买商品时会遇到什么困难。村里的商店垄断了乡村商圈，以原价两倍的价格出售经由铁路配送的货物。他觉得，如果自己降低中间商获取的暴利来销售商品，自然而然就会吸引大批购买者。而他在销售商品的同时，到处打着"又能在西尔斯购物，又能省钱"的旗号。[318]

　　初期在西尔斯公司的目录中只销售手表和宝石。1895年在多达532页的目录中介绍了数千种商品，事业规模不断扩大。从鞋子到女装、钓鱼工具、家具、乐器、厨房用品，再到马车，几乎销售日常生活所需的所有物品。西尔斯公司的产品目录有的是无偿发放，有的是以25至50美分的价格出售。1897年西尔斯公司的产品目录首次出现了彩色版面，

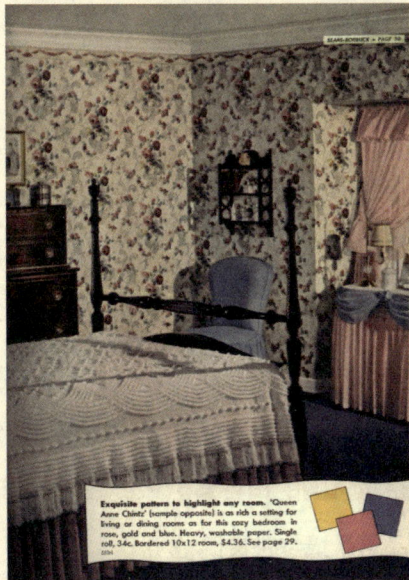

西尔斯公司的商品目录

　　西尔斯公司出售了从鞋到女装、乐器、厨房用品、马车等日常生活所需的所有用品。从 1905 年开始通过邮政订购方式销售汽车，并在目录中附上实际壁纸和男装面料。上图为西尔斯公司的 1905 年、1912 年、1946 年目录（顺时针方向）。

当时用色彩宣传的商品是黑色、红色、棕色的皮鞋。从中可以看出对于当时中西部地区的农民来说，皮鞋是多么重要的东西。

1905 年以后的目录附上了实际壁纸和男装面料的样品，也包括了油漆的颜色样品。从 1905 年开始的后 10 年里，还出售了芝加哥林肯汽车工厂生产的汽车。从目录中的商品种类来看，反而比百货商店更多，人们已经没有去百货商店购物的必要了。

1905 年，西尔斯公司以艾奥瓦州的优秀顾客为对象，分别推荐了 24 名朋友和邻居的名字。向被推荐的人免费发放目录后，如果他们加入订单，就会向推荐的优秀顾客赠送火炉、自行车、缝纫机等礼物。这种促销方法取得了巨大成功，很快扩散到其他州。但随着 20 世纪初美国城市化进程加速，农村人口相对减少，西尔斯公司的邮政订购方式进入了瓶颈期。

1925 年，西尔斯公司在芝加哥开设了第一家实体百货商店。不久，全美就出现了许多西尔斯百货公司。在确定百货商店形象的过程中，西尔斯公司决定响应长期交易的主要顾客层的要求。比起追随最新的流行趋势，主要提供耐久性和实用性的单品，而且就像在目录中挑选商品一样，努力营造无需销售人员帮助也能挑选商品的环境。随着百货商店店铺数量的激增，到了 20 世纪 50 年代，百货商店的销售量就超过了通过目录订购的销售量。最终在 1993 年，延续近 100 年的西尔斯公司的商品目录最终被废除。

是消费的平等化，还是欲望的平等化

著名历史学家丹尼尔·布尔斯廷（Daniel J. Boorstin）曾表示，百货商店是奢侈品消费平等化的地方。[319] 因为不管是谁只要愿意，眼前就会摆放昂贵的物品。如此看来，商品目录也是如此。因为只要打开目录，眼前就会出现数千种物品。但是，这真的可以称为消费的平等化吗？社会学家迈克尔·舒德森（Michael Schudson）反驳了布尔斯廷的主张，主张百货商店并没有带来消费的平等化，只是提供了整个社会围绕消费的"渴望和需求的平等化"。[320]

百货商店的陈列柜和目录将人们自然地引向了巨大的商品世界里。展现在眼前的商品的全景图，唤起了人们即使"不知如何生活也无所谓"的对新商品的追求。这种欲望与社会地位和阶级无关，是任何人都有可能感受到的体验。从这个角度来看，正如舒德森所说，百货商店或商品目录是带来"欲望平等化"的媒介。

但这并不是全部。欲望的平等化并不会导致消费的平等化。因为平等的欲望反而会让已经阶级化的消费能力更加鲜明。也就是说，如果不看，干脆就不会产生相对剥夺感。商品目录在展示各种物品的同时，还标明了价格，并介绍与特定商品相配的其他商品或饰品，甚至也告知了该物品放置的位置。在这样的背景下，"平等的欲望"之火，可能会向着不断消费熊熊燃烧，但相反，也有可能在留下苦涩感后，就此中断。

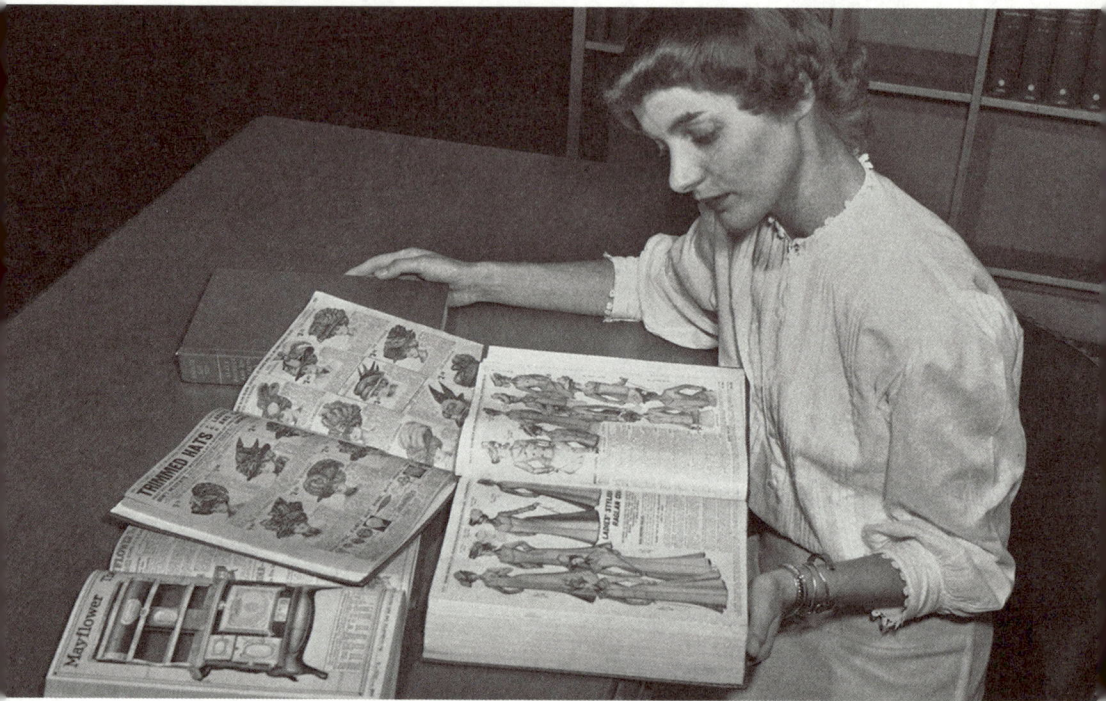

一位正在看邮购目录的女性

目录很自然地把人们引向了巨大的商品世界。无论是谁，只要打开目录，就能在眼前看到几千种商品。它给人们制造了一种幻想：只要想要什么，就能得到什么。

目录告诉消费者这个世界上有哪些商品在销售，同时还提供了有关商品的信息。目录给翻看的人们带来了只要想要什么商品，就能拥有的幻想。但是，在"学习"每一件商品的过程中，人们会逐渐认识到自己的社会、经济地位。这是"成长社会"的特性反映在消费领域的产物。让·鲍德里亚曾规定，在成长社会是生产财富的社会之前，是生产特权的社会。但是不存在不伴随贫困的特权。技术的进步不是

创造成长社会，而是维持特权阶级，即不平等的社会秩序的必要性，才能产生成长。[321] 最终，成长社会的持续意味着在支配秩序的维持限度内，会不断地产生不平等结构。消费领域也是如此，需要持续地学习并不断践行。

随着19世纪中叶交通和邮政制度的发展，开始全面发展的商品目录购物成为今天我们日常生活中通过电视、网络电脑、手机等进行的购物的起源。就像商品目录将欲望的平等化和消费的阶级化一样，今天电视购物的顾客们经常看着画面体验这两种东西。无论是谁，如果看到非常漂亮的东西，按下购买按钮就是欲望平等化的瞬间，那么看到价格后因过于昂贵而急忙取消，就是切身感受到消费阶级化的瞬间吗？

购物中心的理想和局限

空间和时间重构的消费空间

购物中心，从哪来的词？

"购物中心"（shopping mall）是现在经常用的话，但是知道这句话起源的人并不多。20 世纪 50 年代后期，在美国多个购物中心的名称上加上"mall"，赋予了"今天"的意义。1962 年在肯塔基的路易斯维尔建立的巨大购物中心干脆取名为 The Mall（之后更名为 Mall St. Matthews）。但是 The Mall 本来是英国著名的购物街蓓尔美尔街（Pall Mall）的另一个名字。

蓓尔美尔街是位于伦敦威斯敏斯特地区圣詹姆斯公园北侧的街道，是 17 世纪举行名为蓓尔美尔街体育比赛的场所。蓓尔美尔街体育比赛与高尔夫球相似，是在草地上用木槌敲打木头或软木球的比赛，因此需要一个又长又平坦的空间。这样建成的蓓尔美尔街是一条非常有人气的散步路。两边排列的大树向两边伸展，形成了让人舒适的树荫。但是从

《位于比德内尔马场附近的圣詹姆斯公园》，劳里与惠特尔，1794 年

在蓓尔美尔大街散步的伦敦市民。一度被用作蓓尔美尔街体育场的圣詹姆斯公园附近的蓓尔美尔街是一条人气十足的步行街，两边排列着树木，给人留下舒适的阴凉，让人行进时感到意犹未尽的氛围。

17 世纪后半期开始，这条街上突然出现了高级住宅。到了 18 世纪，出现了高级商店，成了伦敦上流阶层购物、散步的社交空间。1807 年，英国首次在公共场所设置煤气路灯，蓓尔美尔街成了华丽的中心街的代名词。因为这里是有身份的人士和帅哥们经常出没的地方，所以从政治到私生活，一直被认为是丑闻和绯闻不断的地方。那么，美国巨大的购物中心，为什么偏偏取名为"购物中心"呢？

郊区和购物中心的关系

19世纪中叶以后主导美国消费文化的空间是百货商店。但是，20世纪50年代开始出现的购物中心瞬间夺走了百货商店一直以来所享有的地位。购物中心不仅拥有百货商店提供的各种商品，还拥有食品区、电影院、各种活动场所等，是一个全新的空间。购物中心的规模之大，是百货商店无法与之比拟的，最大的区别是百货商店大部分位于市中心，而购物中心则建在郊外。因此，购物中心的诞生与郊区有着密不可分的关系。

郊区是传统上由城市和农村组成的二分法地形中突然出现的新空间。虽然位于城市外，但也不能称之为农村的该空间被开发成了在城市工作的人们的生活空间。因为本质上只能依靠城市，所以需要发达的铁路和汽车等移动工具作为强有力的后盾。

但是在美国，郊区出现了急速膨胀的情况。在大萧条和第二次世界大战的混乱中，人们纷纷涌向郊区。这是因为，国家为购买住宅而提供担保贷款的1934年的《国民住房法》起到了很大的作用。在评估房屋价格的过程中，新建的郊区房屋比破旧或危险因素较多的房屋更能估到更高的价格。这样一来，需求涌向能够得到更多支持的郊区住宅，自然而然地在郊区掀起了住宅建设热潮。1944年，为考虑战后返乡退伍军人的福利而制定的《退伍军人权利法案》也是出于同样的原因，对郊区住宅给予了更好的政策。再加上1956年制定的《联邦政

大规模的高速公路建设

根据 1956 年制定的《联邦政府助建公路条例》，全美建成连接旧城郊区的高速公路，郊区居民的生活环境得到进一步提高。

府助建公路条例》，随着高速公路的兴建，旧城郊区被更快捷地连接起来。[322]

郊区现在成了只有在美国才能看到的具有独特特征的空间。新建设的宽敞的住宅区也是创造巨大需求的开拓地。因为从家庭用品到家电产品，再到可以移动到市中心的汽车，需要很多消费品。1953 年，美国国内郊区居住者约为 3000 万人，占总人口的 19%，但在支出和消费方面占到了 29%。[323] 为了应对具有这种购买力的郊区居住者，即居住在郊区的消费者的需求，在高速公路边或大交叉路口附近建起了长长的带状商家群。这种地方被称为"商业街",贯穿拉斯维加斯繁华街道的"商业街"可以看作是这种"商业街"的发展形态。但随着这些商业地区如雨后春笋般在美国城市周边出现,出现了新的问题。由于盲目建设不仅损害了周边景观,再加上连锁店的发展,到处都有相似的商店,因此受到了"风景统一化"的批评。[324] 在这种情况下,后来被称为"现代购物中心之父"的维克托·格伦出现了。

维克托·格伦的计划和购物中心的原型

维克托·格伦是出生于奥地利维也纳的犹太人,在大学专攻建筑。他在 35 岁时的 1938 年来到美国。凭着建筑系毕业证和口袋里的 8 美元,还有一张不会说英语的嘴,维克托·格伦开始了移民生活。他很快就在纽约高档商店里,以外部及室内设计而名声大噪。因为经历了大萧条,人们不愿意购物,商店方面也没有多少投资店铺的意愿。但是,格伦主张:"美丽的商店必然会吸引顾客,而且还能让他们长时间停留,最终实现销量增加。"当时,在他眼中,郊区的商业区简直是一堆乱建的丑陋建筑。格伦决心在郊外建一个具有综合功能的漂亮的购物空间。巨大的购物中心与公寓、办公室、医院在一起,不仅有育儿设施,还有图书馆和防空洞。

格伦和同事一起设计了位于洛杉矶郊区西切斯特的米利隆斯百货商店。1949 年竣工的米利隆斯百货商店不仅拥有即使在远处也能引人注目的个性外观,还拥有足以解决当时令人头痛的停车问题的停车场,因为在建筑物周围和屋顶上设置了足够的停车位。因而受到了媒体的关注。因设计米利隆斯百货商店而名声大噪的格伦接到了底特律的哈德逊百货公司的设计委托。起初，该百货商店计划在市内建立，但格伦给百货商店代表写信呼吁说："一定要在郊区建设。"他主张，由于百货商店的大部分顾客都住在郊区，因此为他们而在郊区建立购物中心是更好的选择。最终，哈德逊百货公司改变了当初的计划，决定在郊区诺诗兰建设大规模购物中心。格伦计划以哈德逊百货公司为中心，将零碎的商店聚集在一起。这样一来，就可以从源头上杜绝百货商店周边各种商铺乱立的现象。

在 1954 年开业的诺诗兰购物中心，与以往的购物中心是完全不同档次的购物空间。

以主力商店（anchor store，商圈内的代表性商街或中心店铺）哈德逊百货商店为中心，将三面设计成被小商店包围的形态，并在外围建设了停车场。要想进入哈德逊百货商店，人们必须经过 100 个左右的小店铺。格伦将购物中心内部设计成与自己出生长大的维也纳旧城一样。美丽而有个性的商店和坐落在这些商店中的露天咖啡馆，以及面前经过的人们的悠闲感，这一切正是格伦渴望的理想购物空间。因此，他把购物中心分为多个区块，取名为"孔雀露台""湖畔角落""乡间小路"等可爱的名字。此外，还引进了大量的植物和鲜花，布置了瀑布和装饰性雕塑。同时，为了向顾客提供便利和关心，在购物中心各处放置了公园长椅。诺诗兰购物中心还设有保龄球馆和滑冰场，以及欣赏戏剧和演出的地方，这是其他百货商店根本看不到的设施。但是这个空间没有屋顶，是个露天购物中心。

格伦将购物中心划分为多个区域，为了能让顾客不仅可以购物，还可以兼顾散步和文化生活，他设计了具有各种便利设施的综合空间。

美国最早的购物中心提议的原则

1956 年格伦在明尼苏达州明尼阿波利斯建设了南谷购物中心，当时用屋顶覆盖了整个购物中心，最终打造了完美的室内城市。这间"美国第一家购物中心"总面积达 7.5 万平方米，可容纳 5200 辆汽车，规模巨大。作为主力商店，连接两个大型百货商店之间的路被建成了 2 层楼，店铺纷纷进驻。中心是有 5 层高的巨大穹顶，下面是广场。明尼苏达州的冬季漫长而寒冷，很多时候难以购物。但是南谷购物中心的内部整体上调整了温度，一年四季都保持了春天的温度。兰花和许多热带植

1956 年开业的南谷购物中心内部

建于明尼苏达州明尼阿波利斯的南谷购物中心，将整个建筑覆盖在屋顶上。

物、13 米高的桉树、金鱼嬉戏的莲花池、异国鸟类飞舞的巨大鸟类园吸引了明尼苏达人的视线。

格伦建设的南谷购物中心制定了构成购物中心基本的各种原则。这些原则延用到今天。首先，购物中心必须是在远离市中心的郊区，并拥有宽敞停车场的建筑。人们开车到达购物中心，一旦进入室内采取步行方式。根据一般人在市中心步行 3 个街区的原则，305 米的距离变成了商城的平均长度。电梯和楼梯不是设置在中央部，而是设置在购物中心的两端，只有这样才能在移动到其他楼层的过程中经过入驻的所有店铺。基于同样的理由，购物中心由 2 层楼构成。因为如果建造 1 层楼或 3 层楼，顾客就会错过一些商铺。不仅如此，人们认为从

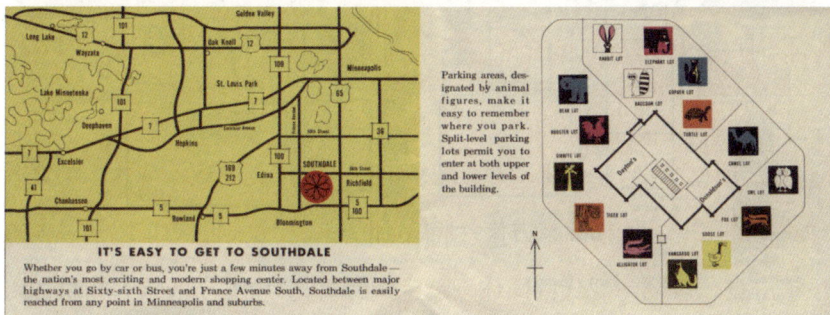

南谷购物中心开业时的小册子

这本小册子介绍的南谷购物中心的结构和特点，至今仍是有效的购物中心的基本原则。

上往下走，比从下往上走更舒服，因此将停车场设在最顶层，让人们自上而下进行购物。[325]

随着美国全境出现了众多购物中心，事业趋向大型化的同时，设计和经营购物中心的手册也变得越来越准确和讲究。企业家们事先对相关地区的人口构成进行了缜密的调查和分析，确定在哪个位置安排哪种类型的商铺。例如，在强烈追求身份上升的"雅皮士（Yuppies，大都市有专业性工作的年轻人）"较多的地区，需要布克兄弟（Brooks Brothers，男性正装专门品牌）和安·泰勒（Ann Taylor，以正装为主的女性服装品牌）入驻，在更保守、信仰更深的中下层聚居的社区，大型流通企业凯马特（Kmart）或者杰西潘尼（J. C. Penny）应该成为"主力商店"。[326] 传统上主力商店大多是百货商店或大型超市，但最近流行将餐厅、电影院、游乐园作为主力商店。[327]

购物中心带给人们的幻想

格伦认为购物中心不应只是单纯的购物空间，而应该成为人们交流和互动的空间。他相信"古代希腊的阿古拉、中世纪的市场以及过去的小镇广场，可以为现代共同体创造空间和机会"。[328] 他认为如果休闲与社会生活相融合，甚至与教育功能相结合的话，人们可以通过购物中心找回此前失去的共同体意识。购物中心的建筑师们也基于这个原因，将历史遗产或场所定为购物中心的主题。例如，将美国开辟时期的小村庄或小镇引入整条商城的设计主题，通过再现更加单纯的过去生活，顾客们可能会有一种为了追求历史价值而寻找历史的感觉。但是，这样设计的实际目的与其说是要弘扬历史价值，不如说是要全面推出与众不同的看点，让人觉得现在的购物行为其实是次要的事情。约翰·戈斯（John Goss）等学者解释说，购物中心的布置，让人产生回到过去的错觉，像刺激着"怀念过去真正的共同体的现代香水"一样吸引着人们。[329]

购物中心的开发商们越来越热衷于研究可以让购物中心弱化其消费行为功能的方法。为了不让顾客们对花钱消费感到有负担，开发商们开始有意图地装潢购物中心，试图把购物中心打造成可以让消费者

1967 年开业的棕榈滩购物中心

　　该购物中心以自然为主题。在室内开渠、移栽树木和各种植物等，室内空间装饰得像度假胜地一样。

快速忘却自己置身于一个购物消费的场所，或者让消费者认为在这儿消费是理所应当的。在这种背景下，购物中心必须能脱离现实，给人们带来幻想。在购物中心这个空间里感受到的幻想，不仅在空间性上，在时间性上也要脱离现实。为此，购物中心必须有别于日常生活中的两个代表性空间，即工作场所和家庭，成为与它们截然不同的"第三空间"。购物中心以地中海式建筑或者加勒比海岸作为商场主题，或者将商场内部装潢成演艺中心好莱坞式的辉煌灿烂，甚至于把商场打造成一个未来式的宇宙空间。如此一来，人们去购物中心仿佛产生了一种置身于其他空间，享受"旅行"的感觉。有了这种感觉消费起来自然不会过于吝啬。[330] 因为人们通常认为旅行是比日常生活，甚至比逛街购物开销更大的活动。

特别是购物中心经常出现植物、瀑布、岩石等以自然为主题的室内装饰，除了给室内空间带来清凉感外，花钱的行为也会让人感觉像大自然的一部分一样自然。[331] 另外，在购物中心里，人们可以自由地闲逛。要知道购物中心，可能是让毫无关系的人们在行走的时候互相看着彼此、相互展示对方日常生活的唯一空间。这是 1737 年英国伦敦对"The Mall"的说明，最能体现"具有散步路功能的树荫路"的空间，所以购物中心只能被命名为"Mall"。

对购物中心的批评

自 1949 年米利隆斯百货商店竣工以来，格伦仅在美国国内就设计了超过 50 个购物中心。如今，全美约有四万五千个购物中心，美国人比其他任何国家的人在购物中心里度过的时间都更长。如此看来，购物中心可以说是"成功的创意"。但是格伦开始感到幻灭。其中，对竞相建设购物中心的开发商的不满最大。因为购物中心成了富人们"投机"房地产的铺路石。随着购物中心聚集了太多的人，周围又出现了商店群，甚至还建设了新城市。这与当初购物中心登场时担心周边地价会下跌的情况正好相反。

购物中心在全国范围内到处建设，像复制品一样散落得到处都是。建成相似的外观也是个问题。再加上入驻商城的商铺也由类似的连锁店和品牌组成，所以人们无论走到哪里都会穿相似的品牌，在商城内也会进行类似的活动，从而形成了"经验的整齐划一"。曾是格伦理想中的共同体激活或市民意识的提高等效果并没有显现出来。结果 1968 年格伦回到了故乡维也纳。此后，这位"购物中心之父"成了严厉批评购物中心的最高反对论者。格伦感叹说，购物中心现在成了"巨大的购物机器"，变成了"浪费土地的丑陋停车场的海洋"。1978 年他在伦敦举行的演讲会上宣布，今天的商城已经与自己设想的不一样了，已经变质了，所以自己无意为那些丑陋的产物承担任何责任。他的演讲题目是《购物中心的悲伤故事》。

向海外扩张

很早以前，美国的知识分子就对购物中心提出了批评，随着购物中心成为人们生活的一部分，人们之间也产生了疲劳感。有人说，美国的购物中心在 20 世纪 90 年代达到顶峰，现在处于衰退趋势。但是，就像当时美国出口的许多商品和文化一样，购物中心也开始向海外出口，反而成为其他国家非常受欢迎的场所。被引进来的购物中心虽然外观和美国购物中心相似，但也体现出了各地区的特点。例如，马来西亚吉隆坡的购物中心主要吸引追求现代生活方式的顾客。与此相反，在英国，人们是以家庭为单位进行购物，所以购物中心要能有安全感的地方或者能让老年人舒服散步，且有趣的地方形象感应很强。另一方面，在 30 岁以下的年轻人占总人口 65% 的埃及，购物中心正忙着吸引这些年轻顾客们。除了各种商品外，台球厅、迪斯科舞厅、电影院、滑冰场、保龄球馆等都起着重要的作用。[332]

购物中心的扩张并不仅仅局限于向海外出口。在冲击当今世界消费市场的网上购物中，也经常使用"购物中心"一词。当然，现实空间内的购物中心更倾向于空间概念，而网上购物中心则具有很强的商品集合体的性质。但随着时间的推移，网上购物中心之间就像性质不同的百货商店一样，形成了各自的购物中心独有的个性，顾客之间也会产生一种归属感。那么，我们不禁好奇，格伦渴望的通过消费生活建立的共同体，能否通过网上购物中心实现呢？

抵制，拒绝

废除奴隶制和抗糖运动

良知消费的起源

糖和奴隶制

"每消费 1 磅糖，就相当于吃了 2 盎司的人肉。"[333] 这是 18 世纪末在英国颇具影响力的社会评论家威廉·福克斯（William Fox）出版的小册子中的一句话。食人肉（cannibalism）的隐喻，为英国发起的抗糖运动注入了爆发性的动力。抗糖运动是通过拒绝由奴隶劳动生产的糖，来动摇奴隶制的经济根基。这项运动是历史上第一次以食物等日常消费商品为对象，从政治、道德层面提出"良知消费"的问题起源。

原本在南太平洋、印度尼西亚等地栽培的甘蔗逐渐扩散到印度、波斯等地。此后传到欧洲的糖作为奢侈品的一种，被用作高级香料或医药品。在 16 世纪的海外扩张过程中，欧洲感知到了通过种植糖能获得的巨大收益，于是从 17 世纪开始，在西印度群岛的岛屿和巴西等地正式开始种植甘蔗。用甘蔗生产糖的过程需要大量劳动力，但由于当地劳动

奴隶们手脚上戴着镣铐，像书架上的书一样躺下进行长途移动。在无法转身的情况下，战胜短则一个月、长则两三个月的航程，能生存下来本身就是一个奇迹。

力供应不畅，欧洲人开始从非洲抓黑人，给印度群岛的甘蔗种植者提供奴隶。英国在 17 世纪后期加入奴隶贸易，到了 18 世纪初，压制了荷兰和法国，在奴隶贸易中占据了垄断地位。

随着帝国主义侵略开始，欧洲充斥着巧克力、咖啡、白糖等从殖民地引进的新食材。由此带来的新的饮食文化，可以说是殖民主义给欧洲人的日常生活带来了极大影响。这么说一点都不过分。历史学家卡罗尔·夏玛斯（Carole Shammas）表示："也许在近代初期消费中，发生划时代变化的是饮食。"[334]特别是向带有浓烈苦味的茶或巧克力中加入糖，从开始加入甜味开始，对糖的需求量暴增。1800年左右，糖已成为欧洲的大众消费品。对于长期受低工资困扰的工业化时代的劳动者来说，茶和白糖是一种可以以低廉的费用获得高热量的经济食品。

西敏司（Sidney W. Mintz）在《甜与权力：糖在近代历史上的地位》中主张，白糖"在17世纪50年代是神奇的东西，1750年是奢侈品，1850年成为真正的必需品"。[335]由于茶和糖在英国人的日常生活中变得不可或缺，供应这些糖不仅在经济层面，在政治层面也成了问题。[336]同样的道理，吃还是不吃糖的问题也可能成为政治问题。特别是，糖是由英国供应的非洲黑人奴隶生产的，因此它注定会成为更复杂的政治主题。

奴隶制废除运动

英国从18世纪前半期开始进行奴隶贸易，贵格会等宗教团体带头反对。西印度群岛出现了以解放奴隶和废除奴隶贸易为目的的团体。1772年起在英国议会正式讨论该问题。1786年，托马斯·克拉克森（Tomas Clarkson）在剑桥大学获得论文奖的《奴隶制和人类买卖论》，将奴隶制废除运动刻画成社会焦点。这本书通过采访奴隶贸易从事者，以及详细的调查，揭露了奴隶贸易船的惨状和可怕的虐待奴隶行为。

但是，当时英国议会议员中有相当一部分人与奴隶贸易或西印度群岛的农场有着很深的利害关系。因此，他们展开各种妨碍奴隶贸易废除的讨论。奴隶制废除运动并没有很快轻易结束。1792年英国政府接到的反对奴隶贸易请愿书就多达519份。

经济学家们主张，为了将依赖奴隶劳动的重商主义的殖民主义经济，转变为以自由贸易为基础的资本主义帝国主义体制，有必要废除奴隶制。换句话说，随着世界经济模式的改变，奴隶劳动不再像以前那样产生效益和利润，所以到了进入废弃程序的时候。当时，成为社会支配势力的资产阶级中的一部分人，以奴隶制本身不能与以个人自由和追求利益为基础的市场体制并存的理念为由表示反对。但从表面上看，废除奴隶制运动带动了人道主义的市民意识。

1792年关于废除奴隶贸易的决议案由英国下议院通过。但是法国正在进行大革命，而一直在隔海观战的英国，对法国大革命对本国造成的影响的恐惧感越来越大。随着法国大革命越来越具有暴力性，英国开始担心受到法国大革命刺激的激进主义势力是否会瓦解阶级秩序等英国传统社会体制。最终，随着与乔治三世的疯狂内治问题相吻合，保守势力聚集在一起，奴隶贸易废除案未能生效。该法案直到1807年才在议会获得通过。但当时该法案只不过是禁止英国商船进行奴隶贸易的限制性措施，奴隶制本身被废除是在很久后的1833年。

抗糖辩论

抗糖运动始于奴隶制废除论者,他们敦促消费者拒绝糖、靛蓝、大米、棉花等通过奴隶劳动生产的商品。特别是,糖已经是贴近英国人日常生活的商品,因此被卷入了更大的争论中。支持糖交易的人们认为糖不是感性的奢侈品,而是维持健康的必需品。[337]医生们警告说,如果戒掉糖,将会对健康造成巨大危害。事实上,当时的英国人几乎已经对白糖上瘾,所以这种争论让人觉得很正常。一位叫作弗莱德里克·斯莱尔(Frederick Slare)的医生,以授权新生儿吃糖的论文而闻名。"大自然给刚出生的孩子带来的第一种食物是母乳,从细腻、柔软、甜蜜的角度来看,和糖非常相似。因此,在需要母乳的时候,用糖代替是众所周知的事实。"[338]像这样,把糖比喻成母乳,或人类新陈代谢必不可少的要素的拥护论,在一段时间内发挥了说服力。

但这种情况因为文章开头提及的威廉·福克斯的小册子,即《向英国国民发表的一篇关于禁止使用糖类和朗姆酒的文章》而被推翻。福克斯主张,糖消费不仅是经济层面的问题,也是伦理层面的问题。在这样的背景下,把摄取奴隶生产的白糖比喻为人吃人的食人行为。福克斯的著作一经出版就卖出了13万本。第二年,加上在美国销售的册数,又售出了12万册。许多知识分子和艺术家也加入了福克斯的反奴隶制的讨论中。著名的讽刺画家詹姆斯·吉雷(James Gillray)在《西印度群岛的野蛮》这部作品中,描绘了残忍贪婪的农场主在煮

《西印度群岛的野蛮》，詹姆斯·吉雷，1791 年

该幅讽刺画揭露了在西印度群岛的甘蔗农场被强制劳动而最终死亡的非洲黑人奴隶的惨状，使抗糖运动和废除奴隶制的话题进一步升温。

糖的锅里放入黑人奴隶一起煮的样子，将这一敏感话题引向了更加激烈的争论。

事物的生产和消费链

奴隶制废除论者强调，糖是殖民地剥削奴隶的产物。一本小册子中这样写道：

奴隶无法理解那些把自己拴在链条上的恶魔般的人为什么要

给自己喂饭。……他最终得出结论，他们是为了在他们想要的时候吃掉自己，而让自己长膘。奴隶拒绝食物，并因绝食而遭到鞭打。但是奴隶们因愤怒所激发出的坚强，没有让他们被鞭打所屈服。农场主用钳子吃力地撬开奴隶们的嘴，奴隶们在挣扎时被弄断牙齿产生了缝隙。就这样他们将大米强行塞进奴隶的喉咙里，让奴隶被迫活下去。[339]

奴隶拒绝食物是人类自主选择的抵抗的极端方式。但是，这种抵抗最终也因被强制灌输食物而失败。对强制给生产食物的奴隶喂食，并对让他们干活情景的生动描写告诉我们，在生产食物的生产链中，奴隶和白糖是不能分开的。

曾在牙买加活动的英国医生本杰明·莫斯利表示，工人的肉体和直接表现他们摄取食物为生的"象形文字"没有什么两样。[340] 也有人认为，在这种认识的延长线上生产的食物和它的消费者应当被一视同仁。也就是说，"你吃的食物就是你自己"。在这种情况下，消费者们在自己食用的糖上投射出了被残酷劳动所折磨的奴隶的血和汗。奴隶制废除论者进一步主张，殖民地生产的糖，被奴隶的血汗以及虱子和螨虫等污染。

但是，在有关奴隶的血和汗的谈论中，隐藏着假装为奴隶着想，但实际上与他们保持距离的意图。灼热的太阳和黏糊糊的大气，还有不知道是什么的虫子，在这样的地方生产的糖是危险的。在那里工作的奴隶们的肉体已经暴露在危险之中，甚至被污染了。相反，干净合理的英国，是与发生奴隶制劳动的异邦世界不同的"文明的地方"。因此抗糖运动与维护英国优越性的排他性意识形态相契合。

女性们，请站在前面

在抗糖运动初期，女性们被认为是食用糖的团体，并受到了强烈的谴责。特别是女性聚在一起闲聊的茶文化受到了特权、闲聊、盲目消费和制造绯闻的指责，被认为是无用文化，甚至被扣上了"丑闻大本营"的污名。但是，曾是这种批评对象的女性们，却带头反对奴隶贸易运动和抵制白糖运动，并积极展开活动。女权主义者经常把女性的命运比作奴隶的处境，而女性的积极参与起到了一定的作用。

但是在这场运动中值得关注的是，女性具有主导道德消费的主体性。从 18 世纪中期开始，女性被赋予了家庭守护者的身份。将复杂的经济活动和政治形成的外部世界与家庭分离开，成为个人思想和感情支配空间的主人公。当时，英国中间阶层之间对"家庭生活的道德价值"的理想正在扩散。在家庭中，女性，即妻子或母亲会对家庭成员产生更好的影响。到了 18 世纪末，"权力是为了男性，但影响力来自女性"，这句话在社会上广为流传。[341]

女性的道德影响力是基于丰富的情感、同情、共鸣和怜悯。女性认为可以把他人的痛苦淋漓尽致地描绘出来，就像自己的事情一样能感同身受。主张废除奴隶制度的宣传册逐渐开始包含向女性传达感性的信息。读到这些小册子的女性如果同情奴隶们的凄惨处境而拒绝消费糖，这本身就可以成为男性的一种典范了。[342] 而且抗糖的运动，本

《一杯茶和聊天》，罗伯特·佩顿·雷德，1887 年

在抗糖运动初期，因为盲目进行糖消费，连女性的茶文化都受到了指责。

身就是女性遵守社会美德的一种方式。如今，女性在消费者运动中扮演的角色，既是健康的守护者，又是家庭的守护者，同时又是与市场理论对抗的道德担当者。

抗糖运动的效果和内涵

从 1791 年开始的 2 年里，约有 30 万—40 万名英国人中断了由西印度群岛奴隶劳动生产的糖的消费，英国 90% 左右的家庭参加了抗糖运动。但是，也有一些人把这项运动视为赚钱的机会。他们就是在西印度群岛以外的地区生产白糖的商人。特别是东印度公司开始代替西印度群岛，向市场投放自己区域生产的白糖。他们全面宣传了东印度群岛，即印度或东南亚等地的糖产业不是由奴隶，而是由自由劳动者生产的。

到了 19 世纪 20 年代，东印度群岛产的白糖得到了很多支持奴隶制废除论的英国人的热烈响应，1824 年甚至出现了专用仓库。为了保证是"自由人生产的白糖"，只销售东印度产的白糖的店铺也增加了许多。而且还出售印有"东印度群岛产的白糖不是奴隶制造的"字样的糖碗。这种器皿成了摆在餐桌上的重要物品，显示出主人是"有意识"的人。自拒绝食糖运动开始以来，食糖消费最少减少了三分之一，最多减少了二分之一，但东印度群岛产的糖在短短几年时间里就创下了十倍以上的销量。

1820—1830 年间销售的反对奴隶制的糖碗

当时人们通过使用这种器皿，希望参与废除奴隶制和拒绝白糖的运动。

但这一反常的举动实际上是过度美化了东印度群岛产的糖。主要在印度栽培和加工的东印度群岛产的糖，是在英国东印度公司的严格控制下生产的。在印度生产糖的工人们是在极度贫困和严酷的种姓制度下呻吟的农民。他们的情况实际上与西印度群岛的奴隶没有太大的区别，与大规模宣传的"自由劳动"说法相去甚远。西印度群岛白糖的制造业者指出了这些问题，并指责东印度群岛产糖的销售商是伪善者。但是，不顾这些指责拒绝西印度产糖的奴隶制废除论者们，在关注包括东印度群岛在内的其他地区的劳动环境之前，花费了很长时间。

18世纪后期，英国的抗糖运动是良知消费的历史起点。如今，像"善良的消费"运动一样，消费行为反映伦理道德问题意识的倾向正在全球范围内变得日益明显。但在这一过程中，良知消费本身就成为"大商业"的一个侧面。正如在其他大商业中经常看到的那样，仅以消除成为问题的非伦理因素为由，就可以美化对策性生产方式，甚至以政治理由为因隐藏其背后的问题。因此，在最初的良知消费运动"拒绝白糖运动"中，东印度群岛产的白糖带来的反转值得关注。因为这是明确表明以政治性为必要条件的良知消费运动，为何必须与政治性保持距离的历史先例。

密西西比在燃烧的幕后故事

黑人的消费和联合抵制运动

密西西比在燃烧的事件和《民权法》

2016 年 6 月，美国法务部宣布，对"密西西比在燃烧"事件的调查将以未了结状态结束。犯人是主张白人优越主义的 KKK 团（三 K 党）团员，他们都被免去了杀人罪，判刑最长的在服刑 6 年后可以出狱。由于这些人没有得到应有的惩罚，社会公愤越来越强烈。不得已，在 2005 年美国法务部和密西西比州政府决定重新调查该事件。但即便如此，主谋埃德加·雷·基伦（Edgar Ray Killen）也只被判处了 60 年有期徒刑，其余参与者因证据不足未能被起诉，调查就此结束。

这一事件发生在 1964 年美国民权法案即将通过的情况下。《民权法》是把歧视种族、民族、出身国家、少数宗教及女性的行为，规定为非法行为的里程碑式法案。该法律原则上终止了不平等的投票者登记要求，并裁定学校、工作单位、公共设施等种族隔离措施是违法的。"密西西比在燃烧"事件对《民权法》的通过和之后该法律的完善产生了巨大影响，1988 年被艾伦·帕克导演拍成了同名电影。这部电影，不仅讲述了黑人惨淡的现实和白人残酷的暴力，还涉及了既得利益的阴谋和隐蔽、中央政府和地方主义的矛盾等各种重要政治议题。

但是就像惊悚电影里一闪而过的模糊场面一样，站在白人经营的店铺前举着联合抵制牌子的寒酸黑人形象，与曾经被追赶、躲藏、愤怒的黑人形象截然相反。不同的是，站在充满危险的街道上的那个黑人默默地伸张着自己的权利，展现同为人、同为消费者的平等权利。

奴隶的消费

研究美国奴隶制的学者最近表示，虽然数额较小，但在奴隶们之间也存在赚钱和花钱的行为。像特德·奥云这样的学者追踪到了美国南部密西西比地区的奴隶们是如何拿到现金的。[343] 一部分白人农场主将一点小钱作为圣诞礼物，分给了奴隶们。但这种情况非常少见，大部分都是奴隶们避开农场主的视线，想尽各种办法赚钱。一些奴隶开垦了小菜园，将种植的作物拿出去卖，又或者养鸡或打猎，用陷阱捕杀野生动物，贩卖它们的皮毛。也有一些人，上山采摘野生浆果和香草，种植香烟。有手艺的奴隶们用木头制作工具或制作鞋子出售。奴隶们通过熟人，或者利用小区居民或商店等所有可以动员的销售渠道，甚至还向自己的主人收钱，把东西卖给主人。还有唱歌或演奏乐器获得小费的奴隶。实际上，在密西西比地区留下的大部分农场记录中，有很多向奴隶支付现金的事例。[344]

奴隶们主要用那样赚来的钱购买衣服或鞋子。当时农场主给奴隶们发放了衣服，但即便如此，也不过是几套，而且没有按季节及时发放。为了经受住繁重的劳动，最起码要有保护身体的衣服和鞋子。除了衣服和鞋子之外，香烟和糖果也是要购买的物品之一，当时这些物品对奴隶来说是巨大的"奢侈品"。但是，被认为是残酷剥削者的农场主们，为什么给奴隶钱，或者允许奴隶们攒钱和使用呢？巴比·威尔逊（Bobby M. Wilson）等研究者将其解释为农场主的"个人虚荣或虚张声势"。[345] 他们希望被大家看成是对奴隶们友好的人，从而获得"社会声望"。但是，深入观察就会发现，这种态度要么是为了掩盖剥削奴隶劳动的残酷现实，要么是为了平息奴隶们的抵抗或叛乱，鼓励他们继续进行艰苦劳动的一种安全措施。[346] 比这更接近本质的解释也是有可能的。奴隶们的储蓄或消费行为并没有威胁到奴隶制本身。因为奴隶们拥有的财产和东西，最终都归拥有奴隶的奴隶主所有。

奴隶解放和消费者的进入

1862 年，正值南北战争时期，美国总统林肯宣布奴隶解放令后，直到 1865 年才在美国及其领土内废除奴隶制。一些州对此表示抗议，并拒绝批准实施废除奴隶制的宪法修正案。随着奴隶解放，奴隶们作为新的工人阶级被编入生产和消费场所。但是和延长工作的生产领域不同，曾是奴隶的人们要想进入消费世界，有太多的阻碍了。由于工资低，所以很多想买的东西受到了限制。支付工资的方式也不能根据使用者的意愿提前制订消费计划。[347] 大多数奴隶在解放的同时成了佃户，之后用收成作为担保，以一种预付款的形式得到了实物。但是，对于佃户来说，既不能选择自己需要或喜欢的物品，也无法知道自己收到物品的实际价值是多少。收成结束后，才拿到为数不多的几分钱现金，但由于佃户不允许种植自给自足的粮食，所以这笔钱大部分被用于购买食物。在这种情况下，被解放的黑人只有离开自己长期工作的农场，才能体验到生产和消费的地方。

美国南卡罗来纳州的西瓜市场，1866 年

解放奴隶后，南部黑人经常种植容易耕种的西瓜，并直接销往市场，赚取更多的收入。

20 世纪初，美国正式进入了以福特主义（Fordism）为代表的批量生产时代。批量生产体制是以批量消费社会为前提的经济体制，只有劳动力和消费力相融合才能正常运转。因此，要想扩大与生产力相匹配的消费力，人们必须全部被纳入消费市场。成为自由人的黑人也被迫加入这一结构。现在黑人是潜在的消费者这一事实已毋庸置疑。但是白人们认为，过去曾是奴隶的黑人们如今可以和他们一样按照自由意志花钱的事情，是侵害既得权的问题。因为货币这一媒介物发挥着将人类之间存在的区别或差异，变成毫无意义的绝对性力量。[348] 美国作家威廉·爱德华·伯格哈特·杜波依斯（W. E. B. Du Bois）表示，"作为消费者，黑人比生产者更接近与白人之间的经济平等"。[349]

平等隔离与消费问题

成为自由劳动者的黑人现在拥有了在商品和消费的世界里和白人一样的平等权利。在商店等消费空间，比工作场所或家庭更容易与白人相遇。但是白人不仅认为黑人比自己劣等，还希望能"看见"黑人。所以他们巧妙地排除黑人，试图把他们作为少数人留在消费场所里。[350] 为此，白人提出了"隔离但是平等"的战略，这成了奴隶解放后形成歧视的根本机制。说起来好听，实际上是制定了助长隔离和不平等现象的诸多种族歧视的规范和法令。

不允许黑人与白人住在同一栋建筑物里，剧场里白人坐在 1 楼，黑人坐在 2 楼，必须分开就座。不仅是设置了单独的卫生间，甚至连饮水台，黑人也只能使用写着"有色人种专用"的水龙头。在公共汽车和列车上，黑人也被指定坐在了单独的座位上。甚至在医院里，也只能躲在不起眼的地方，一直等到白人患者结束治疗后，才能轮到自己。从大学时期开始就是热血人权运动家的查尔斯·麦克杜（Charles McDew），出生在种族歧视相对较弱的俄亥俄州，1961 年刚到密西西比后，就因为穿了白衬衫而被警察盘问。警察说："在这里，除了老师或牧师，黑人在州中是不能穿白衬衫的。"他威胁说，如果他没有《圣经》、教科书或者工作服衬衫，就会被关进监狱。[351]

这种歧视甚至延续到了死亡。法律禁止黑人埋葬在和白人一样的墓地里。[352] 种族歧视严重的亚拉巴马州的伯明翰市在 1950 年也追加了新的分离法，禁止黑人与白人一起观赏棒球、足球、篮球等体育运动。在这种情况下，黑人进入商品和消费的世界只有在顺从地接受不平等原则的时候才有可能实现。进入餐厅时只能从黑人专用的后门出入，而且在有黑人光顾的商店的账簿上，总是留有"col"（color 的缩略语）的记录。[353] 这个新的消费社会为了满足自身的需要，允许黑人"入场"，但没有将他们作为平等的消费者来对待。

对于黑人来说，避免这种歧视的唯一方法就是邮购。黑人们积极利用蒙哥马利·沃德公司或西尔斯公司的邮政订单目录。因为不会露出肤色，也不用在市中心的街道上买东西。邮购在黑人的支持下取得了巨大的成功。最终，感到这种成功威胁的白人商店老板们散播了西尔斯和蒙哥马利·沃德公司的创始人是黑人或犹太人的传闻。[354] 西尔斯公司通过分发创始人的照片，正面回应了这一传闻，蒙哥马利·沃德公司则通过悬赏金来寻找散播谣言者。

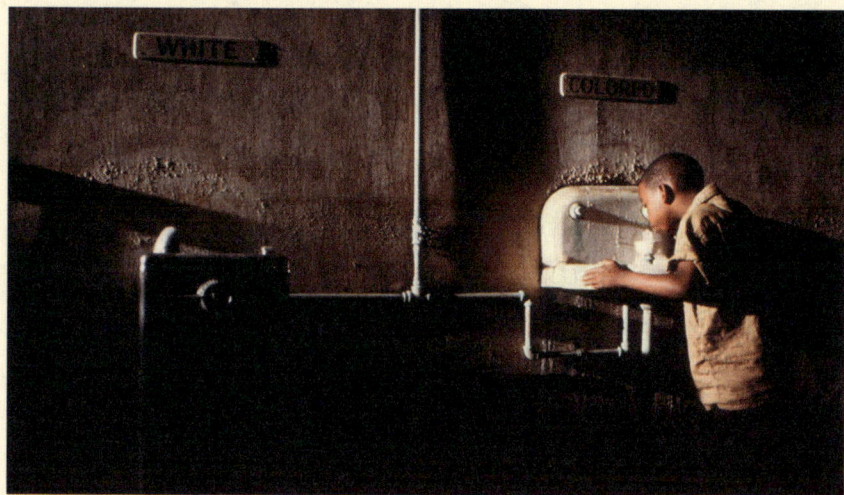

白人和有色人种的平等隔离

　　以"平等隔离"原则助长黑白歧视的白人，甚至连饮水台也要区分白人和有色人利使用。

在黑人专用入口处购买冰激凌的黑人

　　黑人购买商品时，也只使用黑人专用的出入口。

抵制运动

从20世纪50年代开始，反对"平等隔离"原则的声音开始浮出水面。首先，在黑人与白人最容易接触到的商业空间，即在白人所经营的商店里发生的歧视，经常作为具体的不满事项被付诸公论。即使是黑人先来的商店，也要等后来的白人结完账才能结账。商店老板或店员习惯性地称呼白人顾客为先生、小姐、女士等敬称，但是对黑人顾客不但省略了敬称，干脆连姓氏都不称呼了，直接叫名字。著名的市民运动家兼政治家查尔斯·埃弗斯（Charles Evers）回忆说："小时候进白人开的商店，是件非常可怕和感到厌恶的事情。因为商店主人或顾客只要看到黑人小孩儿就会强制让孩子们跳舞。"[355]

白人认为，他们向黑人出售物品，但黑人们是只要有钱就会乱花的一种无节制的存在，同时也是没有高尚取向的低贱的人。每当有黑人客人来，店主们都会挑一些便宜的衣服给黑人顾客，或是挑一些五花八门的衣服，然后对黑人顾客说这些衣服特别适合他们。更严重的歧视是禁止黑人试穿衣服。因为总是怀疑黑人们会偷东西，所以根本不允许他们使用更衣室。甚至都不允许他们戴帽子，理由是"黑人们的头发无论什么时候都是油腻腻的，会弄脏帽子。"[356]

在这种情况下，进入20世纪60年代后，密西西比州出现了受持续多年的黑人人权运动的影响，而形成的紧张气氛。导致的结果之一，就是许多城市开始抵制白人商店。最能代表这项运动的标语是"不买歧视种族的店的东西"。[357] 人们把各自想说的话写在标语牌上，举着走出来。商店门前有很多黑人举着写有"不要光顾这个商店"的牌子。随着圣诞节的临近，标语牌上的句子变成了"直接穿旧衣服吧"或者"有钱去圣诞节购物的话，就存钱或捐赠给慈善团体吧"。示威者们试图揭发商店内发生了什么歧视，为此还举着"不要把钱给憎恨你的人"的标语。[358]

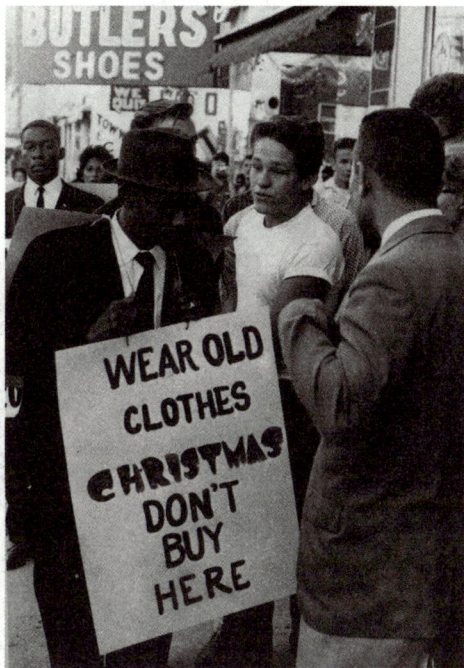

对白人商店的抵制

1960 年 12 月，随着圣诞节的临近，示威者们把标语牌上的标语换成了"圣诞节就穿旧衣服吧。不要在这里购物"。

示威者们要求平等地雇用黑人做商店的店员。并主张不应该只让他们做"杂活"，而应该承担更重要的职责和工作。在杰克逊县，大学生们参与了这个运动。他们身穿写着"不要在首都大街购物"字样的 T 恤衫，在商店门前成排站着，吸引着人们的注意。这一抵制行动既不是依靠来自外部的运动家，也不是由强有力的领导者领导的，但大部分黑人都参与了这场大规模的抵制运动。

抵制运动不仅仅是对店主的不满。黑人还要求行政当局根据他们在日常生活中遭受到的歧视来改善这种现象。例如，在纳奇兹市

简易餐厅的静坐示威

图为 1960 年 6 月 10 日，在美国南部阿灵顿地区的药店小吃店，不顾白人的威胁和侮辱，占着位置进行示威的黑人学生。当时在美国南部地区，黑人们不能在百货商店或药店内的椅子上坐着吃东西。

（位于美国密西西比州西部的城市），美国全国有色人种协进会（National Association for the Advancement of Colored People，以下简称 NAACP）支部出面，向市参会提交了要求停止警方对黑人的暴力活动，要求警察、学校教育委员会等雇用黑人的要求等。在黑人的葬礼上，要求提供与白人同等水平的警卫服务，并从城市层面要求市政府提供黑人居民区的下水道维修和清扫服务。

黑人的对应

黑人的抵制运动震惊了白人店主和政治家。他们一直认为黑人是胡乱消费的团体，因此黑人自己控制消费并采取集体行动的事实非常令他们意外。但是，与消除种族隔离运动提出的其他抵抗相比，商店前的示威运动是微不足道的，因此没有采取特别的措施。相反，白人夸口说，这种抵制运动是来自外部的煽动者发起的，参与者们也会很快感到厌倦，回到日常生活中。但是抵制活动持续了好几个月，店主们越来越感到经济上的压力。

20 世纪 60 年代中期，随着人权运动的愈演愈烈，开始受到了媒体的广泛关注。于是，在紧张局势加剧的城市，KKK 团和市议会等出面劝告白人远离发生标语示威的店铺。因为担心一旦在那里发生冲突，媒体就会马上争相报道。[359] 这样一来，不仅是商店里的黑人顾客，就连白人顾客也会消失。焦急的店主们在报纸上刊登"自己的商店很安全"的广告，竭尽全力吸引顾客。

> 很多市民已经非常清楚黑人在其他小区购物的地方，他们对黑人的抵制不但不感到同情，还以各种各样的理由在其他城市购物。但是我们的城市中心非常安全。因为示威者大多是黑人小孩，他们中的一部分只是刚摘掉尿布的孩子。……本店备有多种商品，在提供周到服务的同时，也会给我们的顾客打折。[360]

但是抵制运动仍在持续，几乎没有白人顾客前来购物，商家开始以妨碍营业的嫌疑告发黑人示威者。1965 年，仅在纳奇兹市，法院就下令禁止非法抵制和没有许可证的示威游行，法令出台后的短短 4 天内就抓获了 500 人，并将 200 多人送进监狱。到了 1966 年，密西西比州各地的很多商户都举报 NAACP 等团体和示威者，要求赔偿 350 万美元。密西西比州最高法院判决嫌疑人赔偿 125 万美元。对此，1982 年联邦大法院做出了无效判决。[361]

在纳奇兹市的黑人抵制运动发酵的期间里，附近城市的市议会，

白人的对抗集会

1965 年 10 月 30 日，在纳奇兹市聚集的 1000 多名黑人的示威游行结束后的 2 小时内，包括 100 多名 KKK 团团员在内的 600 多名白人示威队举行了对抗集会。

联合 KKK 团和美国白人保护协会等组织了"纳奇兹购物日"活动。1965
年 11 月 1 日，附近城市的所有白人聚集到纳奇兹，试图恢复该城市"应
有的平衡感"。由于圣诞节临近，口号定为"纳奇兹的白色圣诞节"。
白色圣诞节的意义不是白雪，而是被白人覆盖的日子。

　　这个活动取得了很大的成功。不仅是附近的城市，还有很多白人从
很远的地方涌向纳奇兹。很快，密西西比到处都展开了"买入"活动。
白人一边进行街头游行，一边向媒体自豪地摆姿势，将购物升华为白人
的庆典。为对抗黑人的抵制而准备的该活动不知不觉间又成了另一个强
烈的种族歧视传统。1978 年，黑人在图珀洛（密西西比州东北部的城
市）举行集会，抗议警方的暴力，当地 KKK 团支持白人商人，1980 年，
在密西西比州费耶特县（位于密西西比州费耶特县的城市），在抵制针
对解雇黑人雇员的商店时，有 200 名白人前往该商店进行喧嚣的"购物
旅行"。[362]

消费者认同感和抵抗的武器

　　在黑人人权运动的历史上，这场抵制运动意义重大。因为在黑人试
图实现平等的各种行动中，这可能是最具积极、最具攻击性的手段。黑
人通过抵制运动知道了他们的购买力是一个极具影响力的武器。他们作
为消费社会不可或缺的消费者，直接证明了自己应该享受的权利和地位。
于是一方面拒绝白人的不当控制，另一方面将购物规定为民主经验。作
为消费者，黑人主张与白人平等进入商店等消费场所的权利，这将彻底

　　通过抵制运动，黑人知道了他们的购买力是一个极具影响力的武器。抵制运动之后，黑人作为消费者，获得了与白人平等进入消费场所的权利。

消除其他不平等现象。

　　随着示威活动的持续，全国的连锁店首先开始雇用黑人店员，还在称呼黑人时加上了"先生与小姐"的敬称。[363] 在纳奇兹有 23 家商店出现了这种变化。白人优越主义者指责他们"变节"，认为满足黑人要求的商店与社区没有任何关系。在这种拉锯的过程中，直到 20 世纪七八十年代，经济抵制还在不断发生。虽然废除了种族隔离政策，种族歧视也有所减少，但是还有许多困难需要克服。

密西西比沃尔玛

如今，在密西西比州已很难找到过去白人店主经营的商店。因为沃尔玛于 1974 年首次进入密西西比州后，全国规模的连锁店改变了购物格局。这种大型连锁店在社会、经济方面损害了地区特色，成了蚕食地区小商贩和商圈的批判目标。但是，对于密西西比州的黑人来说，沃尔玛在另一个意义上是一个特别的地方。因为这是黑人们首次在市中心的店铺里能感受到"欢迎顾客"款待的地方。在那里黑人可以不用从黑人专用的后门进出，在收银台前也不用让白人优先结账。再加上接受过教育的店员们公平地对待了白人与黑人，所以没有必要在商店里唯唯诺诺。[364]

试图阻碍人权运动的 KKK 团在著有著名戏剧《来自密西西比三角洲》的学者恩德莎·梅霍兰德家中纵火，让他失去了母亲。充满痛苦回忆的恩德莎·梅霍兰德背井离乡，多年后重返故乡的时候，看到了建在自己工作的农场里的沃尔玛。那一瞬间他对朋友说："日子真好啊。"[365] 虽然其他人并不赞同，但对密西西比州出身的黑人梅霍兰德来说，沃尔玛是表明积极变化的鲜明标志。

ConsumerReports®

RATINGS & PRICING GUIDE

23 CARS, S TRUC

SEPT

GET THE DEALER PRICE
FOR ALL MAJOR MODEL

Surbaru WRX

Audi A3

ConsumerReports *Specials*

0.99US

09>

1 08254 6

BEST & WORST CARS

MOST & LEAST RELIABLE

BEST FUEL ECONOM

消费的政治性

消费者运动的诞生和发展

对消费社会的批判性看法

　　20 世纪中叶，法兰克福学派的理查德·霍夫斯塔特（Richard Hofstadter）等学者对美国政治为何没有走向更激进的自由主义或阶级斗争产生了疑问。他们找到的决定性原因是 19 世纪末发生的消费经济的扩散。在近代消费社会，人类的行为或存在被当作物质看待，会经历"物化"的过程，最终会转变为"具有购买力的消费者"。在这样的社会中，消费就等同于"生活质量"，从而掩盖了阶级矛盾和阶级不平等。这些人主张，人们追求物质的安乐，对社会向上移动抱有希望，因此任何形式的集体行动发生的可能性都会降低。[366] 著名历史学家丹尼尔·布勒斯汀也感叹道："消费淡化了社会联合，与其根据他们所相信的东西联合起来，不如根据他们的消费联合起来。"[367] 批量生产的商品能将人们联系起来，但那只是肤浅的经验而已。

同理，开始有人批评，涌现出来的商品和均质化的文化将人类的存在变成了"无力的羊群"。其中，特奥多尔·维森格隆特·阿多尔诺（Theodor W. Adorno）和马克思·霍克海默（Max Horkheimer）就消费者批评发表了最厌世的意见。他们主张，资本主义生产体制为生产本身创造了消费文化，其结果就像吸毒者一样，涌现出大量被动性的市民。[368]让·博德里亚尔也嘲笑道："消费者最终和19世纪初的工人一样，是无意识的，非组织性的个人，也是被夸赞和阿谀奉承所蒙骗得像傻瓜一般的存在。"[369]

　　直到20世纪70年代，学界普遍认为消费会逐渐消除人类生活中

1964年4月在海德堡见面的马克思·霍克海默（左）和特奥多尔·阿多尔诺（右）

　　他们表示："在资本主义社会涌现出大量被动性的市民，就消费者的批评，阐述了最厌世的观点。"

的市民权或公共性等价值。博德里亚尔甚至问道："能想象得到消费者们会为了反对汽车税结成同盟，或者电视观众集体抗议电视台节目吗？"[370] 甚至在 1977 年，新闻记者尼古拉斯·霍夫曼还说，所谓的消费者"不仅是自私的，甚至不能完全称之为人类"。[371]

消费者运动的起源

但实际上消费者并不是那么无知或没有辨别力的存在。他们一直积极地在商品生产和消费的循环中寻找自己的权利。这种行为可以统称为"消费者运动"，从对产品的不满和抵制销售运动到产品的比较和检查、正确使用方法的教育、过度消费的警钟和国家层面的限制促进、再加上为了提高发展中国家的生活水平，消费者运动深入到更广范围领域中。因此，也有人相信消费者运动从人类历史上出现商品的时候就已经开始了。国际著名的消费者运动家安华·法萨主张，公元前 18 世纪在安纳托利亚地区已经对消费者权利有了认识，并强调赫梯族的法律中有"不能使用被污染或施了魔法的油"的内容。如果接受这一主张，那么赫梯族的法律是历史上第一个规定禁止迷惑消费者或含有杂质的不良品的法律规定。[372]

但是一般来说，消费者运动的出发点是在 19 世纪初期英国发生的合作社运动（Co-Operative Movement）。先驱社会主义者罗伯特·欧文（Robert Owen）1844 年在英格兰北部罗奇代尔（Rochdale）成立了罗奇代尔先锋合作社（Rochdale Pioneers）。这个合作社是为了排

十九世纪的合作社运动

成立于 1844 年的"罗奇代尔先锋合作社"合作社成员的纪念照片（左）和 1899 年 3 月在英国开业的合作社 1 号商店照片（右）。

除中间商，增加消费者的利益而成立的，是一种替代资本主义市场经济的方案。最初的合作社成员是每人捐出 1 英镑的 28 名工人，他们坚守政治、宗教中立，制定了根据购买金额确定红利政策、市价现金交易、一人一票主义等至今都非常有效的原则。罗奇代尔消费者运动马上蔓延到多个国家，第一次世界大战爆发时，在英国、奥地利、德国、法国、俄罗斯和斯堪的纳维亚有数千个地区性合作社在活动。但有趣的是，该运动并没有在美国得到很大的反响。

消费社会和计划性淘汰

在美国，消费者运动的历史并不是不存在的。抵制英国产品运动不仅对美国建国起到了巨大作用，而且于 19 世纪 90 年代在纽约成立了由女性工会联盟主导的全国消费者联盟（National Consumers

League）。在 20 世纪初期，以劳动者为中心，进行了与消费相关的工资和生活费的斗争。

但是，20 世纪 20 年代，美国社会正在被批量生产、批量消费、信用和潮流催生的新生活方式所吸引。其中最明显的现象就是"计划性淘汰"（planned obsolescence）。"淘汰"的概念早已被索尔斯坦·凡勃伦在《有闲阶级论》中多次使用，这一概念在 20 世纪 20 年代的美国逐渐显露出来。要想在批量生产系统中继续生产，就要缩短产品的寿命，为了废弃完好无损的产品，必须让消费者认识到它陈旧、乏味。计划性淘汰就是新流行的创造。现在创造新潮流的工作是广告商和雇用他们的企业的使命。斯图尔特·艾文（Stuart Ewen）认为，是广告商或企业家精英们把工人们带到了"消费欲望"的世界。[373]

但是，这一现象并不仅仅是为了寻找批量生产商品的国内销路而采取的经济解决方案。自由主义企业家和政策制定者们为了怂恿美国劳动者放弃阶级斗争，积极利用了消费文化的扩散和计划性淘汰。[374]结果，比起政治或理念问题，大众更热衷于追随潮流，并认为这本身是社会成就的重要尺度，因此现有的政治体制可以顺利地得以维持。社会学家齐格蒙特·鲍曼（Zygmunt Bauman）批评说，现在的消费者们总是怀疑自己是不是买错东西，或是没有像样的爱好或品味，他们意识到了生活方式和流行的趋势，总是担心自己是不是老样子。[375]但在这种情况下，消费者们并没有保持沉默或被动地跟随潮流。

利用传送带进行的批量生产

福特汽车在 20 世纪最初 10 年引进了利用传送带的"福特系统"，开启了批量生产时代的大门。

计划性淘汰

由于创造新需求的"计划性淘汰"，大型家电产品也像消耗品一样被废弃。

消费者报告的诞生

对当今经济界产生强烈影响的月刊《消费者报告》在这个时期登场也绝非偶然。这是生活在计划性淘汰时代的消费者们自己的应对方式。第一次世界大战结束后，欧洲正忙于振兴萧条的经济，而美国则在主要产业领域出现了众多品牌，涌现出无数反映技术革新的新商品。汽车、冰箱、电视、立体声、洗衣机、吸尘器等商品是美国中间阶级的象征和"实用"的奢侈品。这些商品一经出现，就提出了对产品性能进行比较分析的必要性。[376]产品比较的惯例在19世纪中期首次出现，直到20世纪20年代才正式引入保护消费者的程序。现在消费者运动在抵制运动和合作社运动的基础上，又增加了产品检查这一重要而强有力的领域。

引领该运动的是经济学家斯图尔特·蔡斯（Stuart Chase）。创造"新政"一词（指美国罗斯福在20世纪30年代实施的内政纲领名称）的蔡斯辞去了曾经的祖业注册会计师后，在华盛顿特区政府机关工作，负责商品比较和分析。他以这段经历为基础创作了《浪费的挑战》和《浪费的悲剧》。蔡斯通过这两本书批评了消费者被销售或广告所欺骗而购买商品的世态。1927年他又与工程学家弗雷德里克·J. 施林克（Frederick J.Schlink）共同出版了《你支付的钱的价值》，这本书成了具有巨大影响力的畅销书，在这本书中，作者一方面揭露商业广告传达的错误信息，另一方面劝告消费者要持有怀疑的态度，强调产品生产过程中的严格标准和独立检查的重要性。

得益于《你支付的钱的价值》的火爆人气，最初对商品进行等级评级的指南《消费者研究简报》创刊。简报一期当时虽然只有565名订阅者，但很快获得了超高的人气，之后合并到了消费者研究所旗下。1936年从消费者研究所脱离、独立出来的消费者联盟发行了新的《消费者报告》。"二战"结束后，欧洲许多国家也纷纷想出版类似《消费者报告》一样的杂志。消费者同盟方面向这些国家提供咨询，最终荷兰、英国、澳大利亚、德国等多个国家发行了产品检验杂志。这些杂志涉及各种产品，其中最引人注目的商品是汽车。

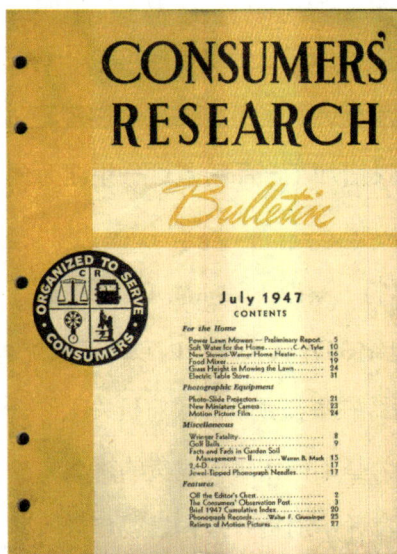

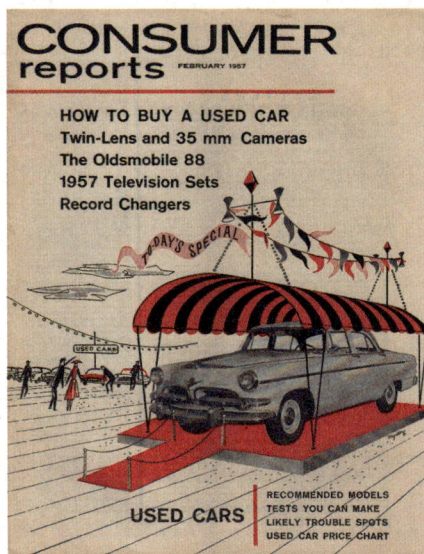

产品检验杂志

消费者研究所发行的《消费者研究会报》1947年7月号（左），消费者同盟发行的《消费者报告》1957年1月号（右）。

"名人"纳德

20 世纪 60 年代初，哈佛法学院出身的拉尔夫·纳德在康涅狄格担任律师期间，经常思考导致车祸频发的原因到底是什么。车祸通常把责任转嫁给司机，而纳德却认为，车祸问题的症结在于汽车的工程设计存在"先天不足"。恰好那时他去了华盛顿特区，担任劳动部的交通安全咨询委员。以当时收集的资料为基础，经过数年的调查研究和缜密思考后，他在 1965 年出版了《任何速度都不安全》。[377] 这本书揭露了由于制造商疏忽造成的汽车本身的缺陷，并具体指出了存在问题的汽车品牌和事故案例。这本书刚开始并没有引起人们太大的关注，但随着被认为是主要生产缺陷车辆的通用汽车公司作出了敏感的反应，这本书成了畅销书。

1966 年纳德知道了通用汽车公司雇用私家侦探跟踪自己，试图发现可能损害其名声的线索，甚至给他设下"美人计"，让他掉进性丑闻的陷阱。纳德在一次关于汽车安全的参议院听证会上揭露了这一非法行为，曝光了通用公司的丑陋行径，这一事件迅速成了比汽车安全更大的焦点，纳德一夜之间成了名人。他被比作挑战像歌利亚一样的美国汽车企业的勇敢的"大卫"，得到了大众狂热的支持。最终，这一事件对 1968 年《国家交通及机动车安全法》在美国议会上的通过，起到了很大的推动作用。该法律旨在通过改进汽车设计来减少事故人数，纳德通过起诉通用汽车公司获得了巨额补偿金，并利用这笔钱扩

出席听证会的拉尔夫·纳德

图为 1966 年纳德参加参议院关于汽车安全的听证会时，正在说明车辆缺陷时的情景。

充了消费者运动的机构。[378]

美国大众对纳德喜爱的狂热理由有很多。首先，纳德是一个与大型企业和腐败权力作斗争的渺小且平凡的人，从人们情绪来看，他具有真正的英雄素质。不仅如此，纳德独特的形象和清教徒的生活方式也引起了大众的关注。他住在简陋的寄宿房里，每天穿着同样的廉价西服，也不开汽车。一辈子都没有结婚，远离了任何形式的奢侈和不道德的事情，每天只睡两三个小时，却为公益而不停地工作。这样的纳德让人联想到美国开辟期的爱国者，让人们看到了富饶的消费社会带来的阴暗面。纳德受大众欢迎后进入政界，从 1992 年到 2008 年连续挑战美国总统选举。

纳德效应和企业的应对

纳德成为抵抗企业霸道、主导消费者运动的活动家的代名词。追随纳德的人聚集在一起创建了"纳德网络"，年轻律师组建了"纳德袭击队"，揭发了很多大企业以及政府的舞弊行为。直到 20 世纪 70 年代，纳德在美国已经成为一种"社会现象"，消费者自己寻求权利的运动被称为"纳德主义"。[379]

20 世纪 60 年代后期，消费者运动取得了重大成果。从 1966 年《美国儿童保护法案》开始，相继制定了《烟草标记法》、1967 年《易燃织物条例》《健康肉类法》、1968 年《消费者信用保护法》、1968 年《家禽产品卫生法》、1969 年《儿童保护及玩具安全法》。

但是，从企业的立场来看，政府接受消费者的请愿，制定新规定的举动令他们非常不满意。大型企业花费巨额费用雇用了应对消费者问题的律师团队，并极力拉拢媒体人士和政界人士，指责纳德和其他消费者运动团体。他们主张，消费者运动是妨碍经济发展的阻碍，不被干涉的经济才是真正的资本主义。到了 20 世纪 70 年代，他们批判消费者运动本身的权力化，攻击他们提出的问题意识的纯粹性。企业把消费者运动家称为威胁自由企业生存的"灾难游说者"，也称为"毁灭的预言者"。

消费者保护和产品安全管理

1973 年 5 月正式成立了"消费者安全委员会"。为预防和减少安全事故，以 1 万多种产品为对象制定并实施了安全规格。

对消费者运动持批评态度的人们从 20 世纪初开始，到了 70 年代，又指责消费者运动家是追随欧洲法西斯统治国家的极权主义者。[380] 另外，由于政府的限制或干涉，美国企业的成长受到阻碍，因此美国在世界经济中将失去竞争力。[381] 在这种情况下，到了 20 世纪 80 年代，大型企业成功地与当时政治上复活的右翼集团联系在一起。包括罗纳德·里根总统在内的右翼政客，长期以来一直反对美国政府在国内或国际上展开经济干预。通常被称为"里根经济政策"的里根的亲企业政策对国际机构联合国产生影响。事实上，消费者运动早已是国际性问题。

全球化和消费者运动

1960 年，国际消费者联盟成立。由英国和美国的消费者团体主导创立的国际消费者联盟，在初期致力于扩大和普及当时消费者运动的最大项目商品比较测试。国际消费者联盟自成立以来就受到联合国的积极支持，20 世纪 60 年代末成立了联合国经济社会委员会（United Nations Economic and Social Council, ECOSOC）、联合国儿童基金会（United Nations Children's Fund, UNICEF）、联合国粮食及农业组织（Food and Agriculture Organization of the United Nations, FAO）、联合国教科文组织（United Nations Educational, Scientific and Cultural Organization, UNESCO）等咨询机构，成为非政府组织中最重要的 A 级机构。国际消费者联盟于 1995 年更名为消费者组织（Consumers International, CI），代表着今天 120 个国家的 250 个团体。总部虽然位于伦敦，但在智利、南非共和国、马来西亚、阿曼各地设立了办事处，处理包括南半球和北半球在内的全球消费者问题。韩国于 1970 年加入了国际消费者联盟。

从其性质来看，国际消费者联盟是比任何团体都具有巨大影响力的机构。因为消费者这个范畴非常普遍，可以将全世界的人设定为成员。不仅如此，消费者运动与其他社会运动不同，具有理想主义和实用主义的混合特点，因此可以利用实际生活和意识形态双方都应用的项目。实际上，国际消费者联盟一直以不受党派或政治理念影响的中立机构自居，但其中立性在变化无常的世界政治格局中随时随地都能成为强有力的武器。[382] 在这样的背景下，消费者成为超越种族、民族区分的新形态群体。

美国历史学家丽萨贝斯·科恩（Lizabeth Cohen）创造了"消费者共和国"的概念，用来描述被消费改造的美国，并预测消费将成为新市民的标准。[383] "自觉的市民消费者"对不正当的价格或产品质量表示不满，并介入雇用的不平等问题，起到了消费者运动的先驱作用。通过这一点，可以实现真正的民主主义。

不仅仅停留在投票权活动上，日常生活中行使的民主主义可能会更加强大，因此最近学术界将消费者视为国家或全球政治中的替代性"市民"概念，并关注其衍生的运动性。[384]

但是，从全球角度来看，消费者的诞生和消费者运动都面临着各种问题。首先，由于各地区社会、经济背景多样，所以需要解决的课题的优先顺序不同，文化差异最终也导致了共同的项目出现了矛盾。另一方面，在当务之急是将经济水平提高到一定程度的发展中国家里，消费者运动不可避免地面临着与开发规则和开发机构联系的两难境地。甚至在巴布亚新几内亚，让大部分文盲的消费者适应新的市场经济是消费者运动的当务之急。[385]

最近，国际消费者联盟又遇到了其他问题。这是因为，在全球范围内，消费者运动的第一机构无法享受像过去一样的地位。1981 年国际非政府组织有 1.3 万个左右，2001 年爆发性地达到了 4.7 万个，随之而来的就是影响力的不断下降。不仅如此，进入 20 世纪 90 年代后，随着良知消费和公平贸易运动等的迅速发展，传统消费者运动的向心力呈现出向多路分散的倾向。还有意想不到的问题，手机和短信服务、博客和维基等新的交流工具正在改变集体行动的能力和性质。现在，新媒体正在打造与之相适应的新媒体主体，并打造与过去性质不同的新消费者群体。研究网络科技和新闻界社会经济效果的克莱·舍基（Clay Shirky）认为，"现在消费者这个范畴与其说是永久性的认同感，不如说是暂时性的行动"。[386]

但是，即使消费者团体的地位、项目、运动的形态发生变化，在消费者运动中也同样具有持续不变的本质。那就是把消费者看成是在"浑浊"的消费社会中，为了证明自己的作用而斗争的存在。正如消费者运动的起源和发展过程所展示的那样，消费者从很久以前开始就不是被动的客体，而是消费行为的主体。因此，清醒的消费者可以成为从消费中寻找解放潜力、实现真正民主主义的主人公。

西欧消费史的现状和展望

消费史（History of Consumption）是最近才开始的研究领域。消费的历史之所以起步较晚，很大程度上是因为比起生产，学界一直贬低消费。自从法国经济学家让·巴蒂斯特·萨伊（Jean Baptiste Say）在 1803 年出版的《政治经济学概论》中主张"供给能够创造其本身的需求"的"三分法"以来，学术界的研究一直集中于生产和供给。[387]卡尔·马克思（Karl Marx）将消费称为在资本主义生产过程中隐藏人际关系和社会性格的"商品崇拜"，把吃好穿好等需求贬低为"动物功能"[388]，而不是"人类功能"，马克思·韦伯（Max Weber）曾指出，消费行为是获得社会地位的重要因素，但在把新教伦理视为资本主义发展的推动力理论中，消费被视为快乐，最终被挤到了周边的位置。[389]

但是，也有一些学者早已将目光转向消费上。索尔斯坦·凡勃伦通过《有闲阶级论》将消费提升到了学术主题。他分析了在资本主义开花的 19 世纪后半期，在美国社会发生的富裕阶层的消费形态，创造了炫耀性消费、金钱竞争、炫耀性浪费等概念。他认为，现在社会的优越性不是以道德性和知识价值为依据，而是以财产为依据来体现，浪费钱财或大手大脚这一事实本身就是其出名的原因。[390]

以近代资本主义研究著称的德国经济学家维尔纳·桑巴特的《奢侈与资本主义》也是构成消费史起源的重要业绩。曾是马克思主义的信奉者，但后来转向反马克思主义的维尔纳·桑巴特，将资本主义生成和发展原动力的形成时期提升到了中世纪末。十字军战争以后欧洲社会发生了巨大变化，其中成为政治、文化中心的宫廷成了"基于女性的支配，传播爱情等世俗欲望"的核心。桑巴特认为宫廷日常生活中发生的变化是"满足了创造巨大奢侈的所有条件"。[391]也就是说，随着统治阶级的生活方式的重组，近代的经济组织得以诞生。

但是，无论是看着"闲人"的贝勃伦冷嘲热讽的目光，还是连普通人家的夫人都与高级贵妇竞争，创造了流行的桑巴特分析认为，要将消费再次降低到奢侈或放荡等道德上的劣等范畴里。而其中，在贝伯的清教徒主义影响下的历史学和社会学，主要关注工人阶级的生活和政治，同时将消费与肤浅的物质主义、自私的嗜好、盲目的快乐联系在一起。随着这种风潮的持续，与劳动形成对比的购物行为被认为是不正当的，成为学术对象的低级主题。

但是到了20世纪70年代，在文化研究、人类学、经济社会学等领域，开始将消费视为创意性、主动性、有意义的行为。并且随着后现代主义扩散，让·鲍德里亚（Jean Baudrillard）或皮埃尔·布迪厄（Pierre Bourdieu）等人提出了对后消费史产生巨大影响的新理论。特别是，鲍德里亚曾批评说，有关生产的理论一直支配着现代法国的思想，并宣

称自己的任务是把这种支配性观点转化为消费。[392]他在《消费社会》
（1970 年）中了解到消费不是个人行为问题，而是与整体经济体制联
系在一起，展开了被称作沟通体系中的一部分符号学代码（semiotic
code）的主张。在资本主义体系中，事物与整个产业的生产过程或象
征价值分离，开始像符号一样发挥作用，消费者的消费行为位于其体
系中，从而获得意义。[393]总而言之，消费是符号消费，而不是事物本
身消费。

如果说博德里亚尔的消费理论在后现代主义的特征中表现出"语
言转换"的趋势，那么可以说布迪厄的《区隔》（1979 年）[394]就处于
"文化转换"的潮流之中。布迪厄批评说，一直以来对资本的讨论只
涉及经济资本，有时可以置换为经济资本，但存在与之对立的资本。
他强调的"文化资本"是间接的、非可视的资本，是通过消费行为再
生产社会差异的资本。但是，博德里亚尔和布迪厄的理论因其难解性
而引起了保守学者的反感。甚至有学者指责涉及消费文化的文化批评，
执着于欲望的象征主义等模糊的概念，甚至说"想否定这些故事，简
直要疯了"。[395]

到了 20 世纪 80 年代，消费史研究开始呈爆发式增长。消费史将
关注近代历史学忽视的主题，后现代主义历史学问题意识和超越国境
的全球化时代的学问也清晰地展现出来，成为尖端的研究领域。最终，
2012 年英国历史学家弗兰克·特伦特曼（Frank Trentmann）表示："消
费从生产的阴影中走出来。已经取代了消费的人（homo consumens）、
创造的人（homo faber）。"[396]

近代初期的"消费革命"

　　消费史研究正式开始的最大话题是人类历史上什么时候发生了消费爆炸。这个话题在时空上大致分为两条线。近代初期以英国为中心的"起源论"争论和20世纪以美国为代表性发展的"批量消费社会"争论。20世纪80年代，麦肯德里克、格兰特·麦克拉肯等倡导所谓的"消费革命（Consumer Revolution）"主题，并成立了消费社会起源论研究。[397] 他们批判西方历史学界只从批量生产的角度考察产业革命和产业化，主张在正式产业化之前，存在"消费"需求方面的膨胀。

　　麦克拉肯指出，英国的消费膨胀有两次历史转折点，首先是16世纪后期伊丽莎白女王时期出现的消费热潮，其次是18世纪韦奇伍德陶瓷等新消费品的流行。麦克拉肯特别关注伊丽莎白女王时代在宫廷发生的竞争性消费形态。漂亮的服装、华丽的宴会、昂贵的礼物和金碧辉煌的宅邸，起到了大臣们在女王面前展示自己地位的指标作用。因此臣子们争先恐后地投入巨额的消费支出，陷入了"消费狂潮"之中。[398]

　　另外，麦肯德里克等人认为，在英国真正的消费社会直到18世纪才出现。因为麦克拉肯的考察仅限于16世纪宫廷精英的政治消费，而繁荣的18世纪英国社会才是为更多的人打开了奢侈品消费的世界。在这里，麦肯德里克将韦勃伦的"有闲阶级论"和"关于桑巴特炫耀性消费的理论"运用到18世纪，描绘了社会模仿（social imitation）和竞争性消费的公式。也就是说，富裕阶层通过无节制性消费（orgy of spending）引领新的消费时代，中间阶层模仿富裕阶层的奢侈，下层阶层模仿中间阶层，掀起了消费热潮。这里出现了涓滴效应（Trickle Down）或追赶、逃跑（chase and flight）等现象，这样的流行趋势正在扩散。[399] 他们认为，随着需求的扩大，刺激了生产行业，从而产生了经济上的进展，即资本主义的发展。

但是，科林·坎贝尔（Colin Campbell）批评说，上述研究没有充分说明近代欧洲发生的消费革命。[400] 坎贝尔和麦肯德里克一样，他们推断工业革命必然伴随着生产和消费革命的过程。为此，他引入的理论是韦伯的《新教伦理与资本主义精神》。但是坎贝尔指出，如果像许多学者所主张的那样，由18世纪中间阶级主导消费，那么这与韦伯的"主题"背道而驰。如果说引发消费革命的是清教徒伦理的有胆识者，那么让人产生疑惑的是，他们是如何创造出奢侈、快乐主义的消费呢？因此坎贝尔对新教伦理进行了广泛的探讨，并揭示了英国清教徒有两个强大的文化传统，而不是一个。一是韦伯所规定的强调合理、勤劳、成就的传统，另一个是加尔文教的标志教义与"乐观的情感主义"的合二为一，归结于感伤主义和浪漫主义伦理。

坎贝尔认为，在这两种潮流中扮演文化担当者的中间阶级在18—19世纪，以各自的方式完成了产业革命，将资产阶级的生活方式正当化。但是在这两种趋势中，浪漫主义伦理与近代消费主义精神基本一致或更具有"选择性亲和力"。因为流行、浪漫爱情、小说阅读、兴趣的发生与消费革命及近代消费行动都有着很深的关联。但是坎贝尔在这里特别强调的是，欲望和获得之间的差距绝对无法弥补。但反过来，这一鸿沟成了推动消费的动机，形成了追求无限欲望的近代消费的特征。坎贝尔称其动力为"享乐主义（self-illusory hedonism）"。

也有人认为，与在英国国内寻找消费社会发源动力的麦肯德里克和坎贝尔不同，从"世界体系理论（World-System）"的角度来看，国际贸易的影响在欧洲掀起了消费热潮。钱德拉·慕克吉（Chandra Mukerji）注意到18世纪以前欧洲市场上满是丝绸、陶瓷、羊毛、香料和木材，他主张由于产业革命而产生的大量消费，在更早之前是全球贸易的产物。[401] 最近，不仅将消费的膨胀期追溯到文艺复兴或中世纪末，而且还有不少人认为，19世纪末和20世纪才是真正的消费革命时代。[402] 他还特别强调从20世纪的视角看，世界消费一直由美国大量消费社会主题的追随者主导。

美国式"批量消费社会"的登场

1954年，大卫·波特（David Potter）宣布："经济富裕才是美国国家认同感的核心。"因为美国在天然资源、技术、冒险家精神等多个方面比世界上任何一个地方都更富足，所以可以尽情享受各种商品，这种消费文化是美国文化的核心。[403] 约翰·加尔布雷斯（John K. Galbraith）、大卫·里斯曼（David Riesman）、范斯·帕卡德（Vance Packard）等多位学者称美国是大部分国民享有各种物质生活的"富裕社会（affluent society）"。富裕社会的另一个名字是"大规模消费社会（mass consumption society）"。

第二次世界大战后，美国迎来了资本主义最鼎盛的时期。生产了全世界三分之二的工业产品，工人的平均工资也比战争前上涨了两倍左右。工业化和城市化带来了城市人口的激增，掀起了拥有安静的郊外住宅的热潮，全社会开始流行购买汽车等高价商品和新家电产品。信用卡和分期付款制度也为购买注入了新的活力。还有，通过战争开发的塑料等新材料或新技术，开始向市场展示出此前不存在的众多商品。企业和广告界为创造大量商品特别是"非必需产品"的需求而煞费苦心。他们强化了从 20 世纪 20 年代开始展开的"计划性淘汰"战略，让所有商品都赶上了潮流。[404]

学者们试图寻找这种在美国典型的大量消费社会的渊源。理查德·霍夫施塔特主张："19 世纪末，美国经济和美国人的生活发生了与生产一样重视消费的重大变化。"他认为，这一变化使城市消费者成为美国社会政治学中非常重要的变数，这种"消费者意识"重新编制了美国政治。[405]百货商店和连锁店等新出现的近代消费空间，使来到那里的人们的社会经济地位变得可视化，并开始给消费赋予了社会意义。[406]甚至在这个时期，连儿童也开始成为消费的主体。在此之前，大人是为儿童购物，而如今儿童已成为挑选符合自己喜好和需求的商品主体。玩偶产业开始发展，从德国引进的玩具熊被称为"泰迪熊"，在美国大受欢迎。[407]

与此同时，很多人认为 20 世纪 20 年代是美国消费社会的真正出发点。第一次世界大战后，美国的重心从以农村为中心转向以城市为中心，从"清教徒—共和主义、生产者—资本家文化"转向把消费和休闲视为美德的"富裕文化"。[408]如今，美国人正在变身为消费者，把消费视为任何人都可以参与的"机会均等"事业，与民主主义等同。从 19 世纪末开始，联邦政府对日常生活的影响力越来越大，联邦政府为刺激消费，启动了多个行政部门，在把美国转变为批量消费社会方面，起到了决定性的仲裁者作用。[409] 到了 20 世纪 20 年代，"奢侈"一词摆脱了否定含义，在伦理上成为"中立"一词，在美国经济中，消费被视为必不可少的因素。[410] 一位经济学家说，所谓的社会进步，就是"奢侈品向便利品、便利品向必需品转变的过程"。[411]

如今，美国诞生了实现"欲望民主化"，富裕的"消费者天堂"的神话。[412] 但是，学者们对这个社会的看法却大相径庭。有像罗斯托[413]（W.W. Rostow）一样，认为富裕的社会增进个人选择和自由，也有学者担心，虽然富裕使美国走上了历史的新轨迹，但肤浅的个人主义会损害公共生活和社会义务。[414] 加尔布雷斯反驳道，个人的富裕会引发诸多"公共问题"，对资本主义弊端的对策也没有实现。[415] 波特还指出物质上的富裕伴随着心理上的刑罚这一反向代价。因为要通过物质所有来提升社会地位，所以处于无休止的竞争中的人们最终无法摆脱不安感和压力。[416]

扩散论和脱离中心的视角

美国式的大量消费社会模式是冷战时期美国向西欧社会传播的最重要的出口产品。特伦特曼还就此阐明："消费主义和美国化实际上已成为同义词。"[417] 在这种情况下，美国式消费主义扩散到其他国家或地区的过程，成为消费史的主要趋势也许是理所当然的结果。[418]这些研究大多将英美地区发达的消费史问题意识或分析框架运用到第三世界并展开讨论。于是出现了关注跨越欧洲和非欧洲的消费转型动向的重大研究，这些成果凸显出消费是殖民统治的重要因素。

但是，随着美国经济进入萧条期，最近一些人明显表现出要从美国式消费主义单方面传播到世界的扩散论说法中摆脱出来的动向。首先，像西敏司的《甜与权力：糖在近代历史上的地位》一样追踪商品"社会生活"的工作，就是对以美国为中心的消费文化的普遍化假设产生裂痕的一个例子。[419]因为人们开始关注特定物品离开制作者之手，经过商人到每个消费者的社会价值和作用发生变化的事实。同样，最近世界经济的周边地区强调，在全球商品流向中发挥了重要作用的"去中心化"观点也是非常活跃的研究领域。[420]

对美国式消费主义的扩散论提出疑问的倾向，与对近代初期物质文化中绝对的"中心地"英国进行对抗的事例的研究一脉相承。美国历史学家布林提出，美国的独立与抵制英国物品运动有很大关系。把消费与政治联系起来，正面反驳以英国为中心的扩散论。[421]达娜·弗兰克（Dana Frank）关注本国商品消费促进运动对美国独立产生的影响，甚至说"购买美国商品的活动催生了美国"。[422]当时，英国为了与美国打仗，以爱尔兰为对象发布了贸易禁令，但由此而陷入严重经济困境的爱尔兰人却展开了爱国消费论。[423]这些事例无疑是近代西方民族主义和消费相结合，可以作为政治抵抗活动的历史典范。

另外，乔伊·帕尔（Joy Parr）探究出美国式的批量消费文化，是在奔向最高点的第二次世界大战后的约20多年间，在加拿大展开了消费文化。[424]和"欲望就是消费的核心"的美式"富裕社会"的理想不同，在这个时代加拿大人重塑了使人联想起近代初期的《禁止奢侈法》的节制消费伦理。[425]不仅恢复了亲自制作物品的传统惯例，还利用加拿大特产红枫树制作的家具创造了流行趋势，铸造了本国固有的消费形态。加拿大的例子是抵抗美国式批量消费主义泛世界传播的一种模式，因此意义重大。

这些研究脱离了消费和市场经济本身的结构绝对性，进一步激活了消费者，与关注消费者"行为主体性"的趋势相吻合。彼得·桑德斯（Peter Saunders）认为，消费真正重要的因素不是生产，而是消费，因为消费才能让人们扩大对自己生活的控制。[426]在这种问题意识中，最近把焦点放在集体消费者和消费的个人行为主体性的研究也越来越活跃。将消费主体设定为个人时，与阶级、教育水平等传统决定消费模式的重要因素没有太大关系，完全出人意料的因素会成为多变的变数。[427]最近，随着将种族、宗教、年龄层等视为影响消费的另一个变数的研究越来越活跃，消费史研究也变得更加丰富多彩。

消费的历史，模糊和可能之间

在过去的30多年里，有关消费史的研究取得了爆发式的增长，学者们表示，这种动向"完全没有停止的迹象"。[428]但是，在消费史的定位上，还有很多课题需要攻克。

首先，围绕消费定义的问题。消费史虽然是从反对以生产为主的接近而开始的，但长期以来，对于如何定义消费的问题一直没有进行认真的讨论。在这种情况下，不仅是历史学随着文学、社会学、经营学、人类学等多学科对消费的研究同时展开，消费的定义及研究焦点也各不相同。对经济学家来说，消费往往与总需求（agregate demand）的缩写一样，在传统的社会理论中主要作为近代性争论的延续。在经营学上，消费研究最终集中在销售多少特定商品上，而认为学问应该成为现实改革的工具的学者们，则热衷于探索"伦理消费"的方向性。另一方面，政治学和舆论学领域正忙于将消费模式与参与政治的地域保持一致。现在，可以说消费史是反映学问碎片化的极端事例。

由于这种碎片化出现了很多问题。最大的问题是消费史没有明确的方法论或元理论。对此，学者们辩称"消费研究一直都是跨学科的"，并提出了异议。[429]他们乐观地认为，通过学科间的融合，可以逐步克服。实际上，消费史领域是跨学科比较活跃的领域，因此最近社会学、历史学、文化批评及经济学还互相借用一直以来各自发展的方法论。但是，这种跨学科尝试又会带来其他的问题，那便是消费被广泛地定义了。现在，消费已不再单纯是指购买或使用商品的行为。它不仅包括了围绕财产的欲望和看不见的文化资本的享受，还成了跨越公共领域和私人领域、涵盖无数主题的巨大概念。[430]购物行为和消费形成的空间，从激发消费欲望的创造到浪费和再利用，其范围已经扩大到了无法控制的程度。

因此，在标榜研究"消费史"的同时，实际上从本质上也可以找到对生产的研究或模糊地涵盖消费和生产的情况。之所以出现这种现象，是因为消费史已经成为传统经济史领域，被忽视的众多主题的一个集合所。例如，销售和广告等领域占据着消费史的一个轴心，但这些领域究竟属于消费和生产哪个领域，很多情况都不太清楚。虽然广告的本质是促进消费，但是为了激发这种欲望而制作的广告，其生产特性不更强吗？对百货商店的研究也是如此。虽然百货商店是近代世界的代表性消费空间，但在那里发生的销售活动是否完全属于消费领域呢？特别是，为促进销售而重新划分百货商店空间，究竟是消费还是生产？用自己的方式改造东西的克里希默（创造性消费者）究竟是消费者还是生产者？

受后现代主义的影响，这种"混乱"在试图重新定义消费的风向中反而越来越大。费瑟斯通（Mike Featherstone）等学者主张，在后现代世界，消费商品本身，而不是通过广告和显示屏构成的商品的意义。[431]那么，现代消费史应该同时考虑实际消费和形象消费这两大范畴的消费。而且，在网络等虚拟空间发生的购物比重日益扩大的今天，今后的研究要求包含财物获得空间二元化形态的新模式。[432]不仅如此，最近传统上被分类为民间领域的消费认同感也在动摇。因为政府花大钱，就像消费者一样行动影响市场，同时起到限制消费的作用，行使更大的权力。[433]现在研究者面临着考察市民消费和政府消费的另一个课题。

但这些问题既是消费所具有的特性，也是暗藏的潜力问题。可以讨论的主题外延可能会大幅扩张，也可以处理实际领域和假想空间，同时考虑民间部分和公共部分的广泛分析框架的可能性等。另外，消费可以找到对抗全球资本主义的线索，或者关注超越国家、民族、阶级的另一种形态的连接和网络，而且可以捕捉到决定消费这一人类行为的诸多突发变数，从这一点来看，消费是既流行又最具参与感的主题。因此，消费史在模糊中具有无限可能性，是一个可以扩大历史学范围的极具魅力的领域。

附 录

尾　注

参考文献

图片来源及收藏处

尾 注

商品，欲望

[1] 제임스 샤피로 지음 , 신예경 옮김 , 《셰익스피어를 둘러싼 모험》 글항아리 (2016),
     pp.29,453.

[2] J. J. Scarisbrick, The Reformation and the English People (Oxford : Blackwell, 1986),
     pp.3,7,8.

[3] Lorna Weatherill, Consumer Behaviour and Material Culture in Britain, 1660~1760 (New
     York : Routledge, 1988), p.xvi.

[4]   Weatherill, Consumer Behaviour, p.168.

[5] Maxine Berg, "Women's Consumption and the Industrial Classes of Eighteenth-
     Century England", Journal of Social History, 30 : 2 (1996), pp.415~434.

[6] Borthwick Institute, University of York, Probate Records, Ann Allen (August,1794).

[7] Borthwick Institute, University of York, Probate Records, John Smith (February,1754).

[8] Borthwick Institute, University of York, Probate Records, Isaac Stretch (5 April,1716).

[9] 빌 브라이슨 지음 , 박중서 옮김 , 《거의 모든 사생활의 역사》, 까치 (2011), pp.466~469.

[10] 미셸 페로 편집 , 전수연 옮김 , 《사생활의 역사 4 : 프랑스 혁명부터 제 1 차 세계대전
     까지》, 새물결 (2002), pp.58~59 참조 .

[11] 필리프 페로 지음 , 이재한 옮김 , 《부르주아 사회와 패션》, 현실문화연구 (2007), p.167.

[12] David Kuchta, "e Making of the Self-Made Man : Class, Clothing, and English
     Masculinity, 1688~1832",in Victoria de Grazia and Ellen Furlough, eds., Sex of
     Things : Gender and Consumption in Historical Perspective (Berkeley : Univ. of
     California Press, 1996), pp.55~56.

[13] Guy Miege, The New State of England under eir Majesties K. William and Q. Mary, Vol.
     2 (London, 1691), pp.38~39.

[14] William Cobbett, Advice to Young Men, and (incidentally to Young Women, in the
     Middle and Higher Ranks of Life (London : Mills, Jowett, and Mills, 1829~1830).

[15] 페로 , 《부르주아 사회와 패션》, p.116.

[16] 페로 , 《부르주아 사회와 패션》, p.150.

[17] 댄디즘에 대해서는 쥘 바르베 도르비이 지음 , 고봉만 옮김 , 이주은 그림 , 《멋쟁이 남
     자들의 이야기 댄디즘 : 최초의 멋쟁이 조지 브러멀에 대한 상세한 보고서》, 이봄 (2014)
     참조 .

[18]   Thomas Carlyle, Sartor Resartus (London : James Fraser, 1836) ; 스티븐 컨 지음 , 이 성동 옮김 , 《육체의 문화사》, 의암출판 (1996), pp.26~27 참조 .

[19]   Charles-Pierre Baudelaire, "Le Dandy", in Oeuvres Complètes (Paris : Editions de la Pléiade, 1951), p.1179.

[20]   Jennifer Jones, "Coquettes and Grisettes : Women Buying and Selling in Ancient Régime Paris", in Grazia and Furlough, Sex of Things, p.30.

[21]   Helen Berry, "Polite Consumption : Shopping in Eighteenth-Century England", Transactions of the Royal Historical Society, Sixth Series, 12 (2002), p.382.

[22]   Peter Borsay, The Image of Georgian Bath, 1700~2000 (Oxford : Oxford UP.,2000), p.30.

[23]   페로 , 《부르주아 사회와 패션》 , p.97.

[24]   J. P. Malcolm, Anecdotes of the Manners and Customs of London during the Eighteenth Century, Vol. 2 (London, 1808), pp.132~134.

[25]   Berry, "Polite Consumption", p.389.

[26]   Berry, "Polite Consumption", p.388.

[27]   Spectator, no. 454 11 Aug.1712.

[28]   스티븐 컨 지음 , 이성동 옮김 , 《육체의 문화사》, 의암출판 (1996), p.24.

[29]   컨 , 《육체의 문화사》 , p.25.

[30]   브라이슨 , 《거의 모든 사생활의 역사》 , p.481.

[31]   Maxine Berg and Helen Clifford, eds., Consumers and Luxury : Consumer Culture in Europe, 1650~1850 (Manchester : Manchester UP., 1999) ; Maxine Berg and Elizabeth Eger, eds., Luxury in the Eighteenth Century (Basingstoke : Palgrave Macmillan, 2003).

[32]   Warren G.Breckman,"Disciplining Consumption : The Debate about Luxury in Wilhelmine Germany, 1890~1914", Journal of Social History, 24 : 3 (1991), pp.485~505.

[33]   Louis Dumont, From Mandeville to Marx : The Genesis and Triumph of Economic Ideology(Chicago : University of Chicago Press,1977), pp.6~7.

[34]   J.C.Flugel, The Psychology of Clothes (London : Hogarth Press, 1930), p.113.

[35]   Joyce Appleby, "Consumption in Early Modern Social ought", in Lawrence B.Glickman,ed., Consumer Society in American History (Ithaca : Cornell UP.,1999), p.134.

[36]   T. 베블렌 지음 , 이완재 · 최세양 옮김 , 《한가한 무리들》, 통인 (1995). 특히 4 장 〈과 시하는 소비〉 , pp.97~121.

[37]   베블렌 , 《한가한 무리들》 , p.161.

[38]   베블렌 , 《한가한 무리들》 , p.190.

[39] 버나드 맨더빌 지음 , 최윤재 옮김 , 《꿀벌의 우화 : 개인의 악덕 , 사회의 이익》 , 문예
      출판사 (2011), p.142.

[40] 맨더빌 , 《꿀벌의 우화》 , pp.146~147.

[41] Mimi Hellman, "Furniture, Sociability, and the Work of Leisure in Eighteenth-
      CenturyFrance", Eighteenth-Century Studies, 32 : 4 (1999), p.415~445 ; John E.
      Crowley, "The Sensibility of Comfort", The American Historical Review, 104 : 3 (1999),
      pp.749~782.

[42] 티머시 브룩 지음 , 박인균 옮김 , 《베르메르의 모자 : 베르메르의 그림을 통해 본 17 세
      기 동서문명교류사》 , 추수밭 (2008), pp.102~103 참조 .

[43] John E.Vollmer, E.J. Keall, and E. Nagai-Berthrong, Silk Road, China Ships (Toronto :
      RoyalOntario Museum, 1984), pp.129,130.

[44] 설혜심 , 《그랜드 투어 : 엘리트 교육의 최종단계》 , 웅진지식하우스 (2013), pp.186~187.

[45] 민은경 , 《고대와 근대 논쟁 : 템플과 워튼의 중국관을 중심으로》 , 《영국연구》 ,9 (2003),
      pp.35~36.

[46] Anthony Pagden, European Encounters with the New World : From the Renaissance to
      Romanticism(New Haven : Yale University Press, 1993), p.27.

[47] Malcolm Waters, Globalization (London : Routledge, 1995), p.140.

[48] Irma Hoyt Reed, "The European Hard-Paste Porcelain Manufacture of the
      EighteenthCentury" , The Journal of Modern History, 8 : 3 (1936), p.276.

[49] Rose Kerr, "Asia in Europe : Porcelain and Enamel for the West",in Anna Jackson and
      Amin Ja_x001D_er, eds., Encounters : The Meeting of Asia and Europe, 1500~1800
      (London : V & APublications, 2004), p.126.

[50] 배경진 , 《18 세기 유럽의 물질문화와 중국풍 도자기》 , 연세대학교 석사학위논문 ,
      2008, pp.45~47.

[51] Julie Emerson, Jennifer Chen and Mimi Gardner Gates, eds., Porcelain Stories : From
      China to Europe (Seattle : Seattle Art Museum & Univ.of Washington Press, 2000),
      p.257.

[52] 이지은 , 《귀족의 은밀한 사생활》 , 지안 (2006), p.177.

[53] 브룩 , 《베르메르의 모자》 , p.120.

[54] Kerr, "Asia in Europe", p.231 에서 재인용 .

[55] C.J.A. Jörg, Porcelain and the Dutch-China Trade (The Hague : Martinus Nijlloff,
      1982), p.108.

[56] J. Samaine Lockwood, "Shopping for the Nation : Women's China Collecting the
      LateNineteenth Century New England", The New England Quarterly, 81 : 1 (2008).

销售 , 诱惑

[57] Archives Nationales, series O 3,793(1785),on Marie Antoinette's wardrobe account.

[58] Jennifer Jones, "Coquettes and Grisettes : Women Buying and Selling in Ancient RégimeParis", in Victoria de Grazia and Ellen Furlough, eds., Sex of Things : Gender and Consumption in Historical Perspective (Berkeley : Univ. of California Press,1996), p.26.

[59] Mémoires de la Baronne d'Oberkrich (Paris,1869), quoted in Anny Latour, Les Magiciens de la mode(Paris : R.Julliard,1961), p.25.

[60] Denis Diderot,Encyclopédie (Paris : Briasson,1751~80),10 : 598.

[61] Jones,"Coquettes and Grisettes", p.39.

[62] Jones,"Coquettes and Grisettes", p.31.

[63] Jones,"Coquettes and Grisettes", p.32.

[64] Louis-Sebastien Mercier,Tableau de Paris (Amsterdam,1784),6 : 311.

[65] D.Cruickshank, The Secret History of Georgian London (London : Random House, 2009) 을 보라 .

[66] Nicolas Deseassarts, Dictionnaire Universel de Police (Paris : Moutard, 1785—1787), pp.624~625.

[67] Jones, "Coquettes and Grisettes", p.28.

[68] Walter Benjamin, "Paris, Capital of the Nineteenth Century", in Peter Demetz, ed.,Reflections : Essays, Aphorisms, Autobiographical Writings (New York : Harcourt Brace Jovanovich, 1978), p.157.

[69] Judith R.Walkowitz, City of Dreadful Delight : Narratives of Sexual Danger in Late-Victorian London (Chicago : Univ. of Chicago Press,1992).

[70] Abigail Solomon-Godeau, "The Other Side of Venus : The Visual Economy of FeminineDisplay", in Grazia and Furlough,The Sex of Things, p.113.

[71] John Trytten,"Sex in Advertising : the Easy Way Out",Sales Management,110 (1973), p.37 ; 양정혜 , 《광고의 역사》 , 한울 (2009), p.147.

[72] Juliann Sivulka, Soap, Sex, and Cigarettes (Belmont, Calif : Wadsworth Publishing,1998), pp.254~255 ; 캐서린 하킴 지음 , 이현주 옮김 , 《매력자본》 , 민음 사 (2013), pp.201~204, 214~215.

[73] Nathaniel Hawthorne, The American Notebooks, ed., Claude M.Simpson (Columbus : Ohio StateUP., 1972), p.110.

[74] 김덕호 , 《욕망의 코카콜라》 , 지호 (2014),1~2 장 참조 .

[75] Roy Porter, Quacks : Fakers & Charlatans in English Medicine (Stroud : Tempus,

2000), p.91.

[76] Porter, Quacks, pp.89~90.

[77] Thomas Richards, The Commodity Culture of Victorian England : Advertising and Spectacle, 1851~1914 (London : Verso, 1990), p.168.

[78] Porter, Quacks, p.94.

[79] Jackson Lears, Fables of Abundance:A Cultural History of Advertising in America (New York : BasicBooks, 1994), pp.65~67.

[80] Thomas Turner, Diary of Thomas Turner, 1754—1765, ed., David Vaisey (Oxford : Oxford UP.,1984), p.208.

[81] Lears, Fables of Abundance, pp.71~72 에서 재인용 .

[82] 양정혜 , 《광고의 역사》 , pp.46~47.

[83] 권창규 , 《상품의 시대 : 출세 · 교양 · 건강 · 섹스 · 애국 다섯 가지 키워드로 본 한국 소비사회의 기원》 , 민음사 (2014), pp.36~38.

[84] Friedrich Engels,The Condition of the Working Class in England (Stanford : Stanford UP., 1968), 118.

[85] Report from the Select Committee on Patent Medicines (London : Wyman and Sons, 1914), p.107.

[86] Richards, Commodity Culture of Victorian England, p.196.

[87] Richards, Commodity Culture of Victorian England, p.176.

[88] Joseph Conrad, The Secret Agent [1907] (Harmondsworth : Penguin,1963), p.52.

[89] Richards, Commodity Culture of Victorian England, pp.172~173.

[90] 김덕호 , 《욕망의 코카콜라》 , pp.29~30.

[91] Richards, Commodity Culture of Victorian England, p.179.

[92] Andrew Godley, "Selling the Sewing Machine around the World : Singer's International Marketing Strategies, 1850—1920", Enterprise & Society, 7 : 2 (2006), p.266.

[93] Godley, "Selling the Sewing Machine", p.268.

[94] Godley, "Selling the Sewing Machine", p.272.

[95] Godley, "Selling the Sewing Machine", p.278.

[96] Judith G.Coffin,"Credit, Consumption, and Images of Women's Desires : Selling the Sewing Machine in Late Nineteenth−Century France", French Historical Studies, 18 : 3 (1994), p.750.

[97] Godley, "Selling the Sewing Machine", p.281.

[98] Lendol Calder, Financing the American Dream : A Cultural History of Credit(Princeton : Princeton UP., 1998), p.165.

[99]   Godley,"Selling the Sewing Machine", pp.281—283,295.

[100]   월터 A. 프리드만 지음, 조혜진 옮김,《세일즈맨의 탄생》, 말글빛냄 (2005), p.157

[101]   Robert B. Davies, Peacefully Working to Conquer the World : The Singer Sewing Machine in Foreign Markets, 1854—1920 (New York : Arno, 1976), p.235

[102]   Barbara Taylor,"Sex and Skill : Notes towards a Feminist Economics", Feminist Review, 6 (1980).

[103]   Coffin, "Credit, Consumption, and Images of Women's Desires", p.758.

[104]   Coffin, "Credit, Consumption, and Images of Women's Desires", p.758.

[105]   "Keep Them in Stitches : A Capitalist Romance : Singer and the Sewing Machine, by Ruth Brandon", Newsweek, June 6,1977.

[106]   Coffin, "Credit, Consumption, and Images of Women's Desires", p.774.

[107]   Coffin, "Credit, Consumption, and Images of Women's Desires", p.759.

[108]   미셸 페로 편집, 전수연 옮김,《사생활의 역사 4 : 프랑스혁명부터 제 1 차 세계대전까지》, 새물결 (2002), p.228.

[109]   Adelphe Espagne, De l'industrie des machines à coudre à la maison centrale de Montpellier (Paris,1869), pp.11~13.

[110]   Coffin, "Credit, Consumption, and Images of Women's Desires", p.774.

[111]   Maxime Vernois, De la main des ouvriers et des artisans (Paris, 1862) ; Espagne, De l'industrie des machines à coudre à la maison centrale de Montpellier, pp.6~7.

[112]   Karen Offen,"Powered by a Woman's Foot : A Documentary Introduction to the Sexual Politics of the Sewing Machine in Nineteenth-Century France", Women's Studies International Forum, 11(1988), pp.97~98 에서 재인용 .

[113]   Coffin, "Credit, Consumption, and Images of Women's Desires", p.776.

[114]   Coffin, "Credit, Consumption, and Images of Women's Desires", p.768.

[115]   Coffin, "Credit, Consumption, and Images of Women's Desires", p.763.

[116]   프리드만,《세일즈맨의 탄생》, pp.30, 33~34,39,99~100.

[117]   Laura Klepacki, Avon, Building the World's Premier Company for Women (Hoboken, NJ : JohnWiley & Sons, Inc., 2005 참조 .

[118]   숙종 시기 문인으로 활약한 조구명 (赵龟命 ,1693~1737) 의 《동계집 5 권 (东溪集卷之五) 》의 《매분구 (卖粉妪) 옥랑전 (玉娘传) 》에 나오는 내용이다 .

[119]   《화장품 판매 진화》,《조선비즈》, 2013 년 12 월 2 일자 .

[120]   이종태 · 김상덕 · 송영욱,《한국화장품산업 유통 경로의 역사적 발전》,《경영사학》, 24 : 4 (2009), pp.161~165.

[121]   전완길,《화장품 방문판매에는 어떤 문제점이 있나 : 에이본사와 태평양화학을 중심으

로》,《마케팅》, 8 : 2 (1974), p.93.

[122] 전완길,《화장품 방문판매에는 어떤 문제점이 있나》, p.92.

[123] Klepacki, Avon, p.66.

[124] 박유정·한효선·황완균,《방문 및 할인점 판매 화장품의 소비 형태 비교연구》,《대한 피부미용학회지》, 8 : 2 (2010), p.35.

[125] Klepacki, Avon, pp.170~171.

[126] Ara Wilson,"e Empire of Direct Sales and the Making of ai Entrepreneurs", Critique of Anthropology, 19 : 4 (1999), p.404.

[127] Klepacki, Avon, p.172.

[128] Matt Haig, Brand Success (London : Kogan Page, 2011), p.235.

[129] 콘스탄스 클라센 등 지음, 김진옥 옮김,《아로마》, 현실문화연구 (2000), p.239.

[130] Catherine Dolan and Linda Scott,"Lipstick Evangelism : Avon Trading Circles and GainEmpowerment in South Africa", Gender and Development,17 : 2 (2009), pp.203~204.

[131] Dolan and Scott, "Lipstick Evangelism", p.207.

[132] Wilson, "The Empire of Direct Sales", pp.402~404.

[133] Dolan and Scott, "Lipstick Evangelism", pp.210~211.

[134] Joan W.Scott, "Comment : Conceptualizing Gender in American Business History", Business History Review, 72 (1998), p.245.

[135] Lawrence B. Chonko,"Alliance Formation with Direct Selling Companies : Avon and Mattel", The Journal of Personal Selling and Sales Management,19 : 1(1999), p.51.

[136] Ambrose Heal, London Tradesmen's Cards (New York : Dover Publication, 1968), pp.1~13.

[137] Heal,"Samuel Pepys and His Trade Cards", The Connoisseur, 92(1933), pp.165~171.

[138] Katie Scott,"e Waddesdon Manor Trade Cards : More an One History", Journal of Design History, 17 : 1 (2004), p.97.

[139] Minnesota Historical Society, "MHS Collection : Minnesota Trade Cards",Minnesota History, 43 : 7(1973), p.270.

[140] 권창규,《상품의 시대》, p.24.

[141] Susan Strasser, Satisfaction Guaranteed (Washington : Smithsonian Institution Press, 1989).

[142] 킴 나츨 외 지음, 한상필·김대선 옮김,《현대사회와 광고》, 한나래 (1994), p.111.

[143] Michael Torbenson and Jonathon Erlen,"A Case Study of the Lash's Bitters Company Advertising Changes after the Federal Food and Drugs Act of 1906 and the Sherley

Amendment of 1912", Pharmacy in History, 45 : 4(2003), p.140.

[144] Margaret E. Hale,"The Nineteenth-Century American Trade Card",The Business History Review, 74 : 4 (2000), p.686.

[145] Susan Strasser, Satisfaction Guaranteed, p.165.

[146] Hale,"The Nineteenth-Century American Trade Card", p.685.

[147] William Woys Weaver,"The Dark Side of Culinary Ephemera : The Portrayal of African Americans", Gastronomica, 6 : 3 (2006), p.76.

[148] Weaver, "The Dark Side of Culinary Ephemera", p.76.

[149] Robert Jay, The Trade Card in Nineteenth-Century America (Columbia : Univ.of Missouri Press, 1987), p.72.

[150] 권창규 ,《상품의 시대》, pp.22~23.

[151] The President and Fellow of Harvard College,"A Short History of Trade Cards", Bulletin of the Business Historical Society, 5 : 3 (1931), p.2.

[152] Phillippa Hubbard,"Trade Cards in 18th-Century Consumer Culture : Circulation, andExchange in Commercial and Collecting Spaces",Material Culture Review,74/75 (2012), p.34.

顾客，消费

[153] Margaret Loane, From Their Point of View (London : Arnold, 1908), p.75.

[154] Paul Johnson, "Consumption and Working-Class Culture in Late Victorian and Edwardian Britain", Transactions of the Royal Historical Society, 38(1988), p.31.

[155] A. Fishlow, "Comparative Consumption Patterns, the Extent of the Market, and Alternative Development Strategies", in E.B.Ayal, ed.,Micro-Economic Aspect of Development (New York : Praeger, 1971).

[156] Johnson,"Consumption and Working-Class Culture", p.32.

[157] Neil McKendrick,"Home Demand and Economic Growth : A New View of the Role of Womenand Children in the Industrial Revolution",in McKendrick,ed., Historical Perspectives (London : Europa,1974).

[158] George Simmel,"Fashion",American Journal of Sociology,62 : 6,1957, p.543.

[159] T. 베블렌 지음 , 최세양 · 이완재 옮김 ,《한가한 무리들》, 통인 (1995), pp.125~128.

[160] 베블렌 ,《한가한 무리들》, pp.110~111.

[161] Michael Winstanley, Life in Kent at the Turn of the Century (Folkestone : Dawson,

1978), p.165.

[162] Grace Foakes, Between High Walls : A London Childhood (London : Shepheard-Walwyn,1972), p.22.

[163] Jim Wolveridge, Ain't It Grand(London : Stepney Books,1976), p.19.

[164] 베블렌 ,《한가한 무리들》, p.132.

[165] Johnson, "Consumption and Working-Class Culture", pp.35~36.

[166] Peter M. Scott and James Walker, "Working-Class Household Consumption Smoothing in Interwar Britain", The Journal of Economic History, 72 : 3(2012), pp.797~825.

[167] Scott and Walker, "Working-Class Household Consumption Smoothing", pp.799~800.

[168] Brent W. Stoffle, Richard W. Stoffle, Jessica Minnis and Kathleen Van Vlack, "Women's Power and Community Resilience Rotating Savings and Credit Association in Barbados and the Bahamas", Caribbean Studies, 42 : 1(2014).

[169] Scott and Walker, "Working-Class Household Consumption Smoothing", pp.798~801.

[170] Scott and Walker, "Working-Class Household Consumption Smoothing", pp.808~809.

[171] Johnson, "Consumption and Working-Class Culture", pp.40~41.

[172] 베블렌 ,《한가한 무리들》, p.126.

[173] Maud Pember Reeves, Round About a Pound a Week (London : Virago,1913), p.5.

[174] 베블렌 ,《한가한 무리들》, p.132.

[175] E.Eisenberg, The Recording Angel : Explorations in Phonography (New York : McGraw-Hill,1987).

[176] 설혜심 ,《취미의 역사》, 김정락·백영경·설혜심 등 ,《취미와 예술》, 방송대출판부 (2016).

[177] 양정무 ,《그림값의 비밀》, 매일경제신문사 (2013), pp.56~57,249.

[178] 필립 블롬 지음 , 이민아 옮김 ,《수집 : 기묘하고 아름다운 강박의 세계》, 동녘 (2006), pp.94~98.

[179] Majorie Swann,Curiosities and Texts : The Culture of Collecting in Early Modern England(Philadelphia : Univ.of Pennsylvania Press,2001), p.1.

[180] 미셸 페로 편집 , 전수연 옮김 ,《사생활의 역사 4 : 프랑스혁명부터 제 1 차 세계대전까지》, 새물결 (2002), p.686.

[181] 페로 ,《사생활의 역사 4》, pp.686~688.

[182] 페로 ,《사생활의 역사 4》, pp.688~689.

[183] S.M.Pearce, Collecting in Contemporary Practice (London : Sage,1998), pp.1,46.

[184] 페로 ,《사생활의 역사 4》, p.684.

[185] D. Rigby and E. Rigby, Lock, Stock and Barrel:The Story of Collecting (Philadelphia, J. B. Lippincott, 1944).

[186] Russell W. Belk, "Collecting as Luxury Consumption : Effects on Individuals and Households", Journal of Economic Psychology, 16 (1995), p.484.

[187] Susan M. Pearce, On Collecting : An Investigation into Collecting in the European Tradition (London : Routledge, 1995), p.3.

[188] 페로 , 《사생활의 역사 4》 , pp.687~688,790~791.

[189] Kristen Haring, "The Freer man of Ham Radio : How a Technical Hobby Provided Social and Spatial Distance", Technology and Culture, 44 (2003).

[190] W. Muensterberger, Collecting, An Unruly Passion : Psychological Perspectives (Princeton, NJ : Princeton UP., 1994).

[191] Belk, "Collecting as Luxury Consumption", p.478.

[192] Belk, "Collecting as Luxury Consumption", p.478.

[193] Belk, "Collecting as Luxury Consumption", p.480.

[194] Belk, "Collecting as Luxury Consumption", p.486.

[195] Belk, "Collecting as Luxury Consumption", pp.482~483.

[196] C. T. Boyle, "Filthy with Things", in C. T. Boyle, ed., Without a Hero (New York : Viking, 1994), pp.41~63.

[197] Belk, Collecting in a Consumer Society (London : Routledge, 1995), p.7.

[198] Belk, "Collecting as Luxury Consumption", p.479.

[199] 제롬 드 그루트 지음 , 이윤정 옮김 , 《역사를 소비하다》 , 한울 (2014), pp.139~140.

[200] Marina Bianchi, "Collecting as a Paradigm of Consumption", Journal of Cultural Economics, 21 (1997), p.275.

[201] Jacob Viner, "The Utility Concept in Value Theory and Its Critics", in Alfred N. Page, ed., Utility Theory [1925] (New York : Wiley and Sons, 1968), p.130.

[202] Bianchi, "Collecting as a Paradigm of Consumption", p.276.

[203] 세라 워터스 지음 , 최용준 옮김 , 《핑거스미스》 , 열린책들 (2002), p.20

[204] Patricia O'Brien, "The Kleptomania Diagnosis : Bourgeois Women and Theft in Late Nineteenth-Century France", Journal of Social History, 17 (1983), p.66.

[205] O'Brien, "The Kleptomania Diagnosis", pp.65~66.

[206] J. Rogues de Fursac, Manuel de psychiatrie (Paris : Alcan, 1903), p.280.

[207] Rachel Shteir, The Steal : A Cultural History of Shoplifting (New York : Penguin Press, 2011), pp.16~17.

[208] G. d' Avenel, vicomte, Le Mecanisme de la vie moderne (Paris : A. Colin et cie,

1896), pp.75~76.

[209]   Emile Zola, The Ladies' Paradise (Berkeley, Calf. : Univ. of California Press, 1992), p.226.

[210]   Alexandre Lacassagne, "Les Vola à l'étalage et dans les grands magasins", Revue de l'Hypnotisme et de la Psychologie Physiologique, II (1896), pp.77~78.

[211]   O'Brien, "The Kleptomania Diagnosis", p.67.

[212]   A. Pitres and E. Régis, Les Obsessions et les impulsions (Paris : O. Dion, 1902).

[213]   Camille Granier, La Femme criminelle (Paris : O. Doin, 1906).

[214]   O'Brien, "The Kleptomania Diagnosis", p.67.

[215]   Paul Granier, La Folie à Paris (Paris, 1890).

[216]   H. Dagonet, Traite de Maladies Mentales (Paris, 1894), p.464.

[217]   Dagonet, Traite de Maladies Mentales, pp.263~264.

[218]   Gerda Reith, "Consumption and Its Discontents : Addiction, Identity and the Problems of Freedom", The British Journal of Sociology, 55:2 (2004), pp.287~288.

[219]   Daniel Bell, The Cultural Contradictions of Capitalism (London : Heinemann, 1976).

[220]   H. Levine, "The Discovery of Addiction : Changing Conceptions of Habitual Drunkenness in America", Journal of Studies on Alcohol, 39:1 (1978).

[221]   《성형수술을 가장 많이 하는 나라는? 미국, 한국 3위》, 《머니투데이》, 2016년 8월 15일자.

[222]   샌더 L. 길먼 지음, 곽재은 옮김, 《성형수술의 문화사》, 이소출판사 (2003), pp.16~17, 29, 77.

[223]   길먼, 《성형수술의 문화사》, pp.121~122.

[224]   Charles Darwin, An Anthology (London : Transaction Publishers, 2009), p.340.

[225]   길먼, 《성형수술의 문화사》, pp.125~126.

[226]   Johann Caspar Lavater, Essays on Physiognomy (London, 1840), p.472.

[227]   Sander L. Gilman, The Jew's Body (New York : Routledge, 1991), p.185.

[228]   길먼, 《성형수술의 문화사》, p.172.

[229]   길먼, 《성형수술의 문화사》, pp.175~177, 195~200.

[230]   Joachim Fest, The Face of the Third Reich : Portraits of the Nazi Leadership (Harmondsworth : Penguin, 1972), p.154.

[231]   설혜심, 《서양의 관상학, 그 긴 그림자》, 한길사 (2015), pp.317~318.

[232]   길먼, 《성형수술의 문화사》, pp.246~247, 254.

[233]   길먼, 《성형수술의 문화사》, pp.262, 265.

[234] 길먼 , 《성형수술의 문화사》, pp.139, 143.

[235] 길먼 , 《성형수술의 문화사》, p.146.

[236] Sophie Malo, "Plastic Surgery a Dangerous Business in Vietnam", Things Asian, Jan 19, 2007.

[237] 길먼 , 《성형수술의 문화사》, pp.286~287.

[238] Hermann Heinrich Ploss, Das Weib in der Natur- und Völkerkunde, 2 Vols. (Leipzig, 1884).

[239] 길먼 , 《성형수술의 문화사》, p.294.

[240] Daniel Dorneles de Andrade, "On Norms and Bodies", Reproductive Health Matters, 18:35 (2010), p.75.

[241] Alexander Edmonds, "The Poor have the Right to be Beautiful : Cosmetic Surgery in Neoliberal Brazil", Journal of the Royal Anthropological Institute, 13:2 (2007), pp.374~375, 377.

[242] Daniel S. Hamermesh and Jeff E. Biddle, "Beauty and the Labor Market", The American Economic Review, 84:5 (1994), pp.1174~1194.

[243] Soohyung Lee and Keunkwan Ryu, "Plastic Surgery : Investment in Human Capital or Consumption?", Journal of Human Capital, 6:3 (2012), pp.224~250.

[244] A.C. Tynan and J. Drayton, "The Neglect of the Older Consumer", Journal of Consumer Studies and Home Economics, 12 (1988), pp.159~171.

[245] Barbara Ann Day, "Representing Aging and Death in French Culture", French Historical Studies, 17:3 (1992), p.688.

[246] Michel Vovelle, La mort et l'Occident de 1300 à nos jours (Paris : Gallimard, 1983).

[247] Philippe Ariès, L'homme devant la mort (Paris, Le Seuil, 1977). 우리말 번역본은 필리프 아리에 스 지음 , 유선자 옮김 , 《죽음 앞에 선 인간》, 동문선 (2006).

[248] Peter Stearns, Old Age in European Society : The Case of France (New York : Holmes & Meier, 1976).

[249] Day, "Representing Aging and Death in French Culture", p.690.

[250] Steve Burt and Mark Gabbott, "The Elderly Consumer and Non-Food Purchase Behaviour", European Journal of Marketing, 29:2 (1995), p.45.

[251] Burt and Gabbott, "Elderly Consumer and Non-Food Purchase Behaviour", pp.45~46.

[252] Praggyan Mohanty, S. Ratneshwar and Moshe Neveh-Benjamin, "Improving Associative and Item Memory for Brands among Elderly Consumers", Advances in Consumer Research, 40 (2012), p.836.

[253] G. P. Moschis, Marketing to Older Consumer : A Handbook of Information for Strategy Development (Westport, CT : Greenwood Press, 1992).

[254] H. K. Hunt, "Consumer Satisfaction/Dissatisfaction and Complaining Behavior of the Elderly", in H. K. Hunt and F. M. Magrabi, eds., Interdisciplinary Consumer Research (Ann Arbor, MI : Association for Consumer Research, 1980), pp.79~89.

[255] M. C. Laforge, "Learned Helplessness ass an Explanation of Elderly Consumer Complaint Behavior", Journal of Business, Ethics, 8:5 (1989), p.360.

[256] Jinkook Lee and Horacio Soberon-Ferrer, "An Empirical Analysis of Elderly Consumers' Complaining Behavior," Family and Consumer Sciences Research Journal, 27:3 (1999), p.345.

[257] N. Renuga Nagarajan, Aurora A.C. Teixeira and Sandra T. Silva, "The Impact of an Ageing Population on Economic Growth : An Exploratory Review of the Main Mechanism", Análise Social, 51:218 (2016), p.5.

[258] K. Prettner, "Population Aging and Endogenous Economic Growth", Journal of Population Economics, 26 (2012), pp.811~834.

[259] Hope Jensen Schau, Mary C. Gilly and Mary Wolfinbarger, "Consumer Identity Renaissance : The Resurgence of Identity-Inspired Consumption in Retirement", Journal of Consumer Research, 36:2 (2009).

[260] Shahrokh Nikou, "Mobile Technology and Forgotten Consumers : the Young-Elderly", International Journal of Consumer Studies, 39 (2015), pp.294~304.

[261] Michelle Barnhart and Lisa Peñaloza, "Who Are You Calling Old? Negotiating Old Age Identity in the Elderly Consumption Ensemble", Journal of Consumer Research, 39:6 (2013), pp.1133~ 1153.

市场，扩张

[262] 이성재, 《일본 만화 <베르사이유의 장미>의 미학과 역사적 상상력》, 《서양사연구》, 34 (2006), pp.273~291.

[263] Charlote Jirousek, "Ottoman Influence in Western Dress", in S. Faroqhi and C. Neumann, eds., Ottoman Costumes : From Textile to Identity (Istanbul : Eren Publishing, 2005) 참조.

[264] Onur Inal, "Women's Fashion in Transition : Ottoman Borderlands and the Anglo-Ottoman Exchange of Costumes", Journal of World History, 22:2 (2011), p.250.

[265] Fatma Müge Göçek, East Encounters West (Oxford : Oxford UP., 1987), p.74.

[266] Ros Ballaster, "Performing Roxane : the Oriental Woman as the Sign of Luxury in EighteenthCentury Fictions", in Maxine Berg and Elizabeth Eger, eds., Luxury in the Eighteenth Century (London : Palgrave, 2003), pp.165~177 참조.

[267] Daniel Defoe, Roxana, The Fortunate Mistress (Oxford : Oxford UP., 1964), p.174.

[268] Edward Hall, Henry VIII, Vol 1 of The Lives of the Kings, reprint of 1550 folio edition (London and Edinburgh, 1904), pp.15~16.

[269] Mary Wortley Montagu, "To Lady Pomfret Feb, 1740", ed., Robert Halsband, The Complete Letters of Lady Mary Wortley Montagu, Vol.2 (Oxford : Oxford UP., 1966), p.173.

[270] "Travels in Nubia, Syria, etc.", The Literary Gazette and Journal of Belle Lettres, Arts, and Sciences, etc., No. 358 (1823), p.760.

[271] Dianne S. Macleod, "Cross-Cultural Cross-Dressing : Class, Gender and Modernist Sexual Identity", in Julie F. Codell and Dianne S. Macleod, eds., Orientalism Transposed : The Impact of the Colonies on British Culture (Hants, England : Ashgate, 1998), p.77.

[272] Jane Austen, Northanger Abbey [1817—1818] (New York : Wild Jot Press, 2009), p.9.

[273] J. H. Plumb, The Commercialization of Leisure in Eighteenth-Century England (Berkshire : Univ. of Reeding Press, 1972).

[274] Neil McKendrick, The Birth of a Consumer Society (London : Europa Publications, 1982).

[275] 설혜심 , 《온천의 문화사 : 건전한 스포츠로부터 퇴폐적인 향락에 이르기까지》, 한길사 (2001).

[276] Roger Rolls, "Asylum Chronicorum Morborum : Medical Practice in Stuart Bath", unpublished typescript, Bath Record Office (1992).

[277] Patrick Madan, A Phylosophical and Medicinal Essay of the Waters of Tunbridge (London, 1687), p.5.

[278] Edward Wilson, Spadacrene Dunelmensis, Or, A short Treatise of an Ancient Medicinal Fountain (London, 1675), p.B3.

[279] John Jones, The Benefit of the Auncient Bathes of Buckstones (London, 1572), p.15.

[280] Edward Jorden, A Discourse of Natual Bathes and Mineral Waters (London, 1632), p.153.

[281] William Schellinks, The Journey of William Schellinks' Travels in England, 1661—1663, trans., M. Exwood and H. L. Lehnmann, (London : Royal Historical Society, 1993), pp.105~106.

[282] Robert Pierce, The History and Memoirs of the Bath (London, 1697), pp.254~257, 387.

[283] John Floyer, An Enquiry into the Right Use and Abuse of the Hot, Cold, and Temperate Baths in England (London, 1697), pp.60~62.

[284] Lewis Rouse, Tunbridge Wells (London, 1725), p.12.

[285] Celia Fiennes, The Illustrated Journeys of Celia Fiennes, 1685—1712 (London : Alan Sutton, 1995), p.44.

[286] Minutes of the Council, 1613—1700, Bath Record Office, [Mar. 23rd, 1663].

[287] Minutes of the Council, 1613—1700, Bath Record Office, [Apr. 7th, 1634]; [Apr. 21st, 1674].

[288] Acts of the Privy Council of England [1597—1598], pp.373~375.

[289] John French, The York-Shire Spaw (London, 1652), p.96.

[290] Edward Ward, A Step to the Bath (London, 1689), p.13.

[291] William Harrison, The Description of England, ed., George Edelen (Ithaca : Cornell UP., 1968), p.290.

[292] PRO, STAC 8/237/26 (Perman v. Bromley, 1614).

[293] Thomas Rawlins, Tunbridge-Wells, or A Days of Courtship (London, 1678), pp.4~5.

[294] Anon, Merry News from Epsom-Wells (London, 1663).

[295] 요시미 순야 지음 , 이태문 옮김 , 《박람회 , 근대의 시선》, 논형 (2004), pp.52~53.

[296] 계정민 , 《빅토리아 시대 문학텍스트에 나타난 소비문화의 새로운 기호》, 《서강영문학》, 7 (1996), pp.29~30.

[297] 빌 브라이슨 지음 , 박중서 옮김 , 《거의 모든 사생활의 역사》, 까치 (2011), pp.20~24.

[298] Punch, 13th July (1850).

[299] 순야 , 《박람회 , 근대의 시선》, pp.60~63 참조 .

[300] 계정민 , 《빅토리아 시대 문학텍스트에 나타난 소비문화의 새로운 기호》, p.31; Thomas Richards, The Commodity Culture of Victorian England : Advertising and Spectacle, 1851—1914 (London : Verso, 1991), pp.25~26.

[301] Asa Briggs, Victorian Things (Chicago : Univ. of Chicago Press, 1988), p.62.

[302] Briggs, Victorian Things, p.62.

[303] 순야 , 《박람회 , 근대의 시선》, p.67.

[304] 브라이슨 , 《거의 모든 사생활의 역사》, pp.38~39.

[305] 브라이슨 , 《거의 모든 사생활의 역사》, pp.38~39.

[306] Richards, Commodity Culture, p.37.

[307] Henry Mayhew and George Cruikshank, 1851, or, The Adventures of Mr. and Mrs. Sandboys, Their son and Daughter, Who Came up to London to Enjoy Themselves and to See the Great Exhibition (New York : Stringer and Townsend, 1851), p.17.

[308] Richards, Commodity Culture, p.19.

[309] 알렉산드로 마르초 마뇨 지음 , 김정하 옮김 , 《책공장 베네치아》, 책세상 (2015).

[310] Miles Orvell, The Real Thing (Chapel Hill : Univ. of North Carolina Press, 1989), p.43.

[311] Michael Schudson, Advertising, the Uneasy Persuasion : It's Dubious Impact on

American Society (London : Routledge, 1993), p.151.

[312] Sharon Zukin and Jennifer Smith Maguire, "Consumers and Consumption", Annual Review of Sociology, 30 (2004), p.177.

[313] Schudson, Advertising, the Uneasy Persuasion, p.150.

[314] Neil Harris, "Museums, Merchandising, and Popular Taste : The Struggle for Influence", in Ian M. G. Quimby, ed., Material Culture and the Study of American Life (New York : W. W. Norton, 1978), p.152.

[315] Orvell, The Real Thing, p.43.

[316] 이지은 , 《부르주아의 유쾌한 사생활》, 지안 (2011), pp.190~193.

[317] William Leach, Land of Desire : Merchants, Power and the Rise of a New American Culture (New York : Vintage Books, 1994), pp.44~45.

[318] Sears Archives (http://searsarchives.com).

[319] Daniel Boorstin, The Americans : The Democratic Experience (New York : Random House, 1973), p.107.

[320] Schudson, Advertising, p.151.

[321] 장 보드리야르 지음 , 이상률 옮김 , 《소비의 사회》, 문예출판 (1991), pp.55, 60. 81.

[322] 박진빈 , 《전후 미국 쇼핑몰의 발전과 교외적 삶의 방식》, 《미국사 연구》, 37 (2013), pp.111~112.

[323] 박진빈 , 《전후 미국 쇼핑몰의 발전》, p.113.

[324] 박진빈 , 《전후 미국 쇼핑몰의 발전》, p.114.

[325] "Who Invented the Shopping Mall?", Uncle John's Bathroom Reader, November 9 (2015).

[326] James J. Farrell, "Shopping : The Moral Ecology of Consumption", American Studies, 39:3 (1998), p.162.

[327] James J. Farrell, "Shopping : The Moral Ecology of Consumption", American Studies, 39:3 (1998), p.163.

[328] 박진빈 , 《도시로 보는 미국사 : 아메리칸 시티 , 혁신과 투쟁의 연대기》, 책세상 (2016), p.144 에 서 재인용 . Victor Gruen and Larry Smith, Shopping Town USA : The Planning of Shopping Center (New York : Reinhold Publishing, 1960), pp.23~24.

[329] Jon Goss, "Disquiet on the waterfront : Reflections on nostalgia and Utopia in the Urban Archetypes of Festival Marketplaces", Urban Geography, 17 (1996), pp.221~247; Jon Goss, "The Magic of the Mall : An Analysis of Form, Function, and Meaning in the Contemporary Retail Built Environment", Annals of the Association of American Geographers, 83:1 (1993), pp.22~25.

[330] Jon Goss, "Once-upon-a-Time in the Commodity World : An Unofficial Guide to Mall of America", Annals of the Association of American Geographers, 89:1 (1999), p.47.

[331] Farrell, "Shopping", p.163.

[332] Dalia Farrag, "Mall Shopping Motives and Activities : A Multimethod Approach", Journal of International Consumer Marketing, 22 (2010), p.96.

抵制，拒绝

[333] William Fox, An Address to the People of Great Britain, on the Utility of Refraining from the Use of West India Sugar and Rum (London, 1791), p.4.

[334] Carole Shammas, The Pre-Industrial Consumer in England and America (Oxford : Clarendon, 1990), p.121.

[335] Sidney Mintz, Sweetness and Power : The Place of Sugar in Modern History (New York : Viking, 1985), p.148.

[336] Mintz, Sweetness and Power, p.116.

[337] Anon, Strictures on an Address to the People of Great Britain, on the Propriety of Abstaining from West India Sugar and Rum (London, 1792), p.6.

[338] Frederick Slare, A Vindication of Sugars against the Charge of Dr. Eillis, other Physicians and Common Prejudices (London, 1715), p.162.

[339] Richard Hillier, A Vindication of the Address to the People of Great Britain, on the Use of West India Produce (London, 1791), p.7.

[340] Benjamin Moseley, A Treatise on Sugar (London, 1800), p.166.

[341] Leonore Davidoff and Catherine Hall, Family Fortunes : Men and Women of the English Middle Class, 1780—1850 (Chicago : Chicago UP., 1987), p.170.

[342] Charlotte Sussman, Consuming Anxieties : Consumer Protest, Gender and British Slavery, 1713—1833 (Stanford : Stanford UP., 2000), p.126.

[343] Ted Ownby, American Dreams in Mississippi : Consumers, Poverty and Culture, 1830—1998 (Chapel Hill : Univ. of North Carolina Press, 1999), pp.50~60.

[344] Owenby, American Dreams in Mississippi, p.50.

[345] Bobby M. Wilson, "Race in Commodity Exchange and Consumption : Separate but Equal", Annals of the Association of American Geographers, 95:3 (2005), p.591.

[346] Owenby, American Dreams in Mississippi, p.59.

[347] Wilson, "Race in Commodity Exchange and Consumption", p.592.

[348] Wilson, "Race in Commodity Exchange and Consumption", pp.589~590.

[349] W. E. B. Du Bois, Dusk of Dawn : An Essay toward and Autobiography of a Race Concept (New York : Harcourt, Brace and Co. 1940), p.208.

[350] Lawrence B. Glickman, ed., Consumer Society in American History (Ithaca : Cornell UP., 1999), p.3.

[351] National Civil Rights Museum, "Honoring the Struggle of a Generation", History News, 51(1999), pp.5~11.

[352] Wilson, "Race in Commodity Exchange and Consumption", pp.597~598.

[353] Wilson, "Race in Commodity Exchange and Consumption", p.600.

[354] Stuart Ewen and Elizabeth Ewen, Channels of Desire : Mass Images and the Shaping of American Consciousness (Minneapolis : Univ. of Minnesota Press, 1992), p.44.

[355] Charles Evers, "From Evers", in Dorothy Abbott ed., Mississippi Writers : Reflections of Childhood and Youth. Vol. 2 : Nonfiction (Jackson : Univ. of Mississippi, 1986), p.200.

[356] Medgar Evers and William Peters, For Us, the Living (Garden City, NJ : Doubleday and Co., 1967), pp.194~195; Charls Evers and Andrew Szanton, Have No Fear : The Charles Evers Story (New York : John Wiley and Sons, 1997), p.156.

[357] Owenby, American Dreams in Mississippi, p.153.

[358] Charles Payne, I've Got the Light of Freedom : The Organizing Tradition and the Mississippi Freedom Struggle (Berkeley : Univ. of California Press, 1995), pp.323~325.

[359] Owenby, American Dreams in Mississippi, p.155.

[360] Grenada Daily Sentinel-Star, July, 13, 1966.

[361] Owenby, American Dreams in Mississippi, pp.155~156.

[362] Owenby, American Dreams in Mississippi, p.157.

[363] Owenby, American Dreams in Mississippi, p.154.

[364] Owenby, American Dreams in Mississippi, p.163.

[365] Owenby, American Dreams in Mississippi, p.163 에서 재인용 .

[366] 강명구 , 《소비대중문화와 포스트모더니즘》 , 민음사 (1993), p.26; Meg Jacob. "State of the Field : The Politics of Consumption", Reviews in American History, 39 : 3 (2011), p.563.

[367] Daniel Boorstin, The Americans : The Democratic Experience (New York : Random House, 1973), p.89.

[368] Theodor Wiesengrund Adorno and Max Horkheimer, "The Culture Industry : Enlightenment as Mass Deception", in Dialectic of Enlightenment (1944) (New York : Herder and Herder, 1972).

[369] 장 보드리야르 지음 , 이상률 옮김 , 《소비의 사회 : 그 신화와 구조》 , 문예출판사 (1993), p.114.

[370] 보드리야르 , 《소비의 사회》 , p.113.

[371] Nicolas von Hoffman, "The Consumer Is Not a Customer", Chicago Tribune, May 7, 1977.

[372] Anwar Fazal, "The Citizen As Consumer", Tun Hussein Onn Memorial Lecture, Kuala Lumpur, Malaysia, Oct. 16, 1993.

[373] Stuart Ewen, Captains of Consciousness : Advertising and the Social Roots of the Consumer Culture (New York : MGraw-Hill, 1976).

[374] 세르주 라투슈 지음, 정기헌 옮김, 《낭비사회를 넘어서》, 민음사 (2014), p.38.

[375] Zygmunt Bauman, Leben als Konsum (Hamburg : Hamburger Edition, 2009), pp.114, 127.

[376] Matthew Hilton, Prosperity for All:Consumer Activism in an Era of Globalization (Ithaca: Cornell UP., 2009), pp.25~26.

[377] Ralph Nader, Unsafe at Any Speed : The Designed-In Dangers of the American Automobile (New York : Grossman Publishers, 1965).

[378] Hilton, Prosperity for All, pp.161~162.

[379] Hilton, Prosperity for All, pp.162~165.

[380] Hilton, Prosperity for All, p.167.

[381] Lucy Black Creighton, Pretenders to the Throne : The Consumer Movement in the United States (Lexington, MA : D.C. Heath, 1976), pp 64~66.

[382] Hilton, Prosperity for All, pp.52~55, 105.

[383] Lizabeth Cohen, A Consumers' Republic : The Politics of Mass Consumption in Postwar America (New York : Vintage Books, 2003).

[384] Martin Daunton and Matthew Hilton, eds., The Politics of Consumption : Material Culture and Citizenship in Europe and America (Oxford : Berg, 2001); Lawrence Glickman, Buying Power : A History of Consumer Activism in America (Chicago : Chicago UP., 2009).

[385] Hilton, Prosperity for All, pp.207, 234.

[386] 클레이 서키 지음, 송연석 옮김, 《끌리고 쏠리고 들끓다 : 새로운 사회와 대중의 탄생》, 갤리온 (2008), p.119.

补充讨论 | 西欧消费史的现状和展望

[387] Jean Baptiste Say, Traité d'Économie Politique (Paris : Crapelet, 1803).

[388] Karl Marx, "Economic and Philosophic Manuscripts of 1844", in R. C. Tucker, ed., The MarxEngels Reader (New York : Norton, 1972), p.60.

[389] Max Weber, "Class, Status, Party", in H. H. Gerth and C. W. Mills, eds., Essays in Sociology (New York : Oxford UP., 1946), pp.180~195; The Protestant Ethic and the Spirit of Capitalism, trans. T. Parsons (New York : Scribner, 1958).

[390] Thorstein Veblen, The Theory of the Leisure Class (New York : Macmillan, 1899).

[391] 베르너 좀바르트 지음, 이상률 옮김, 《사치와 자본주의》, 문예출판사 (1997), p.112.

[392] 보드리야르가 《생산의 거울 Le Miroir de la Production》에서 한 말이다. 리처드 J. 레인 지음, 곽 상순 옮김, 《장 보드리야르, 소비하기》, 앨피 (2008), p.123

[393] 여기서 소비는 최종적으로는 욕구와 향유에 근거하는 것이 아니라 기호 (기호로서의 사물) 및 차이의 코드에 근거한다. 장 보드리야르 지음, 이상률 옮김, 《소비의 사회 : 그 신화와 구조》, 문 예출판사 (1993).

[394] P. 부르디외 지음, 최종철 옮김, 《구별 짓기 : 문화와 취향의 사회학》, 새물결 (1995).

[395] Jean-Christophe Agnew, "The Consuming Vision of Henry James", in T. J. Jackson Lears and Richard Wightman Fox, eds., The Culture of Consumption : Critical Essays in American History, 1880~1980 (New York : Pantheon, 1983), p.67. 이 말은 다분히 보드리야르나 부르디외뿐 아니 라 에밀 뒤르켐, 발터 벤야민, 지그문트 바우만, 앤서니 기든스 등이 유럽의 근대성과 문화를 소비와의 관계에서 살핀 비평적 글들을 의식한 것으로 볼 수 있다.

[396] Frank Trentmann, "Introduction", in Trentmann, ed., The Oxford Handbook of the History of Consumption (Oxford : Oxford UP., 2012), p.1.

[397] Neil McKendrick, "Home Demand and Economic Growth : A New View of the Role of Women and Children in the Industrial Revolution", in McKendrick, ed., Historical Perspectives (London : Europa, 1974); McKendrick, John Brewer, J. H. Plumb, The Birth of a Consumer Society : The Commercialization of Eighteenth-Century England (Bloomington : Indiana UP., 1982); Grant McCracken, Culture and Consumption (Bloomington : Indiana UP., 1988).

[398] McCracken, Culture and Consumption, p.12.

[399] "트리클 다운"은 사회 상층에서 하층으로 부가 흘러가는 현상을 말하는 것으로, 1904년 게오 르그 짐멜이 상위 계급의 행태를 모방하여 유행이 확산되는 현상을 지칭하기 위해 쓴 말이다. Georg Simmel, "Fashion [1904]", American Journal of Sociology, 62:6 (1957), p.543. 그런데 맥 크래켄은 그 방향이 상향식이기 때문에 "쫓기와 도망가기"가 더 적절한 용어라고 지적한 바 있다. McCracken, Culture and Consumption, p.94.

[400] 콜린 캠벨 지음, 박형신·정헌주 옮김, 《낭만주의 윤리와 근대 소비주의 정신》, 나남 (2010).

[401] Chandra Mukerji, From Graven Images : Patterns of Modern Materialism (New York : Columbia UP., 1983).

[402] Evelyn Welch, Shopping in the Renaissance : Consumer Cultures in Italy 1400—1600 (New Haven : Yale UP., 2005); Christopher Dyer, An Age of Transition? Economy and Society in England in the Latter Middle Ages (Oxford : Clarendon, 2005).

[403] David Potter, People of Plenty : Economic Abundance and the American Character (Chicago : Univ. of Chicago Press, 1954).

[404] 양정혜, 《광고의 역사 : 산업혁명에서 정보화 사회까지》, 한울 (2009), pp.134, 146, 155, 156.

[405] Richard Hofstadter, The Age of Reform : From Bryan to F. D. R. (New York : Vintage Books, 1955), pp.170~172.

[406] Sharon Zukin, Jennifer Smith Maguire, "Consumers and Consumption", Annual Review of Sociology, 30 (2004), p.177.

[407] Peter N. Sterns, "Stages of Consumerism : Recent Work on the Issues of Periodization", The Journal of Modern History, 69:1 (1997), p.111.

[408] Warren Susman, Culture as History : The Transformation of American Society in the Twentieth Century (New York:Pantheon, 1984), pp.xx~xxi; 김덕호, 《욕망의 코카콜라》, 지호 (2014), p.107

[409] 김덕호, 《욕망의 코카콜라》, pp.122~124.

[410] William Leach, Land of Desire : Merchants, Power and the Rise of the New American Culture (New York : Vintage Books, 1994), p.295.

[411] Edwin R. Seligman, The Economics of Installment Selling, Vol. 1 (New York : Harper & Brothers, 1927), p.221. 김덕호, 《욕망의 코카콜라》, p.119에서 재인용.

[412] Leach, Land of Desire, p.5.

[413] W. W. Rostow, The Stages of Economic Growth : A Non-Communist Manifesto (Cambridge : Cambridge UP., 1960).

[414] Vance Packard, The Hidden Persuaders (New York : Washington Square Press, 1957); Daniel Horowitz, The Anxieties of Affluence : Critiques of American Consumer Culture, 1939—1979 (Amherst, MA : Univ. of Massachusetts Press, 2004).

[415] John Kenneth Galbraith, The Affluent Society (Boston : Houghton Mifflin, 1958).

[416] Potter, People of Plenty, p.108.

[417] Frank Trentmann, "Introduction", in Trentmann, ed., The Oxford Handbook of the History of Consumption (Oxford : Oxford UP., 2012), p.5.

[418] Bruce Mazlish, "Consumerism in the Context of the Global Ecumene", in Bruce Mazlish and Akira Iriye, eds., The Global History Reader (London : Routledge, 2005); Victoria de Grazia, Irresistible Empire : America's Advance through 20th-Century Europe (Cambridge, MA : Harvard UP., 2005); Sheryl Kroen, "Negotiations with the American Way", in John Brewer and Frank Trentmann, eds., Consuming Cultures, Global Perspectives (Oxford : Berg, 2006).

[419] 시드니 민츠 지음, 김문호 옮김 《설탕과 권력》, 지호 (1998). 또한 다음 저작들도 참고 하라. Arjun Appadurai, ed., The Social Life of Things : Commodities in Cultural Perspective (Cambridge : Cambridge UP., 1986); Wim M. J. van Binsbergen and

Peter L. Geschiere, eds., Commodification : Things, Agency and Identities (Berlin : LIT, 2005) .

[420]　Daniel Miller, ed., Worlds Apart : Modernity through the Prism of the Local (London : Routledge, 1995); Jeremy Prestholdt, Domesticating the World : African Consumerism and the Genealogies of Globalization (Berkeley : Univ. of California Press, 2008).

[421]　T. H. Breen, The Marketplaces of Revolution : How Consumer Politics Shaped American Independence (Oxford : Oxford UP., 2005).

[422]　Dana Frank, Buy American : The Untold Story of Economic Nationalism (Boston : Beacon, 1999), p.4.

[423]　Padhraig Higgins, "Consumption, Gender, and the Politics of 'Free Trade' in Eighteenth- Century Ireland", Eighteenth-Century Studies, 41:1 (2007).

[424]　Joy Parr, Domestic Goods : The Material, the Moral and the Economic in the Postwar Years (Toronto : Univ. of Toronto Press, 1999).

[425]　Parr, Domestic Goods, p.83.

[426]　Peter Saunders, Social Theory and the Urban Question (London : Unwin Hyman, 1986).

[427]　특히 문화자본에 대한 소비 연구에서는 최근 과연 계급과 젠더라는 두 범주가 소비 행태를 범 주화하는 데 절대적인 척도인가에 대해 의문을 던지며 , 국가별 비교를 통해 다양한 변수를 도 출하곤 한다 . Tally Katz-Gerro, "Highbrow Cultural Consumption and Class Distinction in Italy, Israel, West Germany, Sweden, and the United States", Social Forces, 81:1 (2002).

[428]　Sara Pennell, "Consumption and Consumerism in Early Modern England", The Historical Journal, 42:2 (1999), p.549.

[429]　Zukin and Maguire, "Consumers and Consumption", p.175.

[430]　"소비의 과정이란 물건을 사고 서비스에 대해 대금을 지불하는 것에서 끝나는 것이 아니라 실 제 사용 및 상품과 서비스를 즐기는 것까지 포함한다 ." Jörg Rössel, "Cultural Capital and the Variety of Modes of Cultural Consumption in the Opera Audience", The Sociological Quarterly, 52:1 (2011), p.83. "소비사회에서 소비는 단순히 물질적인 소비 그 이상의 의미를 지닌다 . 즉 , 사회적인 이미지나 상징 등과 같은 인간 생활을 형성하는 비물질적 요소를 포함하게 되며 소 비의 형태는 사용상의 효용 이상의 것으로 다양화된다 ." 천경희 . 홍연금 . 윤명애 . 송인숙 , 《착 한 소비 , 윤리적 소비》, 시그마프레스 (2010), p.6.

[431]　Mike Featherstone, Consumer Culture & Postmodernism (London : Sage, 1991).

[432]　피터 코리건 지음 , 이성용 외 옮김 , 《소비의 사회학》, 그린 (2000), pp.319~320.

[433]　Lawrence B. Glickman, "Consumer Activism, Consumer Regimes, and the Consumer Movement : Rethinking the History of Consumer Politics in the United States", in Trentman, History of Consumption, pp.408~415.

参考文献

[1] Abbott, Dorothy, ed. Mississippi Writers: Reflections of Childhood and Youth Vol. 2 (Nonfiction) [M].Jackson: Univ. of Mississippi, 1986.

[2] Adorno,Theodor Wiesengrund, and Max Horkheimer,trans,John Cumming.Dialectic of Enlightenment [M]. New York: Herder and Herder, 1972.

[3] Anon.Strictures on an Address to the People of Great Britain, on the Propriety of Abstaining from West India Sugar and Rum [R]. London, 1792.

[4] Appadurai, Arjun, ed.,The Social Life of ings: Commodities in Cultural Perspective [M]. Cambridge: Cambridge UP, 1986.

[5] Austen, Jane. Northanger Abbey [M] .New York: Wild Jot Press, 2009.

[6] Ayal, E. B. ed. Micro Aspect of Development [M].New York: Praeger 1971.

[7] Barnhart, Michelle, and Lisa Peñaloza. Who Are You Calling Old? Negotiating Old Age Identity in the Elderly Consumption Ensemble[J]. Journal of Consumer Research 2013,39:6.

[8] Baudelaire, Charles.Oeuvres Complètes[M]. Paris: Editions de la Pléiade, 1951.

[9] Bauman, Zygmunt. Leben als Konsum[M]. Hamburg: Hamburger Edition, 2009.

[10] Belk, Russell W. Collecting as Luxury Consumption: Effects on Individuals and Households[J]. Journal of Economic Psychology, 1995(16).

[11] Belk, Russell W.Collecting in a Consumer Society[M]. London: Routledge, 1995.

[12] Bell, Daniel. The Cultural Contradictions of Capitalism[M]. London: Heinemann, 1976.

[13] Berg, Maxine. Women's Consumption and the Industrial Classes of Eighteenth-Century England[J].Journal of Social History, 1996,30:2.

[14] Berg, Maxine, and Elizabeth Eger, eds. Luxury in the Eighteenth Century[M]. Basingstoke: Palgrave Macmillan, 2003.

[15] Berg, Maxine, and Helen Clifford, eds. Consumers and Luxury: Consumer Culture in Europe, 1650~ 1850[M]. Manchester: Manchester UP, 1999.

[16] Berry, Helen.Polite Consumption: Shopping in Eighteenth-Century England[N]. Transactions of the Royal Historical Society, 2002(12).

[17] Bianchi, Marina. Collecting as a Paradigm of Consumption[J]. Journal of Cultural Economics, 1997(21).

[18] Binsbergen, Wim M. J. van, and Peter L. Geschiere, eds. Commodification: Things, Agency and Identities[M]. Berlin: LIT, 2005.

[19] Borsay, Peter. The Image of Georgian Bath 1700~2000[M].Oxford: Oxford UP, 2000.

[20] Boyle, C. T. Filthy with Things", in Boyle, ed., Without a Hero [M].New York: Viking, 1994.

[21] Breckman, Warren G. Disciplining Consumption: The Debate about Luxury in Wilhelmine Germany, 1890~1914[J]. Journal of Social History, 1991,24:3.

[22] Breen, T. H. Baubles of Britain: The American and Consumer Revolutions of the Eighteenth Century.Past and Present, 1988:119.

[23] Breen, T. H. The Marketplace of Revolution: How Consumer Politics Shaped American Independence[M].New York: Oxford UP, 2004.

[24] Brewer, John and Frank Trentmann, eds. Consuming Cultures, Global Perspectives[M]. Oxford: Berg, 2006.

[25] Briggs, Asa.Victorian Things[M]. Chicago: Univ. of Chicago Press, 1988.

[26] Brown, William Harvey. On the South African Frontier: The Adventures and Observations of an American in Mashonaland and Matabeleland[M]. New York: Charles Scribner's Sons, 1899.

[27] Burke, Timothy. Nyamarira That I Loved: Commoditization, Consumption and the Social History of Soap in Zimbabwe[J].London:The Societies of Southern Africa in the Nineteenth and Twentieth Centuries, 42:17.

[28] Burke, Timoth. Lifebuoy Men, Lux Women: Commodification, Consumption and Cleanliness in Modern Zimbabwe[M]. Durham, NC: Duke UP, 1996.

[29] Burt, Steve, and Mark Gabbott. The Elderly Consumer and Non-Food Purchase Behaviour[J]. European Journal of Marketing,1995,29:2.

[30] Calder, Lendol. Financing the American Dream: A Cultural History of Credit[M]. Princeton: Princeton UP, 1998.

[31] Carlyle, Thomas. Sartor Resartus[M]. London: James Fraser, 1836.

[32] Chonko, Lawrence B. Alliance Formation with Direct Selling Companies: Avon and Mattel[J].Th-e Journal of Personal Selling and Sales Management, 1999,19:1.

[33] Cobbett, William. Advice to Young Men, and incidentally to Young Women, in the Middle and Higher Ranks of Life[M]. London: Mills, Jowett, and Mills, 1829~1830.

[34] Codell, Julie F. and Dianne S. Macleod, eds. Orientalism Transposed:The Impact of the Colonies on British Culture[M]. Hants, England: Ashgate, 1998.

[35] Coffin, Judith G. Credit, Consumption, and Images of Women's Desires: Selling the Sewing Machine in Late Nineteenth-Century France[J]. French Historical Studies, 1994,18:3.

[36] Cohen, Lizabeth. A Consumers' Republic: The Politics of Mass Consumption in Postwar

America[M]. New York: Vintage Books, 2003.

[37] Conrad, Joseph. The Secret Agent (1907)[M]. Harmondsworth: Penguin, 1963.

[38] Creighton, Lucy Black. Pretenders to the Throne: The Consumer Movement in the United State[M]. Lexington, MA: D.C. Heath, 1976.

[39] Crowley, John E.The Sensibility of Comfort[J].The American Historical Review, 1999,104:3.

[40] Cruickshank, D.,The Secret History of Georgian London[M]. London: Random House, 2009.

[41] Dagonet, H. Traite de maladies mentales[M]. Paris, 1894.

[42] Darwin, Charles. An Anthology[M]. London: Transaction Publishers, 2009.

[43] Daunton, Martin, and Matthew Hilton, eds. The Politics of Consumption: Material Culture and Citizenship in Europe and America [M].Oxford: Berg, 2001.

[44] D'Avenel, G. vicomte, Le Mecanisme de la vie moderne [M].Paris: A. Colin et cie, 1896.

[45] Davidoff, Leonore, and Catherine Hall.Family Fortunes: Men and Women of the English Middle Class, 1780~1850[M]. Chicago: Chicago UP, 1987.

[46] Davidson, Francis A. South and South Central Africa: A Record of Fifteen Years' Missionary Labours Among Primitive People[M]. Elgin, IL: Brethren Publishing House, 1915.

[47] Davies, Robert B. Peacefully Working to Conquer the World: The Singer Sewing Machine in Foreign Markets, 1854~1920[M]. New York: Arno, 1976.

[48] Day, Barbara Ann. Representing Aging and Death in French Culture[J]. French Historical Studies, 1992,17:3 .

[49] Defoe, Daniel, Roxana, The Fortunate Mistress (Oxford: Oxford UP., 1964).

[50] Demetz, Peter, ed. Reflections: Essays, Aphorisms, Autobiographical Writings[M] .New York: Harcourt Brace Jovanovich, 1978.

[51] Deseassarts, Nicolas. Dictionnaire Universel de Police [M].Paris: Moutard, 1785~1787.

[52] Diderot, Denis. Encyclopédie[M]. Paris, 1751~1780.

[53] Dolan, Catherine, and Linda Scott. Lipstick Evangelism: Avon trading Circles and Gain Empowerment in South Africa[J].Gender and Development,2009,17:2.

[54] Du Bois, W. E. B. Dusk of Dawn: An Essay toward and Autobiography of a Race Concept[M]. New York: Harcourt, Brace and Co. 1940.

[55] Dumont, Louis. From Mandeville to Marx e Genesis and Triumph of Economic Ideology[M]. Chicago: Univ. of Chicago Press, 1977.

[56] Dyer, Christopher. An Age of Transition? Economy and Society in England in the Latter Middle Ages[M]. Oxford: Clarendon, 2005.

[57] Edmonds, Alexander. The Poor Have the Right to be Beautiful: Cosmetic Surgery in Neoliberal Brazil[J]. Journal of the Royal Anthropological Institute, 2007, 13:2.

[58] Eisenberg, E.The Recording Angel: Explorations in Phonography[M].New York: McGraw-Hill, 1987.

[59] Emerson, Julie, Jennifer Chen and Mimi Gardner Gates, eds. Porcelain Stories: From China to Europe[M]. Seattle: Seattle Art Museum & Univ. of Washington Press, 2000.

[60] Engels, Friedrich. The Condition of the Working Class in England[M]. Stanford: Stanford UP., 1968.

[61] Ensor, R. C.England, 1870~1914[M].Oxford: Clarendon, 1936.

[62] Espagne, Adelphe. De l'industrie des machines à coudre à la maison centrale de Montpellier[M]. Paris, 1869.

[63] Evers, Charles and Andrew Szanton. Have No Fear: e Charles Evers Story [M].New York: John Wiley and Sons, 1997.

[64] Evers, Medgar, and William Peters. For Us, the Living[M]. Garden City, NJ: Doubleday and Co., 1967.

[65] Ewen, Stuart, and Elizabeth Ewen. Channels of Desire: Mass Images and the Shaping of American Consciousness[M]. Minneapolis: Univ. of Minnesota Press, 1992.

[66] Ewen, Stuart. Captains of Consciousness: Advertising and the Social Roots of the Consumer Culture[M]. New York: MGraw-Hill, 1976.

[67] Faroqhi, S., and C. Neumann, eds. Ottoman Costumes: From Textile to Identity [M]. Istanbul: Eren Publishing, 2005.

[68] Farrag, Dalia.Mall Shopping Motives and Activities: a Multimethod Approach[J]. Journal of International Consumer Marketing, 2010(22).

[69] Farrell, James J. Shopping: e Moral Ecology of Consumption[J]. American Studies, 1998,39:3.

[70] Featherstone, Mike.Consumer Culture & Postmodernism[M]. London: Sage, 199).

[71] Fest, Joachim. The Face of the ird Reich: Portraits of the Nazi Leadership[M]. Harmondsworth: Penguin, 1972.

[72] Fiennes, Celia.The Illustrated Journeys of Celia Fiennes, 1685~c.1712 [M].London: Alan Sutton, 1995.

[73] Floyer, John. An Enquiry into the Right Use and Abuse of the Hot, Cold, and Temperate Baths in England[M]. London, 1697.

[74] Flugel, J. C. The Psychology of Clothes[M]. London: Hogarth Press, 1930.

[75] Foakes, Grace. Between High Walls: A London Childhood[M]. London: Shepheard-Walwyn, 1972.

[76] Fox, William. An Address to the People of Great Britain, on the utility of refraining from the use of West India Sugar and Rum[M]. London, 1791.

[77] Frank, Dana.Buy American: the Untold Story of Economic Nationalism [M].Boston:

Beacon Press, 1999.

[78] French, John. The York-Shire Spaw[M]. London, 1652.

[79] Fursac, J. Rogues de, Manuel de psychiatrie[M]. Paris: Alcan, 1903.

[80] Gailhard, Jean. A Treatise concerning the Education of Youth [M].London, 1678.

[81] Galbraith, John Kenneth. The Affluent Society[M]. Boston: Houghton Mifflin, 1958.

[82] Gilman, Sander L. The Jew's Body[M]. New York: Routledge, 1991.

[83] Glickman, Lawrence B. Buying Power: A History of Consumer Activism in America[M]. Chicago: Chicago UP, 2009.

[84] Glickman, Lawrence B., ed.Consumer Society in American History[M]. Ithaca: Cornell UP., 1999.

[85] Göçek, Fatma Müge, East Encounters West[M]. Oxford: Oxford UP, 1987.

[86] Godley, Andrew.Selling the Sewing Machine around the World: Singer's International Marketing Strategies, 1850~1920[J]. Enterprise & Society,2006, 7:2 .

[87] Goss, Jon.Disquiet on the Waterfront: Reflections on Nostalgia and Utopia in the Urban Archetypes of Festival Marketplaces[J]. Urban Geography, 1996 (17).

[88] Goss, Jon. Once-upon-a-Time in the Commodity World: An Unofficial Guide to Mall of America[J]. Annals of the Association of American Geographers, 1999,89:1.

[89] Goss, Jon. The Magic of the Mall: An Analysis of Form, Function, and Meaning in the Contemporary Retail Built Environment[J]. Annals of the Association of American Geographers, 1993,83:1 .

[90] Granier, Camille. La Femme criminelle[M]. Paris: O. Doin, 1906.

[91] Granier, Paul. La Folie à Paris[M] Paris, 1890.

[92] Grazia, Victoria de, and Ellen Furlough, eds. The Sex of ings: Gender and Consumption in Historical Perspective[M]. Berkeley: Univ. of California Press, 1996.

[93] Grazia, Victoria de. Irresistible Empire: America's Advance through 20th-Century Europe[M]. Cambridge, MA: Harvard UP, 2005.

[94] Gruen, Victor, and Larry Smith. Shopping Town USA: The Planning of Shopping Center[M]. New York: Reinhold Publishing, 1960.

[95] Haig, Matt. Brand Success[M]. London: Kogan Page, 2011.

[96] Hale, Margaret E. The Nineteenth-Century American Trade Card[J]. The Business history Review, 2000,74:4.

[97] Hall, Edward, Henry VIII. Vol 1 of e Lives of the Kings ,reprint of 1550 folio edition[M]. Edinburgh: Edinburgh Bibliographical Society, 1904.

[98] Hamermesh, Daniel S and Jeff E. Biddle.Beauty and the Labor Market[J]. The American Economic Review, 1994:84:5 .

[99] Haring, Kristen. The Freer man of Ham Radio: How a Technical Hobby Provided Social and Spatial Distance[J]. Technology and Culture, 2003(44).

[100] Harrison, William,The Description of England, ed. George Edelen[M]. Ithaca: Cornell UP, 1968.

[101] Hawthorne, Nathaniel.The American Notebooks, ed., Claude M. Simpson[M]. Columbus: Ohio State UP, 1972.

[102] Heal, Ambrose. Samuel Pepys and His Trade Cards[J]. The Connoisseur, 1933(92).

[103] Heal, Ambrose, London Tradesmen's Cards[M]. New York: Dover Publication, 1968.

[104] Hellman, Mimi.Furniture, Sociability, and the Work of Leisure in Eighteenth-Century France[J].Eighteenth-Century Studies, 1999,32:4.

[105] Higgins, Padhraig.Consumption, Gender, and the Politics of "Free Trade"in Eighteenth-Century Ireland[J]. Eighteenth-Century Studies, 2007,41:1.

[106] Hillier, Richard. A Vindication of the Address to the People of Great Britain, on the Use of West India Produce[M]. London, 1791.

[107] Hilton, Matthew.Prosperity for All: Consumer Activism in an Era of Globalization[M]. Ithaca: Cornell UP, 2009.

[108] Hofstadter, Richard. The Age of Reform: From Bryan to F. D. R.[M]. New York: Vintage Books, 1955.

[109] Hollick, Frederick.The Marriage Guide or Natural History of Generation[M]. New York: T. W. Strong, 1850.

[110] Horowitz, Daniel. The Anxieties of Affluence: Critiques of American Consumer Culture, 1939~1979 [M].Amherst, MA: Univ. of Massachusetts Press, 2004.

[111] Hubbard, Phillippa. Trade Cards in 18th-Century Consumer Culture: Circulation, and Exchange in Commercial and Collecting Spaces[J]. Material Culture Review,2012,74/75.

[112] Hunt, H. K.Consumer Satisfaction/Dissatisfaction and Complaining Behavior of the Elderly, in Hunt and F. M. Magrabi, eds[M]. Interdisciplinary Consumer Research ,Ann Arbor, MI: Association for Consumer Research, 1980.

[113] Hyam, Ronald. Empire and Sexual Opportunity[J]. Journal of Imperial and Commonwealth History, 1986,14:2.

[114] Inal, Onur. Women's Fashion in Transition: Ottoman Borderlands and the Anglo-Ottoman Exchange of Costumes[J]. Journal of World History, 2011,22:2.

[115] Jackson, Anna, and Amin Jaffer, eds. Encounters: The Meeting of Asia and Europe, 1500~1800[M]. London: V & A Publications, 2004.

[116] Jacob, Meg. State of the Field: The Politics of Consumption[J]. Reviews in American History, 2011,39:3.

[117] Jay, Robert. The Trade Card in Nineteenth-Century America[M].Columbia: Univ. of

Missouri Press, 1987.

[118] John Trytten.Sex in Advertising: the Easy Way Out{J}.Sales Management, 1973(110).

[119] Johnson, Paul. Consumption and Working-Class Culture in Late Victorian and Edwardian Britain[J]. Transactions of the Royal Historical Society, 1988 (38).

[120] Jones, John.The Benefit of the Auncient Bathes of Buckstones[M]. London, 1572.

[121] Jorden, Edward. A Discourse of Natual Bathes and Mineral Waters[M]. London, 1632.

[122] Jörg, C. J. A. Porcelain and the Dutch China Trade [M].The Hague: Martinus Nijlloff, 1982.

[123] Katz-Gerro, Tally. Highbrow Cultural Consumption and Class Distinction in Italy, Israel, West Germany,Sweden, and the United States[J]. Social Forces, 2002(81:1).

[124] Kemp, Sam. Black Frontiers: Pioneer Adventures with Cecil Rhodes' Mounted Police[M]. London: George G. Harrap, 1932.

[125] Klepacki, Laura. Avon, Building the World's Premier Company for Women [M]. Hoboken, NJ: John Wiley & Sons,Inc., 2005.

[126] Lacassagne, Alexandre. Les Vol à l'étalage et dans les grands magasins[J]. Revue de l'Hypnotisme et de la Psychologie Physiologique, 1896 (2).

[127] Laforge, M. C. Learned Helplessness ass an Explanation of Elderly Consumer Complaint Behavior[J]. Journal of Business, Ethics, 1989,8:5.

[128] Latour, Anny. Les Magiciens de la mode[M]. Paris: R. Julliard, 1961.

[129] Leach, William. Land of Desire: Merchants, Power and the Rise of a New American Culture[M]. New York: Vintage Books, 1994.

[130] Lears, Jackrson. Fables of Abundance: A Cultural History of Advertising in America[M]. New York: Basic Books, 1994.

[131] Lears, Jackson, and Richard Wightman Fox, eds. The Culture of Consumption: Critical Essays in American History[M]. New York: Pantheon, 1983.

[132] Lee, Jinkook, and Horacio Soberon-Ferrer.An Empirical Analysis of Elderly Consumers' Complaining Behavior[J]. Family and Consumer Sciences Research Journal, 1999,27:3.

[133] Lee, Soohyung, and Keunkwan Ryu. Plastic Surgery: Investment in Human Capital or Consumption[J].Journal of Human Capital, 2012, 6:3.

[134] Levine, H. The Discovery of Addiction: Changing Conceptions of Habitual Drunkenness in America[J]. Journal of Studies on Alcohol, 1978,39:1.

[135] Loane, Margaret.From Their Point of View[M]. London: Arnold, 1908.

[136] Lockwood, J. Samaine. Shopping for the Nation: Women's China Collecting the Late-Nineteenth Century New England[J].The New England Quarterly, 2008,81:1.

[137] Madan, Patrick. A Phylosophical and Medicinal Essay of the Waters of Tunbridge[D]

.London, 1687.

[138] Malcolm, J. P. Anecdotes of the Manners and Customs of London during the Eighteenth Century, Vol. 2 [M].London, 1808.

[139] Mann, Eric. Keeping GM Van Nuys Open.Labor Research Review[J]. 1986(9).

[140] Maroun, J. E. Third Advertising Convention in South Africa: The Challenge of the Decade[M]. Johannesburg: Statistic Holdings Inc, 1960.

[141] Mayhew, Henry, and George Cruikshank. 1851, or, The Adventures of Mr. and Mrs. Sandboys, eir Son and Daughter, Who Came up to London to Enjoy emselves and to See e Great Exhibition[M]. New York: Stringer and Townsend, 1851.

[142] Mazlish, Bruce, and Akira Iriye, eds. The Global History Reader[M]. London: Routledge, 2005.

[143] McClintock, Ann. Imperial Leather: Race, Gender, and Sexuality in the Colonial Contest[M]. New York: Routledge, 1995.

[144] McCracken, Grant. Culture and Consumption[M]. Bloomington: Indiana UP, 1988.

[145] McKendrick, Neil, ed. Historical Perspectives[M]. London: Europa, 1974.

[146] McKendrick, Neil, John Brewer and J. H. Plumb. The Birth of a Consumer Society: The Commercialization of Eighteenth-Century England [M].Bloomington: Indiana UP, 1982.

[147] McLaren, Angus. Reproductive Ritual: The Perception of Fertility in England from the Sixteenth to the Nineteenth Century[M]. London: Methuen, 1984.

[148] Mercier, Louis-Sebastien. Tableau de Paris[M]. Amsterdam, 1784.

[149] Miege, Guy.The New State of England under eir Majesties K. William and Q. Mary, Vol. 2[M]. London, 1691.

[150] Miller, Alan S , John P. Hoffmann.Risk and Religion: An Explanation of Gender Differences in Religiosity[J].Journal for the Scientific Study of Religion, 1995,34:1.

[151] Miller, Daniel, ed. Worlds Apart: Modernity through the Prism of the Local[M]. London: Routledge, 1995.

[152] Minnesota Historical Society. MHS Collection: Minnesota Trade Cards[J]. Minnesota History, 1973,43:7.

[153] Mintz, Sidney.Sweetness and Power: The Place of Sugar in Modern History[M].New York: Viking, 1985.

[154] Mkele, Nimrod. Report on the Second Advertising Convention in South Africa[M]. Durban: Society of Advertisers, 1959.

[155] Mohanty, Praggyan, S. Ratneshwar and Moshe Neveh-Benjamin. Improving Associative and Item Memory for Brands among Elderly Consumers[J]. Advances in Consumer Research, 2012 (40).

[156] Montagu, Mary Wortley.The Complete Letters of Lady Mary Wortley Montagu, ed, Robert

Halsband, Vol. 2[M].Oxford: Oxford UP, 1966.

[157] Moschis, G. P. Marketing to Older Consumer: A Handbook of Information for Strategy Development[M]. Westport, CT: Greenwood Press, 1992.

[158] Moseley, Benjamin,.A Treatise on Sugar[M]. London, 1800.

[159] Muensterberger, W. Collecting, An Unruly Passion: Psychological Perspectives[M]. Princeton, NJ: Princeton UP, 1994.

[160] Mukerji, Chandra.From Graven Images: Patterns of Modern Materialism [M].New York: Columbia UP, 1983.

[161] Nader, Ralph. Unsafe at Any Speed: The Designed-In Dangers of the American Automobile[M]. New York: Grossman Publishers, 1965.

[162] Nagarajan, N. Renuga, Aurora A.C. Teixeira and Sandra T. Silva. The Impact of an Ageing Population on Economic Growth: An Exploratory Review of the Main Mechanism[J]. Análise Social, 2016,51:218.

[163] National Civil Rights Museum. Honoring the Struggle of a Generation[J]. History News, 1999 (51).

[164] Nikou, Shahrokh. Mobile Technology and Forgotten Consumers: the Young-Elderly[J]. International Journal of Consumer Studies, 2015(39).

[165] O'Brien, Patricia.The Kleptomania Diagnosis: Bourgeois Women and Theft in Late NineteenthCentury France[J]. Journal of Social History, 1983(17).

[166] Offen, Karen. Powered by a Woman's Foot: A Documentary Introduction to the Sexual Politics of the Sewing Machine in Nineteenth-Century France[J]. Women's Studies International Forum, 1988 (11).

[167] Orvell, Miles.The Real Thing[M]. Chapel Hill: Univ. of North Carolina Press, 1989.

[168] Ownby, Ted. American Dreams in Mississippi: Consumers, Poverty and Culture, 1830~1998[M].Chapel Hill: Univ. of North Carolina Press, 1999.

[169] Packard, Vance. The Hidden Persuaders[M]. New York: Washington Square Press, 1957.

[170] Pagden, Anthony. European Encounters with the New World: From the Renaissance to Romanticism[M]. New Haven: Yale University Press, 1993.

[171] Page, Alred N., ed. Utility Theory [M]. New York: Wiley and Sons, 1968.

[172] Parr, Joy. Domestic Goods: The Material, the Moral and the Economic in the Postwar Years[M]. Toronto: Univ. of Toronto Press, 1999 .

[173] Payne, Charles. I've Got the Light of Freedom: The Organizing Tradition and the Mississippi Freedom Struggle[M].Berkeley: Univ. of California Press, 1995.

[174] Pearce, S. M. Collecting in Contemporary Practice[M]. London: Sage, 1998.

[175] Pearce, Susan M. On Collecting: An Investigation into Collecting in the European

Tradition[M]. London: Routledge, 1995.

[176] Pennell, Sara.Consumption and Consumerism in Early Modern England[J]. The Historical Journal, 1999,42:2.

[177] Pierce, Robert. The History and Memoirs of the Bath[M]. London, 1697.

[178] Pitres, A., and E. Régis. Les Obsessions et les impulsions[M]. Paris: O. Dion, 1902.

[179] Ploss, Hermann Heinrich. Das Weib in der Natur-und Völkerkunde, 2 Vols[M]. Leipzig, 1884.

[180] Plumb, J. H. The Commercialization of Leisure in Eighteenth-Century England[M]. Berkshire: Univ. of Reeding Press, 1972.

[181] Porter, Roy. Quacks: Fakers & Charlatans in English Medicine[M]. Stroud: Tempus, 2000.

[182] Potter, David. People of Plenty: Economic Abundance and the American Character [M]. Chicago: Univ. of Chicago Press, 1954.

[183] Prestholdt, Jeremy. Domesticating the World: African Consumerism and the Genealogies of Globalization[M]. Berkeley: Univ. of California Press, 2008.

[184] Prettner, K.Population Aging and Endogenous Economic Growth[J]. Journal of Population Economics, 2012(26).

[185] Quimby, Ian M. G., ed. Material Culture and the Study of American Life [M].New York: W. W. Norton, 1978.

[186] Rawlins, Thomas. Tunbridge-Wells, or A Days of Courtship[M]. London, 1678.

[187] Reed, Irma Hoyt. The European Hard-Paste Porcelain Manufacture of the Eighteenth Century[J]. The Journal of Modern History, 1936,8:3.

[188] Reeves, Maud Pember. Round About a Pound a Week[M]. London: Virago, 1913.

[189] Reith, Gerda. Consumption and Its Discontents: Addiction, Identity and the Problems of Freedom[J].The British Journal of Sociology, 2004,55:2.

[190] Report from the Select Committee on Patent Medicines[R]. London: Wyman and Sons, 1914.

[191] Richards, Thomas. The Commodity Culture of Victorian England: Advertising and Spectacle[M]. London: Verso, 1991.

[192] Rigby, D , E. Rigby, Lock, Stock ,Barrel. The Story of Collecting [M].Philadelphia, J. B. Lippincott, 1944.

[193] Roberts, Mary Louise. Consumption, and Commodity Culture. The American Historical Review[J]. 1998,103:3 .

[194] Rössel, Jörg. Cultural Capital and the Variety of Modes of Cultural Consumption in the Opera Audience[J]. The Sociological Quarterly, 2011,52:1.

[195] Rostow, W. W. The Stages of Economic Growth: A Non-Communist Manifesto[M]. Cambridge: Cambridge UP, 1960.

[196] Rouse, Lewis. Tunbridge Wells[M]. London, 1725.

[197] Saunders, Peter. Social Theory and the Urban Question[M] London: Unwin Hyman, 1986.

[198] Say, Jean Baptiste. Traité d'Économie Politique[M]. Paris, 1803.

[199] Scarisbrick, J. J. The Reformation and the English People[M]. Oxford: Blackwell, 1986.

[200] Schau, Hope Jensen, Mary C. Gilly and Mary Wolnbarger. Consumer Identity Renaissance:The Resurgence of Identity-Inspired Consumption in Retirement[J]. Journal of Consumer Research, 2009,36:2.

[201] Schellinks, William. The Journey of William Schellinks' Travels in England, 1661~1663, trans., M. Exwood and H. L. Lehnmann[J]. London: Royal Historical Society, 1993.

[202] Schlesinger, Arthur M. Colonial Merchants at the American Revolution, 1763~1776 [M]. New York: Frederick Unger, 1957.

[203] Schudson, Michael.Advertising, the Uneasy Persuasion: It's Dubious Impact on American Society [M].London: Routledge, 1993.

[204] Scott, Joan W. Comment: Conceptualizing Gender in American Business History[J]. Business History Review, 1998(72).

[205] Scott, Katie. The Waddesdon Manor Trade Cards: More Than One History[J]. Journal of Design History, 2004,17:1.

[206] Scott, Peter M., James Walker.Working-Class Household Consumption Smoothing in Interwar Britain[J]. The Journal of Economic History, 2012,72:3.

[207] Seligman, Edwin R. The Economics of Installment Selling, Vol. 1[M]. New York: Harper & Brothers, 1927.

[208] Shammas, Carole.The Pre-Industrial Consumer in England and America[M]. Oxford: Clarendon, 1990.

[209] Shteir, Rachel. The Steal: A Cultural History of Shoplifting [M].New York: Penguin Press, 2011.

[210] Simmel, Georg.Fashion[J]. American Journal of Sociology, 1957,62:6.

[211] Sivulka, Juliann.Soap, Sex, and Cigarettes [M].Belmont, Calif: Wadsworth Publishing, 1998.

[212] Slare, Frederick. A Vindication of Sugars against the Charge of Dr. Eillis, other Physicians and Common Prejudices[M]. London, 1715.

[213] Stearns, Peter N.Old Age in European Society: The Case of France[M]. New York: Holmes & Meier, 1976.

[214] Sterns, Peter N. Stages of Consumerism: Recent Work on the Issues of Periodization[J].

Th-e Journal of Modern History, 1997,69:1.

[215] Stoffle, Brent W, Richard W. Stoffle, Jessica Minnis and Kathleen Van Vlack. Women's Power and Community Resilience Rotating Savings and Credit Association in Barbados and the Bahamas[J].Caribbean Studies, 2014,42:1 .

[216] Strasser, Susan.Satisfaction Guaranteed[M]. Washington: Smithsonian Institution Press, 1989.

[217] Susman, Warren. Culture as History: The Transformation of American Society in the Twentieth Century [M].New York: Pantheon, 1984.

[218] Sussman, Charlotte. Consuming Anxieties: Consumer Protest, Gender and British Slavery, 1713~1833[M]. Stanford: Stanford UP, 2000.

[219] Swann, Majorie. Curiosities and Texts: The Culture of Collecting in Early Modern England[M]. Philadelphia: Univ. of Pennsylvania Press, 2001.

[220] Taylor, Barbara.Sex and Skill: Notes towards a Feminist Economics[J]. Feminist Review,1980 (6).

[221] The President and Fellow of Harvard College.A Short History of Trade Cards[J]. Bulletin of the Business Historical Society,1931, 5:3 .

[222] Torbenson, Michael, and Jonathon Erlen.A Case Study of the Lash's Bitters Company-Advertising Changes after the Federal Food and Drugs Act of 1906 and the Sherley Amendment of 1912[J]. Pharmacy in History, 2003,45:4.

[223] Trentmann, Frank, ed.The Oxford Handbook of the History of Consumption [M]Oxford: Oxford UP, 2012.

[224] Tucker, R.C. ed., The Marx-Engels Reader[M]. New York: Norton, 1972.

[225] Turner, Thomas. Diary of Thomas Turner[M].Oxford: Oxford UP, 1984.

[226] Tynan, A. C, J. Drayton. The Neglect of the Older Consumer[J]. Journal of Consumer Studies and Home Economics, 1988(12).

[227] Unwin, J. D.Sex and Culture [M]. Oxford: Oxford UP, 1934.

[228] Veblen, orstein.The Theory of the Leisure Class[M]. New York: Macmillan, 1899.

[229] Vernois, Maxime, De la main des ouvriers et des artisans (Paris, 1862).

[230] Vollmer John E, E J Keall, E Nagai-Berthrong. Silk Road, China Ships[M]. Toronto: Royal Ontario Museum, 1984.

[231] Vovelle, Michel. La mort et l'Occident de 1300 à nos jours[M]. Paris: Gallimard, 1983.

[232] Wagner, Peter.Sexual Underworlds of the Enlightenment [M].Manchester: Manchester UP, 1987.

[233] Walkowitz, Judith R. City of Dreadful Delight: Narratives of Sexual Danger in Late-Victorian London[M].Chicago: Univ. of Chicago Press, 1992.

[234] Ward, Edward. A Step to the Bath [M].London, 1689.

[235] Waters, Malcolm. Globalization[M]. London: Routledge, 1995.

[236] Weatherill, Lorna.Consumer Behaviour and Material Culture in Britain, 1660~1760[M]. New York: Routledge, 1988.

[237] Weaver, William Woys.The Dark Side of Culinary Ephemera: The Portrayal of African Americans[J]. Gastronomica, 2006,6:3 .

[238] Weber, Max. Essays in Sociology, ed., H. H. Gerth and C. W. Mills[M]. New York: Oxford UP, 1946.

[239] Weber, Max. The Protestant Ethic and the Spirit of Capitalism, trans, T. Parsons[M]. New York: Scribner, 1958.

[240] Welch, Evelyn, Shopping in the Renaissance: Consumer Cultures in Italy 1400~1600 (New Haven: Yale UP, 2005).

[241] Wilson, Ara. The Empire of Direct Sales and the Making of Thai Entrepreneurs[J]. Critique of Anthropology, 1999,19:4.

[242] Wilson, Bobby M. Race in Commodity Exchange and Consumption: Separate but Equal[J]. Annals of the Association of American Geographers, 2005,95:3.

[243] Wilson, Edward.Spadacrene Dunelmensis, Or, A short Treatise of an Ancient Medicinal Fountain[M]. London, 1675.

[244] Winstanley, Michael. Life in Kent at the Turn of the Century [M].Folkestone: Dawson, 1978.

[245] Wolveridge, Jim. Ain't It Grand[M]. London: Stepney Books, 1976.

[246] Young, Wayland.Eros Denied [M].London: Weidenfeld & Nicolson, 1965.

[247] Zola, Emile.The Ladies' Paradise [M].Berkeley, Calf: Univ. of California Press, 1992.

[248] Zukin, Sharon, Jennifer Smith Maguire. Consumers and Consumption[J].Annual Review of Sociology, 2004 (30).

[249] Ruth Brandon.Keep Them in Stitches: A Capitalist Romance: Singer and the Sewing Machine[J]. Newsweek, 1977.

[250] The Pennsylvania Gazette.Letters from a Farmer in Pennsylvania, to the Inhabitants of the British Colonies. Letter II[N]. 1767-12-10.

[251] Travels in Nubia, Syria, et[J].The Literary Gazette and Journal of Belle Lettres, Arts, and Sciences 1823:358.

[252] Fazal, Anwar.The Citizen As Consumer: Tun Hussein Onn Memorial Lecture[R], 1993-10-16.

[253] Hoffman, Nicolas von.The Consumer Is Not a Customer[N].Chicago Tribune, 1977-05-07.

[254] Malo, Sophie. Plastic Surgery a Dangerous Business in Vietnam[N]. Things Asian, 2007-01-19.

[255] Roger Rolls.Asylum Chronicorum Morborum: Medical Practice in Stuart Bath [A]. Bath Record Office, 1992.

[256] Archives Nationales.Marie Antoinette's wardrobe account[A].Series O 3,793, 1785.

[257] Ann Allen.Probate Records[A].Borthwick Institute, University of York,1794-08.

[258] Isaac Stretch.Probate Records[A]. Borthwick Institute, University of York, 1716-04-05.

[259] Borthwick Institute, University of York, Probate Records, John Smith, February, 1754.

[260] Minutes of the Council, 1613~1700[C]. Bath Record Office, 1634-04-07.

[261] Minutes of the Council, 1613~1700[C]. Bath Record Office, 1663-03-23.

[262] Minutes of the Council, 1613~1700[C]. Bath Record Office, 1674-04-21.

[263] Hearst Metrotone News Service, UCLA,Film Archive.Children Enlist to Aid "Buy American"[A]. 1933-02-01,

[264] Samuel Pepys.Diary[EB/OL].(1669-02-08). Henry B. Wheatley, Project Gutenberg (http://digital.library.upenn.edu/webbin/gutbook/lookup?num=4200).

[265] 성형수술을 가장 많이 하는 나라는 ? 미국 , 한국 3 위 [J]. 《머니투데이》, 2016-08-15.

[266] P. 부르디외 지음 , 최종철 옮김 . 《구별 짓기 : 문화와 취향의 사회학》 [M]. 새물결 ,1995.

[267] T. 베블렌 지음 , 최세양 • 이완재 옮김 . 《한가한 무리들》 [M]. 통인 ,1995.

[268] 강명구 . 《소비대중문화와 포스트모더니즘》 [M]. 민음사 , 1993.

[269] 계정민 . 《빅토리아 시대 문학텍스트에 나타난 소비문화의 새로운 기호》, 《서강영문학》 [M]. 1996:7.

[270] 권창규 . 《상품의 시대 : 출세 • 교양 • 건강 • 섹스 • 애국 다섯 가지 키워드로 본 한국 소비 사회의 기원》 [M]. 민음사 ,2014.

[271] 김덕호 . 《욕망의 코카콜라》, 지호 (2014).

[272] 로이 포터 • 미쿨라시 테이흐 엮음 , 이현정 • 우종민 옮김 . 《섹슈얼리티와 과학의 대화 : 성지식 • 성과학의 역사》 [M]. 한울 ,2001.

[273] 로제 샤르티에 • 굴리엘로 카발로 엮음 , 이종삼 옮김 . 《읽는다는 것의 역사》 [M]. 한국출 판마케팅연구소 ,2006.

[274] 뤼시앵 페브르 • 앙리 장 마르탱 지음 , 강주헌 • 배영란 옮김 . 《책의 탄생》 [M] . 돌베 개 ,2014.

[275] 리처드 J. 레인 지음 , 곽상순 옮김 . 《장 보드리야르 , 소비하기》 [M]. 앨피 ,2008.

[276] 미셸 페로 편집 , 전수연 옮김 , 《사생활의 역사 4: 프랑스혁명부터 제 1 차 세계대전까지》 [M]. 새물결 ,2002.

[277] 민은경 . 《고대와 근대 논쟁 : 템플과 워튼의 중국관을 중심으로》, 《영국연구》 [M].

2003:9.

[278] 박유정 • 한효선 • 황완균 . 《방문 및 할인점 판매 화장품의 소비 형태 비교연구》, 《대한 피부미용학회지》[J]. 2010,8:2 .

[279] 박진빈 . 《전후 미국 쇼핑몰의 발전과 교외적 삶의 방식》, 《미국사 연구》[M].2013:37.

[280] 박진빈 . 《도시로 보는 미국사 : 아메리칸 시티 , 혁신과 투쟁의 연대기》[M]. 책세상 , 2016.

[281] 배경진 . 《18세기 유럽의 물질문화와 중국풍 도자기》[M]. 연세대학교 석사학위논문 ,2008.

[282] 버나드 맨더빌 지음 , 최윤재 옮김 . 《꿀벌의 우화 : 개인의 악덕 , 사회의 이익》[M]. 문예 출판사 , 2011.

[283] 베르너 좀바르트 지음 , 이상률 옮김 . 《사치와 자본주의》[M]. 문예출판사 ,1997.

[284] 빌 브라이슨 지음 , 박중서 옮김 . 《거의 모든 사생활의 역사》[M]. 까치 ,2011.

[285] 샌더 L. 길먼 지음 , 곽재은 옮김 . 《성형수술의 문화사》[M]. 이소출판사 ,2003.

[286] 설혜심 . 《서구 소비사의 현황과 전망》, 《역사비평》[M]. 2014.

[287] 설혜심 . 《여성과 소비의 역사》, 《여성과 역사》[M].2014.

[288] 설혜심 . 《역사소비의 가능성 모색 – 교육현장에서》, 《역사와 문화》[M].2006:11.

[289] 설혜심 . 《취미의 역사》[M]. 방송대출판부 ,2016.

[290] 김정락 • 백영경 • 설혜심등 . 《취미와 예술》[M]. 방송대출판부 ,2016.

[291] 설혜심 . 《한국 신문에 나타난 프랑스의 이미지 , 1920~1999: 소비와 물질문화를 중심으로》, 《한국 사학사학보》[N]. 2016:33.

[292] 설혜심 . 《그랜드 투어 : 엘리트 교육의 최종단계》[M]. 웅진지식하우스 ,2013.

[293] 설혜심 . 《서양의 관상학 , 그 긴 그림자》[M]. 한길사 ,2015.

[294] 설혜심 . 《온천의 문화사 : 건전한 스포츠로부터 퇴폐적인 향락에 이르기까지》[M]. 한길 사 ,2001.

[295] 설혜심 • 박형지 . 《제국주의와 남성성 : 19 세기 영국의 젠더 형성》[M]. 아카넷 ,2016.

[296] 세라 워터스 지음 , 최용준 옮김 . 《핑거스미스》[M]. 열린책들 ,2002.

[297] 세르주 라투슈 지음 , 정기헌 옮김 . 《낭비사회를 넘어서》[M]. 민음사 ,2014.

[298] 스티븐 컨 지음 , 이성동 옮김 . 《육체의 문화사》[M]. 의암출판 ,1996.

[299] 시드니 민츠 지음 , 김문호 옮김 . 《설탕과 권력》[M]. 지호 ,1998.

[300] 신은영 . 《사랑 , 리베르티나주적 육체와 정신의 반항 : <소녀들의 학교 LÉcole des Iles> 》, 《프랑스고 전문학연구》. 2007.

[301] 알렉산드로 마르초 마뇨 지음 , 김정하 옮김 . 《책공장 베네치아》[M]. 책세상 ,2015.

[302] 양정무 . 《그림값의 비밀》[M]. 매일경제신문사 ,2013.

[303] 양정혜 .《광고의 역사 : 산업혁명에서 정보화 사회까지》[M]. 한울 ,2009.

[304] 요시미 순야 지음 , 이태문 옮김 .《박람회 , 근대의 시선》[M]. 논형 ,2004.

[305] 월터 A. 프리드먼 지음 , 조혜진 옮김 .《세일즈맨의 탄생》[M]. 말글빛냄 ,2005.

[306] 육영수 .《책과 독서의 문화사》[M]. 책세상 ,2010.

[307] 이성재 .《일본 만화 < 베르사이유의 장미 > 의 미학과 역사적 상상력》,《서양사연구》[M]. 2006.

[308] 이종태 • 김상덕 • 송영욱 .《한국화장품산업 유통 경로의 역사적 발전》,《경영사학》[M]. 2009.

[309] 이지은 .《귀족의 은밀한 사생활》[M]. 지안 ,2006.

[310] 이지은 .《부르주아의 유쾌한 사생활》[M]. 지안 ,2011.

[311] 장 보드리야르 지음 , 이상률 옮김 .《소비의 사회 : 그 신화와 구조》[M]. 문예출판사 ,1993.

[312] 전완길 .《화장품 방문판매에는 어떤 문제점이 있나 : 에이본사와 태평양화학을 중심으로》, 《마케팅》, 1974,8:2 .

[313] 제롬 드 그루트 지음 , 이윤정 옮김 .《역사를 소비하다》[M]. 한울아카데미 ,2014.

[314] 제임스 샤피로 지음 , 신예경 옮김 .《셰익스피어를 둘러싼 모험》[M]. 글항아리 ,2016.

[315] 쥘 바르베 도르비이 지음 , 고봉만 옮김 , 이주은 그림 .《멋쟁이 남자들의 이야기 댄디즘 : 최초의 멋쟁 이 조지 브러멀에 대한 상세한 보고서》[M]. 이봄 ,2014.

[316] 천경희 • 홍연금 • 윤명애 • 송인숙 .《착한 소비 , 윤리적 소비》[M]. 시그마프레스 ,2010.

[317] 캐서린 하킴 지음 , 이현주 옮김 .《매력자본》[M]. 민음사 ,2013.

[318] 케니스 슬라웬스키 지음 , 김현우 옮김 .《샐린저 평전》[M]. 민음사 ,2014.

[319] 콘스탄스 클라센 • 데이비드 하위즈 외 지음 , 김진옥 옮김 .《아로마 ; 냄새의 문화사》[M]. 현실문화연구 , 2002.

[320] 콜린 캠벨 지음 , 박형신 • 정헌주 옮김 .《낭만주의 윤리와 근대 소비주의 정신》[M]. 나 남 ,2010.

[321] 클레이 서키 지음 , 송연석 옮김 .《끌리고 쏠리고 들끓다 : 새로운 사회와 대중의 탄생》[M]. 갤리온 ,2008.

[322] 킴 나츨 외 지음 , 한상필 • 김대선 옮김 .《현대사회와 광고》[M]. 한나래 ,1994.

[323] 티머시 브룩 지음 , 박인균 옮김 .《베르메르의 모자 : 베르메르의 그림을 통해 본 17 세기 동서문명교 류사》[M]. 추수밭 ,2008.

[324] 프란츠 파농 지음 , 이석호 옮김 .《검은 피부 , 하얀 가면》[M]. 인간사랑 ,1998.

[325] 피터 코리건 지음 , 이성용 외 옮김 .《소비의 사회학》[M]. 그린 ,2000.

[326] 필리프 아리에스 지음 , 유선자 옮김 .《죽음 앞에 선 인간》[M] 동문선 ,2006.

[327] 필리프 페로 지음 , 이재한 옮김 .《부르주아 사회와 패션》[M]. 현실문화연구 , 2007.